新编21世纪高等职业教育精品教材

市场营销系列

市场营销策划

主　编／赵红英
副主编／张思平　程艳冉　方雄伟
李婷婷　黄　婧

中国人民大学出版社
·北京·

图书在版编目（CIP）数据

市场营销策划 / 赵红英主编．--北京：中国人民大学出版社，2024.6

新编21世纪高等职业教育精品教材．市场营销系列

ISBN 978-7-300-32608-5

Ⅰ.①市… Ⅱ.①赵… Ⅲ.①市场营销－营销策划－高等职业教育－教材 Ⅳ.①F713.50

中国国家版本馆CIP数据核字（2024）第047246号

新编21世纪高等职业教育精品教材·市场营销系列

市场营销策划

主　编　赵红英

副主编　张思平　程艳冉　方雄伟　李婷婷　黄　婧

Shichang Yingxiao Cehua

出版发行	中国人民大学出版社		
社　　址	北京中关村大街31号	**邮政编码**	100080
电　　话	010－62511242（总编室）		010－62511770（质管部）
	010－82501766（邮购部）		010－62514148（门市部）
	010－62515195（发行公司）		010－62515275（盗版举报）
网　　址	http://www.crup.com.cn		
经　　销	新华书店		
印　　刷	山东百润本色印刷有限公司		
开　　本	787 mm×1092 mm　1/16	**版　　次**	2024年6月第1版
印　　张	17	**印　　次**	2024年6月第1次印刷
字　　数	356 000	**定　　价**	45.00元

前言

党的二十大报告提出高质量发展这一主题，在着力提高发展质量和效益的背景下，中国数字经济的飞速发展对新商科人才的培养提出了新要求。目前，具有良好职业道德和创意策划综合能力的复合型高素质营销策划人才十分紧俏。市场营销策划的本质是不断满足市场需求，课程教学改革势在必行。高校需要通过编写项目化教材，推动理实一体化教学改革，提升学生的创意营销策划和创业实战能力；需要注重课程思政改革，提升学生的职业素养；需要通过编写新形态教材，满足学生课内课外、线上线下的学习需求，为企业输送高素质营销策划技术技能人才。

本教材共分为十个项目，包括数字经济时代的营销策划、市场调研策划、市场定位和细分策划、产品开发策划、产品定价策划、产品渠道策划、产品促销策划、客户管理、营销策划团队建设、营销策划方案的实施与应用。

本教材的特色主要体现在：

第一，注重课程思政改革，着力培养学生良好的职业素养。每个项目列出知识目标、能力目标和素养目标，在教学内容和案例中穿插课程思政元素，把诚实守信、爱岗敬业、遵守纪律、团结合作的职业道德规范要求落实到位。

第二，注重培养学生的营销策划操作技能，申报获批了校企合作教材建设项目。本教材遵循“理论够新够用”的基本原则，在跟踪国内外营销策划理论最新发展成果的前提下，侧重营销策划的实务操作。本教材由创业型大学义乌工商职业技术学院与行业龙头企业——森宇控股集团有限公司、双童日用品有限公司等深度合作，以项目化方式编写而成，每个项目都有对应的实训或案例，通过案例分析和实训操作，有效激发学生的学习主动性和积极性，实施理实一体化教育教学改革。

第三，注重信息化教学改革。本教材配备电子课件、案例库、习题库、项目测评等数字化教学资源，帮助教师运用现代化信息技术手段进行教学，实现学生在线预复习，通过线上线下混合式教学模式，融“教、学、演、练”于一体，使学生熟练掌握和灵活运用营销策划相关知识和技能。

第四，受众面广、应用性强。通过本教材的学习，学生可充分了解营销策划新知识、培养营销策划新技能。本教材既可以作为高职院校的市场营销、电子商务、国际贸易专业及其他经管类专业的核心课程教材，又可以作为非市场营销专业通识教育课程的教材，还可以作为成人教育、企业员工的培训及自学读本。

本教材由义乌工商职业技术学院二级教授赵红英担任主编，由张思平、程艳冉、方雄伟、李婷婷、黄婧担任副主编。具体编写分工为：赵红英（项目一、项目八）、张思平和方雄伟（项目九）、程艳冉（项目十）、李婷婷（项目二、项目三、项目四）、黄婧（项目五、项目六、项目七）。赵红英教授负责整体策划和统稿。

在本教材的编写过程中，编者参考了国内外大量文献，借鉴了众多国内外学者的最新研究成果，合作企业的刘凤仙、周伟两位兼职教师提供了部分企业典型营销策划案例。由于篇幅有限，不能悉数列举，在此一并向各位作者表示感谢！

由于编者水平有限，书中难免存在疏漏之处，敬请广大学者和使用本教材的师生们提出宝贵意见和建议，便于后期不断改进和提高。

编者

2024 年 5 月

目录

项目一　数字经济时代的营销策划

学习目标

知识目标

1. 理解策划与市场营销策划的含义及特点。
2. 理解市场营销策划的作用。
3. 了解市场营销策划学科的特点及研究对象。

能力目标

1. 掌握策划与市场营销策划的含义及特点。
2. 掌握市场营销策划的类型与步骤。
3. 掌握数字经济时代对营销策划的新要求。

素养目标

1. 在市场营销策划中妥善处理创意与诚信的关系。
2. 在营销策划中秉承诚信原则，决不误导消费者。
3. 在营销策划中正确引导消费者科学合理消费。

案例导入

“三只松鼠”快速崛起的秘密

一个成功的企业离不开成功的营销策划，“三只松鼠”的成功就取决于它的营销策划。从 2012 年 2 月创立，在不到一年的时间里，“三只松鼠”便在同年的“双 11”拿下了零食特产类销售第一名，其增长速度令人叹为观止。而“三只松鼠”为何能在不到一年的时间就取得如此骄人的成绩？其快速崛起的秘密是什么？

1. 品牌市场定位

“三只松鼠”的定位是一家真实、有温度的企业，公司全体员工扮演的都是萌萌的小松鼠，必须以松鼠的口吻来与顾客交流，并称对方为主人。这种定位以前所未有的方式取得了成功，所以“三只松鼠”能从休闲零食品类中脱颖而出，成为品类中的唯一和第一。

2. 品牌人群定位

从百度指数可以看出，“三只松鼠”的消费主力人群集中于 30～39 岁，因为 30～39 岁的人基本已经结婚生子，孩子很爱吃零食，所以他们购买“三只松鼠”的产品，大部分情况都是给孩子吃，再加上“三只松鼠”推出同名动画片，所针对的人群也是幼龄儿童，更证实了这个解释。

3. 产品形象

“三只松鼠”把产品形象塑造成三只可爱的小松鼠，让人一眼就记住，节约了传播成本。在文案方面，其文案总能让人看了会心一笑，原本郁闷的心情瞬间全无，再加上每次的赠品总能给人惊喜和意外，用户自然会主动分享传播，为产品做宣传。

4. IP 形象

“三只松鼠”在自身形象受到广泛好评后，便顺势将其打造成 IP，推出各种公仔、口罩、抱枕等带有“三只松鼠”形象的产品，更推出同名 3D 动画片，进一步巩固了 IP 的形象，让 IP 的传播变得更为广泛。

为什么“三只松鼠”要花大量的时间、金钱来打造 IP 形象？

因为形象 IP 化本身就十分具有传播价值，能使产品得到更广泛的传播，让人们处处都能见到“三只松鼠”的影子，逐渐对其产生好感，这样复购的概率也就更大。

任务一 走近市场营销策划

一、策划

（一）策划的含义

微课：市场营销策划的一般原理

策划是对将要发生的事情所做的当前决策，其本质是一种借助脑力进行操作的理性行为，其结果是要找出事物的因果关系，以决定未来可采取的策略。策划最早始于军事领域，在我国古代史的军事战例中就有策划的雏形。策划是现代社会最常见的经济活动之一。

对于策划有以下不同的表述：

（1）策划就是想到常人所想不到的地方，说出来的道理又能让常人理解；

（2）策划是通过精心安排的宣传和手段，对事件的发生、发展进行操作；

（3）策划就是有效地组织各种策略方法来实现战略的一种系统工程；

（4）策划是一种从无到有的精神活动；

（5）策划是一种程序，在本质上是一种运用脑力的理性行为；

（6）策划是一种设计，一种安排，一种选择，或是一种决定，是改变现状的规划蓝图；

（7）策划是用你有的去寻找你没有的；

（8）策划是把角度和程序高度统一在特定的头脑状态下，角度是指看问题多角度，程序是指做事情讲程序；

（9）策划是指人们为了达成某种特定的目标，借助一定的科学方法和艺术，为决策、计划而构思、设计、制作策划方案的过程。

综上所述，策划是指人们为了达到某种预期的目标，借助科学方法、系统方法和创造性思维，对策划对象的环境因素进行分析，对资源进行重新组合和优化配置而进行的调查、分析、创意、设计并制订行动方案的行为。

（二）策划的一般程序

策划是根据一定程序进行的智力操作，它可分为以下三个阶段。

1. 问题识别阶段

确定问题所在，提出策划目标，进行信息收集和情景监控。

2. 诊断阶段

发现、探索和拟订各种可能的行动方案。

3. 方案选择阶段

从各种可能的方案中选出最合适的方案。

（三）策划的类型

1. 实体策划

实体策划是指对有形的物质实体进行策划，如厂房设计、建筑设计、产品设计、时装设计等。

2. 组织策划

组织策划主要是对活动的编排、组织结构的设计与更改，以及信息交流通道的建立等与组织相关的策划。

3. 程序策划

程序策划的主要目标是建立某种作业的步骤和方法，如建立一条生产线等，所以又称为“作业策划”，它注重工作的步骤，而不重视物体的排列。

4. 财务策划

财务策划是为适当的时机获取适量的资金，并且处理手头的资金以免闲置，以及在可接受的风险下求得投资的最大回报。

5. 功能策划

功能策划的对象是一个组织的某一重要功能，如一个企业的促销策划、公关策划、广告策划、形象策划等。

6. 全面策划

全面策划也称总策划，它是一个组织的总体规划，统御所有的功能策划。它一般包括前面所述五种策划，是前面五种策划的有机整合，是一种全方位、立体的大型策划。

二、市场营销策划

（一）市场营销策划的含义

市场营销策划就是企业对未来将要进行的营销活动进行整体、系统筹划的超前决策。市场营销是指以消费者为中心的企业整体经营活动。它是一个系统工程，有着明确的目的性，其涉及的范围非常广，需要运用人类丰富的知识和智谋，对整个活动过程进行系统筹划。在企业市场营销活动中，策划是必不可少的。

（二）市场营销策划的特点

1. 目的性

市场营销策划是以消费者为中心的企业整体经营活动，具有明确的目的性。

2. 超前性

市场营销策划是企业对未来将要进行的营销活动进行整体、系统的筹划，是一种超前决策。

3. 系统性

市场营销策划涉及的范围非常广，需要运用人类丰富的知识和智谋，对整个活动过程进行系统筹划。

4. 复杂性

市场营销策划是一种非常复杂的智力操作工程。首先，市场营销策划要求引入大量的间接经验。其次，市场营销策划要求引入大量的直接经验。再次，市场营销策划需要对庞杂的信息进行处理。最后，市场营销策划还是一项复杂的高智商的脑力操作。

5. 调适性

市场营销策划的调适性主要表现在两个方面：一是在营销策划之初，就要充分设想到未来形势的变化，让方案具备灵活性，能适应变化的环境；二是在方案执行的过程中，可以根据市场反馈及时修正、调整方案，使其充分贴近市场，取得预期的效果。

（三）市场营销策划的作用

1. 强化企业市场营销目标

从管理学角度看，目标对行为有牵引力，而行为者又有朝向目标的趋近力。这两种力的综合作用，不仅可以加速企业营销由现实状态向目标状态靠近，而且可以减少许多无效劳动。有了目标，企业的营销活动就有了方向。因此，通过市场营销策划，企业可以确立明确的营销目标。

2. 加强企业市场营销的针对性

市场营销的基本任务就是要找到市场的切入点，并为企业进行市场定位，即根据竞争者现有产品的市场现状，针对消费者或者用户对该产品某种特征或属性的重视程度，把企业产品塑造得与众不同、个性鲜明，从而争取目标顾客。

3. 提高企业市场营销策划的计划性

市场营销策划就是要确立未来营销的行动方案，成为未来营销的行动计划，使营销各项工作按照计划有条不紊地进行。

4. 降低营销费用

市场营销策划要对未来的营销活动进行周密的预算，并对费用的支出进行最优的组合安排，能够有效地避免盲目行动所造成的巨大浪费。企业营销活动经过精心策划，可以用较少的费用支出取得较好的效果。

（四）市场营销策划的原则

1. 战略性原则

（1）全面性。一个完整的营销策划是企业未来进行营销决策的依据，将对企业未来的营销工作起指导作用。企业营销策划方案的确定，既要考虑营销环境的影响，又要考虑企业内部各部门的能力与各部门间的协作。只有全面、综合地分析每个可能影响营销策划方案实施的因素并加以控制，才不会导致营销资源的浪费。

（2）长期性。企业的营销策划方案不是短期的权宜之计，而是经过长期的、细致的调研和设计后制订的，是为企业的长远战略目标服务的。营销策划方案形成后可以作为企业今后一段时间内营销工作的指导方针，要求每个部门、每个员工严格执行。

（3）稳定性。企业市场营销策划方案确定后，需要保持一定的稳定性，避免朝令夕改，否则会导致企业营销资源的巨大浪费，进而影响企业长远战略目标的实现。

2. 信息性原则

在当今信息化时代，信息成为重要资源和市场营销策划的基础，对信息的收集、整理、分析和管理水平成为衡量企业营销及竞争能力的重要标志。

3. 系统性原则

营销策划必须兼顾企业的全部经营战略，站在企业全局的高度进行系统设计和实施。从企业外部看，只有对所有影响其生存和发展的各种因素进行系统分析、研究，并加以综合利用，才能保证策划的成功。从企业内部看，只有各个部门联合行动，形成整体力量，才能使营销策划方案真正得以实施。

4. 经济性原则

企业制定营销策划方案必须以最少的投入产生最大的收益：一是要求节约，减少不必要的开支；二是要求有详尽的预算；三是要求营销策划实施后必须产生直接的经济效益。

5. 权变性原则

企业在设计和实施营销策划方案前，要充分考虑到各种可能变化的因素，增强营销策划方案的灵活性，对突发状况有足够的应变能力和预案，做到因时、因势、因地而变。

任务二 市场营销策划的类型与步骤

一、市场营销策划的类型

（一）按市场营销策划的性质划分

1. 基础策划

基础策划是指对保证市场营销运作的基础工作进行策划，包括市场调研策划和市场战略策划。市场调研策划可以为企业市场营销运作策划提供起点和基础，市场战略策划可以为企业市场营销运作策划提供方向和基本框架。

2. 运行策划

运行策划是指保证市场营销运行的设计行为，其目的主要是把战略性营销管理的任务落到实处，并达到万无一失的效果。运行策划的主要内容包括对战略方针、战术原则和主要措施的策划。

3. 发展策划

发展策划是对企业开发或业务提升的设计行为，包括市场开发策划、产品开发策划等。企业不仅要有日常运行，还要有发展规划，这样才能充分利用资源，增强竞争力。

（二）按市场营销策划的时间划分

1. 战略策划

战略策划是长期策划，是为了实现长期的战略目标而进行的策划。

2. 战术策划

战术策划是短期行为，是为了一个或几个短期目标而进行的策划。

二、市场营销策划的步骤

市场营销策划是一种充满创意的复杂性工作。建立完备的策划组织机构是进行科学策划的前提；选取优秀的策划人才是策划活动顺利开展的保证；选择高效的策划实现路径是策划活动成功的助力。

（一）建立完备的策划组织机构

策划组织机构一般称作营销策划委员会或者营销策划小组，通常根据项目策划要求临时组建，包括策划总监、主策划人、市场调查人员、美术设计人员、文案撰写人员、计算机专业技术人员等。

1. 策划总监

策划总监负责监督和管理营销策划委员会（小组）的各项工作，其主要工作职责和任务是协调营销策划组织与企业各部门及各方人士的关系，安排、保证工作进度等。策划总监一般应由企业的总经理、营销副总经理或者策划部经理担任。

2. 主策划人

主策划人在策划过程中起着关键性的作用。主策划人不仅指挥各类策划人员的调研活动，而且牵头组织策划人员的创意活动并负责策划文案的拟定。主策划人不仅应具备创意策划能力，还应具备高度的责任感，需要发挥聪明才智、集思广益，以保证营销策划的成功。

3. 市场调查人员

掌握准确、完备的市场信息对于策划活动非常重要，需要策划委员会（小组）派出专门的市场调查人员负责收集所需的相关市场信息，并进行分类整理和筛选。对于市场调查人员而言，敏锐的观察力、准确的判断力和有效获取信息的能力都是十分重要的。

4. 美术设计人员

营销策划过程是对企业进行企业文化提炼和包装的过程。美术设计人员可以利用美学原理，通过创造力来丰富和完善企业的视觉形象、商品标识、广告等，以增强策划文案的感染力和冲击力，提高策划活动的有效性。

5. 文案撰写人员

策划文案通常应在主策划人的领导下由多个撰写人共同完成，这样既能保证策划工作的效率，也能集思广益，提高策划工作的质量。富于创新的思维能力、严谨的文字表达能力是衡量文案撰写人员水平的主要标准。

6. 计算机专业技术人员

营销策划需要运用众多的操作软件和系统来进行，且比较复杂，需要计算机专业技术人员来完成，而且数据库的建立和处理也能够为策划活动的有效信息获取提供保证。

（二）选取优秀的策划人才

营销策划能否取得成功，取决于是否有一支优秀的营销策划团队。营销策划人才首先要具备良好的职业道德，包括诚实守信、爱岗敬业、遵守纪律、节约资源、团队协作；其次要有丰富的想象力、敏锐的观察力、准确的判断力和驾驭市场的能力；再次要具备深厚的文字功底和计算机操作能力；最后要具有集思广益的能力。

（三）选择高效的策划实现路径

大型企业可以通过“自力更生”方式，组建自己的策划部门，一方面能为企业节约大量的咨询费用，另一方面也能适应企业不断发展对策划工作的客观需要。策划部门就像企业的大脑，其作为一个职能部门，更容易取得企业内部的各种信息，且熟悉企业的历史和运营情况，制定出来的策划方案会更加贴近企业需求，与企业发展战略保持高度一致。

大多数中小企业借助“外脑”进行策划比成立专门的策划部门更加经济、有效，否则容易造成部门及人员的冗余和浪费。当然，利用“外脑”要有一定的度，“外脑”的作用主要是参谋性或者辅助性的，不能代替企业进行决策，否则容易走入策划的误区。

任务三 作为一门学科的市场营销策划

市场营销策划是一门复合型的学科，它是由多门学科知识综合、交叉、碰撞而形成的应用知识体系。它秉承市场营销学的特点，是综合思维的科学与精湛的经营艺术的结合。市场营销策划既是一门科学，也是一门经营艺术。

一、市场营销策划学科的特点

（一）市场营销策划是创新思维的学科

市场营销策划是从新的视角，用辩证的、动态的、系统的、发散的思维来整合市场营销策划对象所占有的和可利用的各类显性资源和隐性资源，使其在新的排列组合方法指导下形成最大的经济效益。营销创新是提高企业市场竞争力最根本、最有效的途径。

（二）市场营销策划是市场营销工程设计学科

市场营销策划实质上是运用企业市场营销过程中所拥有的资源和可利用的资源构造一个新的营销系统工程，并对这个系统中的各个方面根据新的经营哲学和经营理念设计进行轻重缓急的排列组合。在市场营销策划中，营销理念设计始终处于核心和首要地位，它是其他一切营销活动设计的前提。

（三）市场营销策划是具有可操作性的实践学科

市场营销策划是在创新思维的指导下，为企业的市场营销拟订具有现实可操作性的策划方案，提出开拓市场、营造市场的时间、地点、步骤、策略与措施，而且还必须具有高度可行性。

（四）市场营销策划是系统分析的学科

市场营销策划的主要任务是帮助企业对现有资源和可利用资源进行整合，包括国内资源和国际资源、显性资源和隐性资源、可控资源和不可控资源等，产生裂变效应。市场营销策划通过科学、周密、有效的分析手段，对企业营销活动进行分析、创意设计和整合，形成目标、手段、策略、行动的高度统一。

二、市场营销策划学科的研究对象

市场营销策划是在现代市场营销观念的指导下，以市场营销管理为核心，从市场需求入手，深入市场调查研究，认真分析市场营销环境、企业市场竞争条件、竞争对象，以及使目标市场顾客群达到满意状态的条件，因时、因地、因人制宜地提出“创意—构架—行动”的系统工程。市场营销策划是一门涉及多学科的综合性应用科学，其研究对象是市场营销策划过程中的市场进入壁垒分析、营销资源的配置、营销创意、营销理念设计和制订市场营销策划方案等的基本方法、技巧及一般规律。

任务四 数字经济时代对营销策划的新要求

数字经济时代，互联网广泛应用，大众参与度大幅提升，数字技术在突破传统传播技术的基础上创造出庞大的数字媒体渠道，消费者进入“数字化生存”的新阶段。近二十年来，数字营销实务工具和手段也在不断更新迭代。消费者在哪里，营销就在哪里，营销策划就在哪里。

一、消费者数字媒体使用行为特征

（一）信息获取渠道多样化

传统媒体正在朝数字化方向转型，开设了微博、微信公众号等，打造新媒体矩阵。同时，各种自媒体也层出不穷，改变了用户获取信息的方式，使其由传统的被动接受转变为主动筛选。大数据和人工智能技术可以帮助数字媒体实现精准化和个性化传播：一方面，消费者可以随时随地获取自己需要的信息；另一方面，消费者通过数字媒体接触到的信息也更加符合自己的兴趣和爱好。

（二）“互联网＋”融入消费者生活

信息技术的高度发展让人们足不出户便知天下事。互联网门户打破了物理空间的限制，移动终端则打破了互联网使用场所的限制，数字空间的无界性大大拓展了营销的空间。在“互联网＋”的大环境下，人们的生活状态发生了质的变化。如今，消费者的衣食住行依靠一部手机就能解决，如网上订票、网上购物、网上订外卖等。消费者的日常生活全方位依赖互联网，给数字营销带来了旺盛的生命力。

二、企业的数字营销

数字营销指的是使用数字媒体推广产品和服务的营销传播活动，主要包括社会化媒体营销、移动营销、微电影营销、虚拟游戏营销、搜索引擎营销和电子商务营销等方式。

以标志性的数字技术应用为重要节点，数字营销的发展历程大致可划分为四个阶段：

基于 Web1.0 的单向营销、基于 Web2.0 的互动营销、基于大数据的精准营销，以及基于人工智能的智慧营销。

营销行业在技术的推动下正在发生翻天覆地的变化。人工智能的发展、物联网的建立、AR 和 VR 的出现，都昭示着消费者“数字化生存”仍在持续深化。在这样的背景下，企业只有跟上时代的步伐且充分利用这些变化，才能够顺利且高效地与消费者进行对话，从而更好地实现企业的营销目标。

案例

快手线上电商扶贫，“福苗计划”助力乡村振兴

短视频与直播平台以大数据、人工智能为支撑，培养扶持乡村网红，支持直播扶贫活动，让贫困地区的农民和农特产品得到更多“被看见”的机会。快手平台开展“幸福乡村”“福苗计划”等，帮助国家贫困地区将优质特产推广到全国各地。从 2019 年起，“福苗计划”已开展近 20 场大型专场扶贫活动，帮助全国 100 多个贫困地区销售山货。随着脱贫攻坚战的结束，乡村工作全面转向乡村振兴，快手也将继续运用电商销售手段，联动各个地方，挑选优质农产品组成优质产品库，并打响地方乡村振兴品牌，同时也希望可以助力更多农户改善生活境遇，创造更大价值，提升农民的幸福感。

思考：数字经济时代，快手、抖音等平台的快速崛起给市场营销策划提出了哪些新要求？

三、营销策划的跨界思维

当今时代，企业需要进行互联网思维转型，即学会互联网式的生存发展模式，依靠网络传播、销售产品，让网络更多地融入企业的价值链中。市场营销策划作为创新思维的学科，特别强调将单线性思维转变为复合性思维。营销策划要树立跨界思维，包括：

（一）产业跨界

以企业自身核心竞争力为基础，实施产业多元化的发展战略。比如，中国 IT 业巨头联想集团，除电脑主业外，还涉足现代农业和白酒行业，在自身的战略版图上绘制了一张“舌尖上的蓝图”。

（二）产品跨界

常见模式是“1＋1”，通过“主流＋主流”创造新蓝海，或者通过“边缘＋边缘”创造新主流。比如，乐视的超级电视跨联了现代互联网视频产业和传统电视产业，不仅获得了用户认可，还颠覆了产业传统，引发阿里巴巴、小米等互联网公司纷纷跟进，形成跨界智能电视热潮。

（三）人群跨界

一些企业对自身产品和品牌进行重新定位和概念创新。比如，云南白药气雾剂产品，既定位于“我的装备”来锁定原有年轻、运动一族的市场，又定位于“家中常备”来影响中老年消费群。

（四）传播跨界

企业对新媒体的出现要具有敏锐的观察力和感知力，选择适合自己的跨界融合全媒体传播模式。比如，海底捞以调味料新产品面市为契机，打通微博、微信等主流数字媒体，与知乎、豆瓣、百度贴吧等社交网络平台紧密合作，充分利用秒拍、GIF 海报、H5 等多种线上传播工具，同时还运用 VR 技术拍摄产品视频，塑造网络化、年轻化、潮流化的品牌形象。

（五）渠道跨界

在企业未来的渠道布局中，线上线下的渠道交融成为一种重要的渠道战略能力。比如，站在互联网风口上的小米，线上营销只是一小部分，其 70%的销量来自线下渠道；乐视也通过寻找超级合伙人大力拓展线下渠道。

（六）文化跨界

企业实施文化跨界营销最重要的是找到自身文化优势和消费者文化需求特征的文化跨界共鸣点，从而对产品进行文化差异性定位和包装。比如，奔驰 CLK 跑车的设计理念就融合了阿玛尼“少即是多，注重舒适”的设计哲学，找到了共同的文化语言，成为跨界合作的经典案例。

项目小结

市场营销策划就是企业对未来将要进行的营销活动进行整体、系统筹划的超前决策，具有目的性、超前性、系统性、复杂性、调适性五个特点。

市场营销策划的原则包括：战略性原则，信息性原则，系统性原则，经济性原则，权变原则。

市场营销策划类型：按性质可分为基础策划、运行策划、发展策划；按时间可分为战略策划、战术策划。

市场营销策划的步骤：建立完备的策划组织机构、选取优秀的策划人才、选择高效的策划实现路径。

市场营销策划既是一门科学，也是一门艺术。数字经济时代对市场营销策划提出了新要求，企业的营销策划也要树立跨界思维，包括产业跨界、产品跨界、人群跨界、传播跨界、渠道跨界、文化跨界。

项目测评

一、简答题

1. 策划及市场营销策划的含义是什么？
2. 市场营销策划有哪些特点？
3. 市场营销策划的作用是什么？
4. 市场营销策划的内容及原则是什么？
5. 简述市场营销策划学科的研究对象及特点。

二、案例分析题

四川海底捞餐饮股份有限公司（以下简称海底捞）是一家以经营川味火锅为主，融汇各地火锅特色的直营餐饮品牌火锅店。海底捞调味料由于品牌形象较为模糊、整合传播力度不够、消费者认知度不够清晰，销量不很乐观。海底捞希望通过数字营销策划方式与消费者进行全方位的沟通，建立互联网的品牌形象，重塑品牌定位，稳固现有客户的同时吸引潜在客户，从而促进海底捞调味料销售量增长。据此，海底捞以调味料新产品面市为契机，打通微博、微信等主流数字媒体，与知乎、豆瓣、百度贴吧等社交网络平台紧密合作，充分利用秒拍、GIF 海报、H5 等多种线上传播工具，同时还运用 VR 技术拍摄产品视频，塑造网络化、年轻化、潮流化的品牌形象，让海底捞调味料从众多竞品中脱颖而出。此次营销策划的效果相当不错，其中微博传播共覆盖 2 165 万人次，获得超过 29 万次的互动，点赞超过 29 万人次；微信公众号传播阅读量超过 55 万，其中 5 篇文案的传播阅读量超过 10 万，点赞数达到 6 597 次；视频内容被上传至优酷、腾讯等主流视频网站，共获得超过 413 万播放量；选取生活、资讯、搞笑类秒拍大号进行产品植入拍摄，发布视频，引发网友的积极讨论和模仿，共获得超过 745 万播放量，达到了升级品牌形象、提升客户忠诚度的传播目的。

问题：

结合案例，分析海底捞调味料获得成功的秘诀是什么。

项目二 市场调研策划

学习目标

知识目标

1. 掌握市场调查的方法及程序。
2. 理解宏观营销环境和微观营销环境的内容。
3. 理解消费者行为类型及影响因素。

能力目标

1. 准确选择市场调查方法，进行市场调查并分析结果。
2. 评估营销环境并采取措施以主动影响和改变环境。
3. 掌握消费者购买行为决策过程。

素养目标

1. 养成注重调查研究、科学预见未来的职业习惯。
2. 培育“诚实、守信”的社会主义核心价值观。
3. 基于消费者购买行为决策过程，选择合理的营销对策。

案例导入

海尔：沙尘暴里觅商机

海尔集团首席执行官曾多次提出：中国企业要参与国际竞争，必须以速度取胜。这正是海尔成功的奥秘所在。在 2002 年春天的沙尘暴袭来之际，海尔再一次抓住商机，以迅雷不及掩耳之势推出新品，充分体现出其以速度取胜的战略。

一、沙尘暴里“雪中送炭”

自 2002 年 3 月下旬以来，我国北方大部分地区都受到了沙尘暴或沙尘天气的影响，沙尘所到之处天空昏暗、空气混浊，居民即使紧闭门户，在粉尘飞扬的室内也很难顺畅呼吸。沙尘暴已不折不扣地成为北方越来越频繁的“城市灾难”。海尔集团却在此次沙尘暴中独具慧眼，在灾难中发现了巨大的商机。

海尔“防沙尘暴1代”商用空调推出时，正值沙尘暴席卷北方大地，人们生活饱受沙尘之扰，可谓“雪中送炭”。这款空调帮助使用者将沙尘暴的危害降到最低程度，为其筑起一道健康的防护墙。

据悉，在推向市场的两周内，海尔“防沙尘暴1代”商用空调仅在北京、西安、银川、太原、天津、济南等10几个城市就销售了3 700多套，部分城市甚至出现了产品供不应求、人们争相购买的局面。仅“防沙尘暴1代”商用空调在2002年3月份的销量便达到了上年同期的147.8%。

二、海尔沙里淘金

据环境监测专家称，2002年我国北方地区沙尘暴形势比较严峻，而且是频繁发生。自1999年起，我国进入新一轮沙尘天气频发期，这也是继20世纪五六十年代以来我国所遭受的最严重的沙尘暴侵袭。据悉，仅在2001年，我国监测网络就观测到32次沙尘暴现象。虽然我国已启动一系列重大环保工程来恢复沙尘暴源区和附近地区的植被和生态环境，力图从源头控制沙尘暴，但这并不能在短期内解决我国北方地区的沙尘暴问题。据专家估计，即使国家环保措施得力，最快也要15～20年才能从根本上解决沙尘暴问题。在这期间，沙尘暴仍将频繁发生。

应该说，有了市场需求才有相应的产品产生。既然在短期内我国北方地区无法从根本上解决沙尘暴问题，那么只能采取防御措施，尽可能将沙尘暴带来的负面影响降到最小程度。海尔“防沙尘暴1代”商用空调应运而生，给处于沙尘之中的人们带来了重新享受清新生活的希望。采用多层HAF过滤网技术、独特的除沙功能、离子集尘技术的海尔“防沙尘暴1代”商用空调，可以清除房间内因沙尘暴带来的灰尘、土腥味及各种细菌微粒，从而在人们日常生活中为抵御沙尘暴的侵袭筑起了一道道绿色的防护城。

任务一 市场调查与分析

微课：市场调研策划

一、市场调查的概念及作用

市场调查对于企业的市场营销管理的重要性犹如侦查对于军事指挥。不做系统客观的市场调查与预测，仅凭经验或不够完备的信息就做出种种营销决策是非常危险的。企业通过市场调查，能够更加了解市场对产品或服务质量的评价、期望和想法。

（一）市场调查的概念

市场调查是指用科学的方法，有目的、系统地搜集、记录、整理和分析市场情况，了解市场的现状及其发展趋势，为企业的决策者制定政策、进行市场预测、做出经营决策、制定计划提供客观、正确的依据。

市场调查是企业营销活动的出发点，对其认识可以从三点着手。第一，市场调查是一个系统的过程，在调查过程中，每个阶段的所有步骤应该事前安排、有条不紊，应使用科学的方法对资料进行收集和分析，以验证之前提出的假设。第二，市场调查应持客观态度，应避免受调研者和管理者个人主观偏见的影响，努力提供真实状况的准确信息。第三，市场调查包括识别、收集、分析和传播信息等，这个过程的每个阶段都非常重要。

（二）市场调查的作用

在数字经济时代，市场调查已成为企业参与市场竞争的一个不可缺少的工具，应用的范围广泛。其作用主要表现在：

1. 了解市场动态

通过市场调查，企业可以及时地了解市场经济动态的资料信息。市场调查为企业提供了最新的市场情报和技术生产情报，以便更好地学习和吸取同行业的先进经验和最新技术，改进企业的生产技术，提升人员的技术水平，提高企业的管理水平，从而改进产品的质量，加速产品的更新换代，增强产品和企业的竞争力，保障企业的生存和发展。

2. 提供决策依据

任何一个企业都只有在对市场情况有了充分了解的情况下，才能有针对性地制定市场营销策略和企业经营发展策略。企业管理部门和有关人员在针对某些问题进行决策时，如进行产品策略、价格策略、分销策略、广告和促销策略的制定，通常要了解的情况和考虑的问题是多方面的，比如本企业产品在什么市场上销售较好，有发展潜力；在哪个具体的市场上预期可销售数量是多少；如何才能扩大企业产品的销售量；如何制定产品价格，才能保证销量和利润都达到目标；怎样组织产品推销，销售费用预算又将是多少等。这些问题都只有通过具体的市场调查才可以得到答复，而且只有通过市场调查得来的答复才能作为企业决策的依据。

3. 增强竞争力

市场的竞争由于现代化社会大生产的发展和技术水平的进步而变得日益激烈。市场情况在不断地发生变化，而促使市场发生变化的原因不外乎产品、价格、渠道、促销等市场因素和有关政治、经济、文化、地理条件等环境因素。这两种因素往往又是相互联系和相互影响的，而且不断发生变化。因此，企业为适应这种变化，只能通过广泛的市场调查，及时地了解各种市场因素和环境因素的变化，从而有针对性地采取措施。企业通过对市场因素的调整，如价格、产品结构、广告等，去应对市场竞争。对于企业来说，能否及时了解市场变化情况，并适时采取应变措施，是能否取胜的关键。

二、市场调查的方法

企业在市场调查时，通常需要采用一定的技术和方法，保证调查目标的实现。具体来说，市场调查的方法主要有以下几种：

（一）观察法

观察法是指企业根据一定的研究目的、研究提纲或观察表，由调查人员根据调查研究的对象，利用眼睛、耳朵等感官以直接观察的方式对其进行考察，也可安装手机、相机、摄影机等进行现场收录和拍摄并搜集资料的一种方法。科学的观察具有目的性、计划性、系统性和可重复性，是市场调查研究最基本的方法。观察法可以分为直接观察法和间接观察法。直接观察法常用来研究产品的外观、款式、包装的设计和效果，如调查人员亲自观看顾客选购商品，观察、了解最吸引顾客注意的事项，以便改进产品质量。间接观察法是指通过仪器设备、档案记录和实物追踪等方式开展，如通过收银机的扫描数据可以了解价格变化、促销活动以及产品包装变化对市场的影响等。

（二）访问法

访问法是调查人员将要调查的事项，以电话、面谈或书面的方式向被调查者进行询问，以获得所需资料的一种调查方法。访问法是市场调查方法中最常用、最基本的方法。常见的访问方法有以下几种：

1. 电话访问

电话访问是指企业或专业的第三方调查公司通过使用精心设计的问卷，用电话向被调查者进行访问，获得市场信息。电话访问的优点是人性化，可对客户直接访谈，一般会有较高的参与度。电话访问的缺点是效率较低，如果委托第三方调查公司可能涉及较高的费用；更重要的是消费者越来越讨厌接到影响其生活、工作的电话，这使得电话访问越来越困难。

2. 入户访问

入户访问是指企业到被调查者的家中或工作单位进行访问，直接与被调查者接触；或是利用访问式问卷逐个问题进行询问，并记录下对方的回答；或是将自填式问卷交给被调查者，讲明填写方法后，等待对方填写完毕或稍后再回来收取问卷的调查方式。调查的户或单位都是按照一定的随机抽样准则抽取的，入户以后确定访问对象也有一定的法则。

3. 拦截访问

拦截访问是指在某个场所拦截在场的一些人进行当面调查。这种方法常用于商业性的消费者意向调查。拦截访问的优点在于效率高。但是，无论如何控制样本及调查的质量，通过拦截访问收集的数据都无法证明其对总体有很好的代表性。

4. 小组座谈

小组座谈是企业仔细选择邀请一定数量客户，以一种无结构的自然的形式与小组的被调查者交谈，了解客户的满意度。小组座谈法的主要目的是通过倾听一组从调查者所要研究的目标市场中选来的被调查者，从而对一些问题获取深入的了解。这种调查方法的优点是根据提供的讨论指南和时间表对客户的偏好和问题有更全面深入的了解，便于与客户建立良好的关系；缺点是每次小组座谈会的参与人数有限，如果扩大抽样的人数所投入的成本又会很高。

5. 深度访问

深度访问是一种无结构的、直接的、个人的访问。在访问过程中，一个掌握高级技巧的调查者深入地访谈一个被调查者，以揭示某一问题的潜在动机、信念、态度和感情。比较常用的深度访问技术主要有三种：阶梯前进、隐蔽问题探寻以及象征性分析。深度访问主要用于获取对问题的深层了解的探索性研究。

（三）实验法

实验法是由调查人员跟进调查的要求，用实验的方式将被调查者控制在特定的环境下，对其进行观察以获得相应的信息。控制对象可以是产品的价格、品质、包装等，在可控制的条件下观察市场现象，揭示在自然条件下不易发生的市场规律。这种方法主要用于市场销售实验和消费者使用实验。通过实验法取得的数据较客观，具有一定的可信度，可有控制地分析、观察某些市场现象之间是否存在因果关系，以及相互影响的程度。其缺点是一般只适用于对当前市场现象的影响进行分析，无法对历史情况和未来变化进行研究。

（四）问卷法

问卷法是指通过设计调查问卷，以让被调查者填写调查表的方式获得被调查者的信息。在调查中将调查的资料设计成问卷后，让被调查者将自己的意见或答案填入问卷中。在一般进行的实地调查中，以问卷法采用最广；同时，问卷法在网络市场调查中运用得较为普遍。问卷法的优点是被调查者有足够的时间回答问题，从而可以收集到精确的、高质量的问卷，减少成本，同时可以借助软件快速分析数据等。缺点是调查的完整性取决于被调查者的意愿，因回收率较低或迟缓而统计效果不佳。

三、市场调查的程序

市场调查是一项十分复杂的工作，要顺利完成调查任务，需要有计划、有组织、有步骤地进行。市场调查的程序大致分为四个步骤。

（一）明确调查任务

合理确定调查任务是做好市场调查的前提，包括选择调查课题方向、进行初步探索等具体工作，主要是明确为什么要进行此项调查，通过调查要了解哪些具体问题，调查结果的用途等，既要从管理的需要出发，也要考虑实际取得资料的可能性，同时还应具有科学性和创造性。在科学理论的指导下，我们应按照新颖、独特和先进的要求来选择调查课题。

（二）制定调查方案

市场调查方案是整个市场调查工作的行动纲领，起保证市场调查工作顺利进行的作用。市场调查方案一般包括以下内容：

1. 明确调查目的

首先要明确为什么要做此项调查，要解决哪些问题，要达到什么目标等。市场调查目的要明确提出，绝不能含糊、笼统。

2. 选择调查方式

设计调查方案时必须考虑选择适当的调查方式和搜集资料的方法，调查结果必须通过调查指标的物质载体表现出来，所以需要根据市场调查的目的、内容、时间、地点等客观实际状况确定合适的手段。

3. 确定调查时间、地点

调查时间、地点是指市场调查在何时何地进行，有多大范围，调查时间地点的选择有利于搜集资料，可以更好地达到调查目的，节省人力、物力。

4. 筛选调查对象

这一步主要是确定调查对象应具备的条件，如性别、文化水平、收入水平、职业等方面的选择要求。确定调查对象就是根据市场调查目的选择符合条件的市场活动参与者，选样本的数目，主要是确定调查对象的数目。

5. 培训调查人员

培训调查人员是保证调查工作质量的重要环节，应该围绕调查课题的具体内容对市场调查人员进行思想教育，统一认识，使每个调查人员都能深刻认识该调查的具体目的和现实意义；并且要对调查人员进行工作技能培训，包括如何面对调查对象，如何提问，如何解释，遇到一些情况如何处理。

6. 制定调查经费预算

市场调查活动都需要支出一定的费用，因此在制订方案时，应编制调查经费预算，合理估计调查的各项开支。调查经费支出的细目包括人员劳务费、问卷印刷费、资料费、交通费、问卷处理费、杂费等。应在保证实现调查目标的前提下，力求使调查经费支出最少。

（三）收集调查资料

收集资料属于调查执行阶段，其主要任务是采取各种调查方法，根据前面所确定的调查方案着手进行资料的搜集。搜集资料阶段是市场调查者与被调查者进行接触的阶段，为了能够较好地控制和掌握工作进度，顺利完成调查任务，调查者必须做好各方面的协调工作；要争取被调查单位或地区的有关部门和各级组织的支持和帮助；要密切结合被调查者的特点，争取他们的理解和合作。在搜集调查资料阶段，每个调查人员都要按照统一要求，完成搜集资料的任务。在整个市场调查工作中，搜集资料阶段是唯一的现场实施阶段，是取得市场第一手资料的关键阶段，因此组织者要集中精力做好内外部协调工作，力求以最少的人力在最短的时间内高质量完成任务。

（四）分析调查结果

分析调查结果的主要任务是对市场搜集资料进行鉴别与整理，并对整理后的市场资料做统计分析并开展理论研究。

1. 整理分析调查资料

调查人员要对收集到的资料进行检验、检查，验证各种资料是否真实可靠、合乎要求，剔除不符合实际的资料。资料的整理主要是根据分组分类方法，对调查资料做不同的分类，然后运用统计学的有关原理和方法对资料进行分析。经统计整理和分析得到的结果是对市场现象准确而系统的反映，也是对市场现象进行定量分析和定量预测的宝贵资料，为进一步开展对市场问题的定性研究提供了准确系统的数据资料。

2. 撰写调查总结报告

撰写调查总结报告是市场调查的最后步骤，也是市场调查的重要环节。此外，调查报告主要通过文字、数据分析、图表等形式来表现，应对调查目标做清楚和简洁的说明，对采用的调查计划或方法进行全面而简洁的诠释，概括性地介绍发现的主要问题，最后明确提出结论和对决策者的建议。

任务二 营销环境分析

任何企业都生存在一定的环境之中，企业的营销活动不可能脱离环境而单独进行。只有全面、正确地认识市场营销环境并主动适应环境，采取积极措施以主动影响和改变环境，才能提高市场营销活动的有效性，使环境有利于企业的生存和发展。

一、营销环境的概念及特点

（一）营销环境的概念

美国市场营销学家菲利普·科特勒认为，营销环境由营销以外的能够影响与目标顾客建立与维持关系的参与者和各种力量组成，具体来说，就是影响企业市场营销管理能力，决定企业能否卓有成效地发展和维持与其目标顾客交易及关系的外在参与者和影响力。因此，营销环境是指与企业营销活动有潜在关系的内部和外部因素的集合。这些因素和力量是影响企业营销活动及目标实现的外部条件。一般可以将其分为宏观环境和微观环境。

宏观营销环境是指企业无法直接控制的因素，间接影响企业营销能力和效率的一系列巨大的社会力量，包括人口、经济、政治、法律、文化、自然、科技等因素。由于这些环境因素对企业营销起着间接影响作用，因此被称为间接营销环境。

微观营销环境是指与企业紧密相连，直接影响企业营销能力和效率的各种力量和因素的总和，包括企业内部、供应商、营销中介、顾客、竞争者及社会公众等。微观营销环境由于对企业的营销活动有直接的影响，因此被称直接营销环境。

（二）营销环境的特点

1. 客观性

环境作为企业外在的不以营销者意志为转移的因素，对企业营销活动的影响具有强制性和不可控性的特点。一般说来，营销部门无法摆脱和控制营销环境，特别是宏观环境，企业难以按自身的要求和意愿随意改变它，如企业不能改变人口因素、政治因素、法律因素、社会文化因素等，但企业可以主动适应环境的变化和要求，制定并不断调整市场营销策略。

2. 差异性

不同的国家或地区之间，宏观环境存在广泛的差异；不同的企业，微观环境也千差万别。市场营销环境的差异性不仅表现在不同的企业受不同环境的影响，而且同样一种环境因素的变化对不同企业的影响也不相同。正因为营销环境的差异，企业为适应不同的环境及其变化，必须采取有针对性的营销策略。

3. 动态性

市场营销环境是一个动态系统，构成营销环境的诸因素都受众多因素的影响，都随着社会经济的发展而不断变化。营销环境的变化既会给企业提供机会，也会给企业带来危机。虽然企业难以准确无误地预见未来环境的变化，但可以通过设立预警系统追踪不断变化的环境，及时调整营销策略。

4. 相关性

市场营销环境是一个系统，在这个系统中，各个影响因素是相互依存、相互作用和相互制约的。某一因素的变化会带动其他因素的相互变化，形成新的营销环境。例如：竞争者是企业重要的微观环境因素之一，而宏观环境中的经济、政治、法律因素，均能影响一个行业竞争者的数量，从而形成不同的竞争格局。

二、宏观营销环境

宏观营销环境主要包括人口、经济、政治、法律、文化、自然及科技等因素。这些因素从宏观角度间接影响企业的市场营销活动，对其产生限制和促进作用。

（一）人口

人口是市场的第一要素。人口数量直接决定市场规模和潜在容量，人口的性别、年龄、民族、婚姻状况、职业、居住分布等也对市场格局产生深刻影响，从而影响着企业的营销活动。企业应重视对人口环境的研究，密切关注人口特性及其发展动向，及时调整营销策略以适应人口环境的变化。

1. 人口数量

人口数量是决定市场规模的一个基本要素。如果收入水平不变，人口越多，对食物、衣着、日用品的需求量也越多，市场也就越大。企业营销首先要关注所在国家或地区的人口数量及其变化，因为人口数量及其变化对人们生活必需品的需求内容和数量影响很大。

2. 人口结构

（1）年龄结构。不同年龄的消费者对商品和服务的需求是不一样的。不同年龄结构形成了具有年龄特色的市场。企业只有了解不同年龄结构所具有的需求特点，才可以决定企业产品的投向，寻找目标市场。

(2) 性别结构。性别差异会给人们的消费需求带来显著的差别，比如男性用品市场和女性用品市场。企业可以针对不同性别的需求，生产适销对路的产品，制定有效的营销策略，开发更大的市场。

(3) 教育与职业结构。人们的受教育程度与职业不同，对市场需求表现出不同的倾向。随着高等教育规模的扩大，人们的受教育程度普遍提高，收入水平也逐步增加。企业应关注人们对报刊、书籍、电脑这类商品的需求的变化。

(4) 家庭结构。家庭是商品购买和消费的基本单位。一个国家或地区家庭单位的数量及家庭平均人员的数量直接影响某些消费品的需求数量。同时，不同类型的家庭往往有不同的消费需求。

(5) 社会结构。目前我国农业人口数量庞大。这样的社会结构要求企业营销应充分考虑到农村这个大市场。

(6) 民族结构。我国是一个多民族的国家。民族不同，其文化传统、生活习惯也不相同，具体表现在饮食、居住、服饰、礼仪等方面的消费需求都有自己的风俗习惯。企业营销要重视民族市场的特点，开发符合民族特性、受其欢迎的商品。

3. 人口分布

人口在不同地区的密集程度是不同的。各地人口的密度不同，则市场大小不同、消费需求特性不同。当前，我国有一个突出的现象就是农村人口向城市地区流动，内地人口向沿海经济开放地区流动。企业营销应关注人口流入地区消费需求不仅在量上增加，在消费结构上也发生变化，应该提供更多的适销对路的产品以满足这些流动人口的需求。

(二) 经济

经济环境是影响企业营销活动的主要环境因素，包括收入因素、消费支出、储蓄和信贷等。

1. 收入因素

收入因素是构成市场的重要因素，因为市场规模的大小归根结底取决于消费者购买力的大小，而消费者的购买力取决于他们收入的多少。企业必须从市场营销的角度来研究消费者收入，通常从以下几个方面进行分析。

(1) 国民生产总值。它是衡量一个国家经济实力与购买力的重要指标。国民生产总值增长越快，对商品的需求和购买力就越大，反之就越小。

(2) 人均国民收入。这是用国民收入总量除以总人口的比值。这个指标大体反映了一个国家人民生活水平的高低，也在一定程度上决定了商品需求的构成。一般来说，人均收入增长，对商品的需求和购买力就大，反之就小。

(3) 个人可支配收入。个人可支配收入是指在个人收入中扣除消费者个人缴纳的各种税款和交给政府的非商业性开支后剩余的部分，可用于消费或储蓄的那部分个人收入。个人可支配收入构成实际购买力，是影响消费者购买生活必需品的决定性因素。

（4）个人可任意支配收入。个人可任意支配收入是指在个人可支配收入中减去消费者用于购买生活必需品的费用支出（如房租、水电、食物、衣着等项开支）后剩余的部分。这部分收入是消费需求变化中最活跃的因素，也是企业开展营销活动时要考虑的主要对象。这部分收入一般用于购买高档耐用消费品、娱乐、教育、旅游等。

（5）家庭收入。家庭收入的高低会影响很多产品的市场需求。一般来讲，家庭收入高，对消费品需求大，购买力也大；反之，需求小，购买力也小。另外，要注意分析消费者实际收入的变化，区分货币收入和实际收入。

2. 消费支出

随着消费者收入的变化，消费者支出会发生相应变化，继而一个国家或地区的消费结构也会发生变化。经济学家常用恩格尔系数来表示这种消费结构的变化。

恩格尔系数＝食品支出金额/家庭消费支出总金额

恩格尔系数越小，食品支出所占比重越小，表明生活富裕，生活质量高；恩格尔系数越大，食品支出所占比重越大，表明生活贫困，生活质量低。恩格尔系数是衡量一个国家、地区、城市、家庭生活水平高低的重要参数。企业从恩格尔系数可以了解当前市场的消费水平，也可以推知今后消费变化的趋势及对企业营销活动的影响。

3. 储蓄和信贷

（1）储蓄。消费者的储蓄行为直接制约着市场购买量的多少。当收入一定时，如果储蓄增多，现实购买量就减少；反之，如果用于储蓄的收入减少，现实购买量就增大。居民储蓄倾向受到利率、物价等因素变化影响。企业可以关注居民储蓄的增减变化，了解居民储蓄的不同动机，制定相应的营销策略，获取更多商机。

（2）信贷。消费者信贷也称信用消费，指消费者凭信用先取得商品的使用权，然后按期归还贷款，完成商品购买的一种方式。信用消费允许人们购买超过自己现实购买力的商品，创造了更多的消费需求。随着我国商品经济的日益发达，人们的消费观念大为改变，信贷消费方式在我国逐步流行起来，值得企业去研究。

（三）政治

政治环境引导着企业营销活动的方向，它是指企业市场营销活动的外部政治形势。一个国家的政局稳定与否，会给企业营销活动带来重大的影响。如果政局稳定，人民安居乐业，就会给企业营销创造良好的环境；相反，政局不稳，社会矛盾尖锐，秩序混乱，就会影响经济发展和市场的稳定。企业在市场营销中，特别是在对外贸易活动中，一定要考虑东道国政局变动和社会稳定情况可能造成的影响。

政治环境对企业营销活动的影响主要表现为国家政府所制定的方针政策，如人口政策、能源政策、物价政策、财政政策、货币政策等，这些都会给企业营销活动带来影响。例如：国家通过降低利率来刺激消费的增长；通过征收个人收入所得税调节消费者收入的差异；通过对香烟、酒、化妆品等奢侈品征税来抑制人们的消费需求。

（四）法律

法律环境是指国家或地方政府所颁布的各项法规、法令和条例等，是企业营销活动的准则。企业只有依法进行各种营销活动，才能受到国家法律的保护。为适应经济体制改革和对外开放的需要，我国陆续制定和颁布了一系列法律法规，如《中华人民共和国产品质量法》《中华人民共和国企业法》《中华人民共和国经济合同法》《中华人民共和国涉外经济合同法》《中华人民共和国商标法》《中华人民共和国专利法》《中华人民共和国广告法》《中华人民共和国食品卫生法》《中华人民共和国环境保护法》《中华人民共和国反不正当竞争法》《中华人民共和国消费者权益保护法》《中华人民共和国进出口商品检验条例》等。企业的营销管理者只有熟知相关法律条文，才能保证企业经营的合法性，运用法律武器来保护企业与消费者的合法权益。从事国际营销活动的企业不仅要遵守本国的法律制度，还要了解和遵守国外的法律制度和相关国际法规、惯例和准则。只有了解掌握了这些国家的有关贸易政策，才能制定有效的营销对策，在国际营销中争取主动。

（五）文化

文化环境是指在一定社会形态下已经形成的价值观念、宗教信仰、风俗习惯、道德规范等的总和。任何企业都处于一定的社会文化环境中，企业营销活动必然受到所在社会文化环境的影响和制约。企业营销对社会文化环境的研究一般从以下几个方面入手：

1. 教育状况

受教育程度的高低影响消费者对商品功能、款式、包装和服务的要求。通常来说，文化教育水平高的国家或地区的消费者对商品包装要求较高，其对附加功能也有一定的要求。因此企业营销开展的市场开发、产品定价和促销活动等都要根据消费者所受教育程度的高低采取不同的策略。

2. 宗教信仰

宗教是构成社会文化的重要因素，宗教对人们消费需求和购买行为的影响很大。不同的宗教有自己独特的节日礼仪、商品使用的要求和禁忌。为此，企业在营销活动中也要注意到不同的宗教信仰，以避免由于矛盾和冲突给企业营销活动带来损失。

3. 价值观念

价值观念是指人们对社会生活中各种事物的态度和看法。不同文化背景下，人们的价值观念往往有很大的差异，对商品的色彩、标识、式样以及促销方式都有自己不同的意见和态度。企业营销必须根据消费者不同的价值观念设计产品、提供服务。

4. 消费习俗

消费习俗是指人们在长期经济与社会活动中所形成的一种消费方式与习惯。不同的消费习俗具有不同的商品要求。研究消费习俗，不但有利于组织好消费用品的生产与销售，而且有利于正确、主动地引导健康的消费。了解目标市场消费者的禁忌、习惯、避讳等是企业进行市场营销的重要前提。

（六）自然

自然环境是指自然界提供给人类的各种形式的物质资料，如阳光、空气、水、森林、土地等。随着人类社会进步和科学技术发展，世界各国的工业化进程都在加速，这一方面创造了丰富的物质财富，满足了人们日益增长的需求；另一方面，资源短缺、环境污染等问题更加严峻。从 20 世纪 60 年代起，世界各国开始关注经济发展对自然环境的影响，成立了许多环境保护组织，促使国家政府加强环境保护的立法。这些都对企业的营销形成了挑战。营销管理者应该关注自然环境变化的趋势，并从中分析企业营销的机会和威胁，制定相应的对策。自然环境的变化主要表现在以下几个方面。

1. 自然资源日益短缺

自然资源可分为两类，一类为可再生资源，如森林、农作物等，这类资源可以被再次生产出来，但必须防止过度采伐森林和侵占耕地；另一类资源是不可再生资源，如石油、煤炭、银、锡、铀等，这种资源蕴藏量有限，随着人类的大量开采，有的矿产已经处于枯竭的边缘。自然资源短缺使许多企业面临原材料价格大涨、生产成本大幅度上升的威胁，这迫使企业研究更合理的利用资源的方法，开发新的资源和代用品，这又为企业提供了新的资源和营销机会。

2. 环境污染日趋严重

工业化、城镇化的发展对自然环境造成了很大的影响，尤其是环境污染日趋严重，许多地区的污染已经严重影响了人们的身体健康和自然生态平衡。环境污染问题已引起各国政府和公众的密切关注，这要求企业为治理环境污染付出代价，但同时也为企业提供了新的营销机会，促使企业研究控制污染技术，兴建绿色工程，生产绿色产品，开发环保包装。

3. 政府干预不断加强

自然资源短缺和环境污染严重的问题，使各国政府加强了对环境保护的干预。各国政府都颁布了一系列有关环保的政策法规，这将制约一些企业的营销活动。虽然企业治理污染需要投资，影响扩大再生产，但是企业必须以大局为重，要对社会负责，加强环保意识，在营销过程中自觉遵守环保法令，担负起环境保护的社会责任。同时，企业也要制定有效的营销策略，既要消化环境保护所支付的必要成本，还要在营销活动中挖掘潜力，保证营销目标的实现。

（七）科技

科学技术是社会生产力中最活跃的因素，它影响着人类社会的历史进程和社会生活的方方面面，对企业营销活动的影响更是显而易见。科技发展对企业营销活动的影响表现在以下几个方面。

1. 科技发展促进社会经济结构的调整

每种新技术的出现、推广都会给某些企业带来新的市场机会，导致新行业的出现；同时，也会给某些行业、企业造成威胁，使这些行业、企业受到冲击甚至被淘汰。例如：电脑的运用代替了传统的打字机，复印机的发明排挤了复写纸，数码相机的出现夺走了胶片相机的大部分市场等。

2. 科技发展促使消费者购买行为的改变

随着多媒体和网络技术的发展，“网上购物”“直播带货”等新型购买方式出现，人们可以在家中通过 App 订购车票、飞机票、戏票和球票。而随着新技术革命的进展，“居家便捷购买、享受服务”的方式还会继续发展。

3. 科技发展影响企业营销组合策略的创新

科技发展使新产品不断涌现，产品寿命周期明显缩短，这要求企业关注新产品的开发，加速产品的更新换代。科技发展降低了产品成本，使产品价格下降，这要求企业及时做好价格调整工作。科技发展促进流通方式的现代化，这要求企业采用顾客自助服务和各种直销的方式。科技发展使广告媒体多样化，信息传播快速化，市场范围更加广阔，促销方式更加灵活。为此，企业要不断分析科技新发展，创新营销组合策略，适应市场营销的新变化。

4. 科技发展促进企业营销管理的现代化

科技发展为企业营销管理现代化提供了必要的装备，如电脑、传真机、电子扫描装置、光纤通信等设备的广泛运用，对改善企业营销管理并实现现代化起了重要的作用。同时，科技发展对企业营销管理人员提出了更高的要求。

三、微观营销环境

微观营销环境是指与企业紧密相连、直接影响企业营销能力和效率的各种力量和因素的总和，主要包括企业内部、供应商、营销中介、顾客、竞争者和社会公众等。

（一）企业内部

企业开展营销活动要充分考虑到企业内部的环境力量和因素。企业是组织生产和经营的经济单位，是一个系统组织。企业内部一般设立计划、技术、采购、生产、营销、质检、财务、后勤等部门。企业内部各职能部门的工作及其相互之间的协调关系，直接影响企业的整个营销活动。销售部门与企业其他部门之间既有多方面的合作，也经常会发生矛盾。由于各部门的工作重点不同，有些矛盾往往难以协调。如生产部门关注的是长期生产的定型产品，要求品种规格少、批量大、标准订单、较稳定的质量管理，而销售部门注重的是能适应市场变化、满足目标消费者需求的“短、平、快”产品，则要求多品种规格、少批量、个性化订单、特殊的质量管理。所以，企业在制订营销计划、开展营销活动时，必须协调和处理好各部门之间的关系。

（二）供应商

供应商是指为企业提供生产所需的原材料、辅助材料、设备、能源、劳务、资金等资源的供货单位。这些资源的变化直接影响企业产品的产量、质量以及利润，从而影响企业营销计划和营销目标的完成。

1. 供应的及时性和稳定性

原材料、零部件、能源及机器设备等货源的保证供应，是企业营销活动顺利进行的前提。如棉纺厂不仅需要棉花等原料来进行加工，还需要设备、能源作为生产手段与要素。任何一个环节在供应上出现问题，都会导致企业的生产活动无法正常开展。为此，企业为了在时间上和连续性上得到货源的稳定供应，就必须和供应商保持良好的关系，必须及时了解和掌握供应商的情况。

2. 供应货物的价格变化

供应的货物价格变化会直接影响企业产品的成本。供应商如果提高原材料价格，必然会带来企业的产品成本上升。生产企业如果提高产品价格，就会影响市场销路；如果销售价格不变，则会减少企业的利润。为此，企业必须密切关注和分析供应商的货物价格变动趋势。

3. 供应货物的质量保证

供应商能否供应质量有保证的生产资料将直接影响企业产品的质量，并进一步影响企业的销量、利润及信誉。如劣质葡萄难以生产优质葡萄酒，劣质建筑材料难以保证建筑物的百年大计。为此，企业必须了解供应商的产品，分析其产品的质量标准，从而保证自己产品的质量，赢得消费者，赢得市场。

（三）营销中介

营销中介是指为企业营销活动提供各种服务的企业或部门的总称。营销中介对企业营销产生直接的、重大的影响。只有通过有关营销中介所提供的服务，企业才能把产品顺利地送到目标消费者手中。营销中介的主要功能是帮助企业推广和分销产品，主要有以下几类。

1. 中间商

中间商是指把产品从生产商流向消费者的中间环节或渠道，它主要包括批发商和零售商两类。中间商对企业营销具有极其重要的影响，它能帮助企业寻找目标顾客，为产品打开销路，为顾客创造地点效用、时间效用和持有效用。企业一般都需要与中间商合作，来完成企业的营销目标。为此，企业需要选择适合自己的中间商，并与中间商建立良好的合作关系，必须了解和分析其经营活动，并采取一些激励性措施来推动其业务活动的开展。

2. 营销服务机构

营销服务机构是指企业营销中提供专业服务的机构，包括广告公司、广告媒介经营公司、市场调查公司、营销咨询公司、财务公司等。这些机构对企业的营销活动会产生直接的影响，它们的主要任务是协助企业确立市场定位，进行市场推广。一些大企业往往有自己的广告和市场调查部门，但大多数企业则以合同方式委托专业公司来办理有关事务。为此，企业需要关注、分析这些服务机构，选择最能为本企业提供有效服务的机构。

3. 物资分销机构

物资分销机构是指帮助企业进行保管、储存、运输的物流机构，包括仓储公司、运输公司等。物资分销机构的主要任务是协助企业将产品实体运往销售目的地，完成产品空间位置的移动。物资到达目的地之后，还有一段待售时间，物资分销机构还要协助保管和储存。物资分销机构所提供的服务是否安全、便利、经济，直接影响企业营销效果。因此，企业在营销活动中，必须了解和研究物资分销机构及其业务变化动态。

4. 金融机构

金融机构是指企业营销活动中进行资金融通的机构，包括银行、信托公司、保险公司等。金融机构的主要功能是为企业营销活动提供融资及保险服务。在现代化社会中，任何企业都要通过金融机构开展经营业务往来。金融机构业务活动的变化还会影响企业的营销活动，比如银行贷款利率上升，会使企业成本增加。信贷资金来源受到限制，会使企业经营陷入困境。

（四）顾客

顾客是指使用进入消费领域的最终产品或服务的消费者，也是企业营销活动的最终目标市场。顾客是市场的主体，任何企业的产品或服务，只有得到了顾客的认可，才能赢得这个市场，现代营销强调把满足顾客需要作为企业营销管理的核心。不同的顾客导致购买需求各不相同，要求企业以不同的方式提供产品或服务，它们的需求、欲望和偏好直接影响企业营销目标的实现。为此，企业要注重对顾客进行研究，分析顾客的需求规模、需求结构、需求心理以及购买特点，这是企业营销活动的起点和前提。

按照顾客类型及其购买目的划分，可以将顾客市场分为以下几类：

（1）消费者市场：指为满足个人或家庭消费需求购买产品或服务的个人和家庭。

（2）生产者市场：指为生产其他产品或服务，以赚取利润而购买产品或服务的组织。

（3）中间商市场：指购买产品或服务以转售，从中盈利的组织。

（4）政府市场：指购买产品或服务，以提供公共服务或把这些产品或服务转让给其他需要的人的政府机构。

（5）国际市场：指国外购买产品或服务的个人及组织，包括外国消费者、生产商、中间商及政府。

（五）竞争者

竞争是商品经济的必然现象。在商品经济条件下，任何企业在目标市场进行营销活动时，不可避免地会遇到竞争对手的挑战。即使在某个市场上只有一个企业在提供产品或服务，没有“显在”的对手，也很难断定在这个市场上没有潜在的竞争企业。企业竞争对手的状况将直接影响企业营销活动，如竞争对手的营销策略及营销活动的变化会直接影响企业营销，最明显的是竞争对手的产品价格、广告宣传、促销手段的变化，以及产品的开发、销售服务的加强都将直接对企业造成威胁。为此，企业在制定营销策略前必须先弄清楚竞争对手，特别是同行业竞争对手的生产经营状况，做到知己知彼。只有这样，才能有效地开展营销活动。

一般来说，企业在营销活动中需要对竞争对手了解、分析的内容有：

（1）竞争企业的数量。

（2）竞争企业的规模和能力的大小强弱。

（3）竞争企业对竞争产品的依赖程度。

（4）竞争企业所采取的营销策略及其对其他企业策略的反应程度。

（5）竞争企业能够获取优势的特殊材料来源及供应渠道。

（六）社会公众

社会公众是企业营销活动中与企业营销活动发生关系的各种群体的总称。公众对企业的态度，会对其营销活动产生巨大的影响，它既有助于企业树立良好的形象，也可能妨碍企业的形象。所以企业必须处理好与主要公众的关系，争取公众的支持和偏爱，为自己营造和谐、宽松的社会环境。

企业在营销过程中主要面对的公众有以下几类：

1. 金融公众

金融公众主要包括银行、投资公司、证券公司、股东等，其对企业的融资能力有重要的影响。

2. 媒介公众

媒介公众主要包括报纸、杂志、电台、电视台等传播媒介，其掌握传媒工具，有着广泛的社会联系，能直接影响社会舆论对企业的认识和评价。

3. 政府公众

政府公众主要指与企业营销活动有关的各级政府机构部门，其所制定的方针、政策都对企业营销活动造成机遇或挑战。

4. 社团公众

社团公众主要指与企业营销活动有关的非政府机构，如消费者组织、环境保护组织，以及其他群众团体。企业营销活动涉及社会各方面的利益，来自这些社团公众的意见、建议，往往对企业营销决策有着十分重要的作用。

5. 社区公众

社区公众主要指企业所在地附近的居民和社区团体。社区是企业的邻里，企业保持与社区的良好关系，为社区的发展做一定的贡献，会受到社区居民的好评，他们的口碑能帮助企业在社会上树立形象。

6. 内部公众

内部公众指企业内部的管理人员及一般员工。企业的营销活动离不开内部公众的支持，企业应该处理好与广大员工的关系，调动他们开展市场营销活动的积极性和创造性。

任务三 消费者行为分析

一、消费者行为概述

消费者购买行为是指消费者为满足需要，在一定购买动机的驱使下，由购买主体通过支出货币而取得商品或服务的一种活动，包括从需求动机的形成到购买行为的发生直至购后感受总结这一购买或消费过程中所展示的心理活动、生理活动及其他实质活动。

市场营销学家把消费者的购买动机和购买行为概括为 6W 和 6O，从而形成消费者购买行为研究的基本框架。其具体内容如下：

（一）市场需要什么（What）——有关产品（Objects）是什么

通过分析消费者希望购买什么，为什么需要这种商品而不是需要那种商品，研究企业应如何提供适销对路的产品去满足消费者的需求。

（二）为何购买（Why）——购买目的（Objectives）是什么

通过分析购买动机的形成（生理的、自然的、经济的、社会的、心理因素的共同作用），了解消费者的购买目的，采取相应的市场策略。

（三）购买者是谁（Who）——购买组织（Organizations）是什么

分析购买者是个人、家庭还是集团，购买的产品供谁使用，谁是购买的决策者、执行者、影响者。根据分析，组合相应的产品、渠道、定价和促销。

（四）如何购买（How）——购买组织的作业行为（Operations）是什么

分析购买者对购买方式的不同要求，有针对性地提供不同的营销服务。在消费者市场，分析不同类型消费者的特点，如经济型购买者对性能和廉价的追求，冲动型购买者对情趣和外观的喜好，手头拮据的购买者要求分期付款，工作繁忙的购买者重视购买方便和送货上门等。

（五）何时购买（When）——购买时机（Occasions）是什么

分析购买者对特定产品的购买时间的要求，把握时机，适时推出产品，如分析自然季节和传统节假日对市场购买的影响程度等。

（六）何处购买（Where）——购买场合（Outlets）是什么

分析购买者对不同产品的购买地点的要求，如方便品，顾客一般要求就近购买，而选购品则要求在商业区（地区中心或商业中心）购买，特殊品往往会要求直接到企业或专业商店购买等。

二、消费者行为类型

因受诸多因素影响，不同消费者购买决策过程的复杂程度不同。在分析消费者行为时，可以按照以下类型分类研究。

（一）根据消费者购买行为的复杂程度和所购产品的差异程度划分

1. 复杂的购买行为

如果消费者属于高度参与，并且了解现有各品牌、品种和规格之间具有的显著差异，则会产生复杂的购买行为。复杂的购买行为指消费者购买决策过程完整，要经历大量的信息收集、全面的产品评估、慎重的购买决策和认真的购后评价等各个阶段。对于复杂的购买行为，营销者应制定策略帮助购买者掌握产品知识，运用各种途径宣传本品牌的优点，影响最终购买决定，简化购买决策过程。

2. 减少失调感的购买行为

这是指消费者并不广泛收集产品信息，也不精心挑选品牌，购买决策过程迅速而简单，但是在购买以后会认为自己所买产品具有某些缺陷或其他同类产品有更多的优点，进而产生失调感，怀疑原先购买决策的正确性。对于这类购买行为，营销者要提供完善的售后服务，通过各种途径提供有利于本企业产品的信息，使顾客相信自己的购买决定是正确的。

3. 寻求多样化的购买行为

这是指消费者购买产品有很大的随意性，并不深入收集信息和评估比较就决定购买某一品牌，在消费时才加以评估，但是在下次购买时又转换其他品牌。转换的原因是厌倦原口味或想试试新口味，是寻求产品的多样性而不一定有不满意之处。对于寻求多样性的购买行为，市场领导者和挑战者的营销策略是不同的。市场领导者通过占有货架、避免脱销和提醒购买的广告来鼓励消费者形成习惯性购买行为，而挑战者则以较低的价格、折扣、赠券、免费赠送样品和强调试用新品牌的广告来鼓励消费者改变原习惯性购买行为。

4. 习惯性的购买行为

这是指消费者并未深入收集信息和评估品牌，只是习惯于购买自己熟悉的品牌，在购买后可能评价也可能不评价产品。对于习惯性的购买行为的主要营销策略可以利用价格与销售促进吸引消费者试用，开展大量重复性广告，加深消费者印象，增加购买参与程度和品牌差异。

（二）根据消费者购买目标选定程度划分

1. 全确定型

这是指消费者在购买商品以前，已经有明确的购买目标，对商品的名称、型号、规格、颜色、式样、商标以及价格的幅度都有明确的要求。这类消费者进入商店以后，一般都是有目的地选择，主动提出所要购买的商品，并对所要购买的商品提出具体要求。当商品能满足其要求时，则会毫不犹豫地买下商品。

2. 半确定型

这是指消费者在购买商品以前，已有大致的购买目标，但具体要求还不够明确，最后购买需经过选择比较才能完成。如购买空调是原先计划好的，但购买什么牌子、规格、型号、式样等并不清楚。这类消费者进入商店后，一般要经过较长时间的分析、比较才能完成其购买行为。

3. 不确定型

这是指消费者在购买商品以前，没有明确的或既定的购买目标。这类消费者进入商店主要是参观游览、休闲，漫无目标地观看商品或随便了解一些商品的销售情况，有时感到有兴趣或合适的商品偶尔购买，有时则观后离开。

（三）根据消费者购买态度与要求划分

1. 习惯型

这是指消费者由于对某种商品或某家商店的信赖、偏爱而产生的经常、反复的购买。由于经常购买和使用，他们对这些商品十分熟悉，体验较深，再次购买时往往不再花费时间进行比较，注意力稳定、集中。

2. 理智型

这是指消费者在每次购买前对所购的商品要进行较为仔细的研究比较，购买感情色彩较少，头脑冷静，行为慎重，主观性较强，不轻易相信广告、宣传、承诺、促销方式以及售货员的介绍，主要看商品的质量、款式。

3. 经济型

这是指消费者购买时特别重视价格，对于价格的反应特别灵敏，无论购买高档商品，还是中低档商品，首选的是价格，对“大甩卖”“清仓”“血本销售”等低价促销感兴趣。

4. 冲动型

这是指消费者容易受商品的外观、包装、商标或其他促销努力的刺激而产生购买行为，购买一般都从个人的兴趣或情绪出发，喜欢新奇、新颖、时尚的产品，购买时不愿做反复的选择比较。

5. 疑虑型

这是指消费者具有内倾性的心理特征，购买时小心谨慎和疑虑重重，购买速度一般缓慢、费时，常常是“三思而后行”，常常会因犹豫不决而中断购买，购买后还会疑心是否上当受骗。

6. 情感型

这类消费者的购买多属情感反应。他们往往以丰富的联想力衡量商品的意义，购买时注意力容易转移，兴趣容易变换，对商品的外表、造型、颜色和命名都较重视，以是否符合自己的想象作为购买的主要依据。

7. 不定型

这类消费者的购买多属尝试性，其心理尺度尚未稳定，购买时没有固定的偏爱。这种类型的购买者多数是独立生活不久的青年。

(四) 根据消费者购买频率划分

1. 经常性购买行为

经常性购买行为是购买行为中最简单的一类，指购买人们日常生活所需、消耗快、购买频繁、价格低廉的商品，如油、盐、酱、醋、茶、洗衣粉、味精、牙膏、肥皂等。购买者一般对商品比较熟悉，加上价格低廉，往往不必花很多时间和精力去收集资料和进行商品的选择。

2. 选择性购买行为

这一类消费品单价比日用消费品高，多在几十元至几百元；购买后使用时间较长，消费者购买频率不高；不同的品种、规格、款式、品牌之间差异较大，消费者购买时往往愿意花较多的时间进行比较选择，如服装、鞋帽、小家电产品、手表、自行车等。

3. 考察性购买行为

消费者购买价格昂贵、使用期长的高档商品多属于这种类型，如购买轿车、商品房、成套高档家具、钢琴、电脑、高档家用电器等。消费者购买这类商品时十分慎重，会花很多时间去调查、比较、选择。消费者往往很看重商品的商标品牌，大多是认牌购买；已购消费者对商品的评价对未购消费者的购买决策影响较大；消费者一般在大商场或专卖店购买这类商品。

三、影响消费者行为的主要因素

消费者的购买行为受多方面因素影响。正确认识和把握这些因素，对营销策略的策划和制定有着十分重要的意义。影响消费者行为的主要因素有文化因素、社会因素、个人因素和心理因素。

(一) 文化因素

1. 文化和亚文化

(1) 文化。文化是人类知识、信仰、艺术、道德、法律、美学、习俗、语言文字以及人作为社会成员所获得的其他能力和习惯的总称。文化是人们在社会实践中形成的，是一种历史现象的沉淀。因此，文化又是人类行为的条件和前提。对社会文化变化趋势的分析研究是营销管理的一项重要工作。

(2) 亚文化。不同文化之间有巨大的差异，在同种文化的内部，也会因民族、宗教等诸多因素的影响，使人们的价值观念、风俗习惯、审美标准表现出不同的特征。亚文化通常按照民族、宗教、种族等标准进行划分。在同一个亚文化群中，人们必然有某些相似的特点，以区别于其他的亚文化群。熟悉目标市场的亚文化特点，有助于企业制定相应的营销策略。

1）民族。同一国家或地区可能居住着众多不同的民族，各民族在其自身发展过程中形成了独特的文化，如文字、语言、风俗习惯和传统等，显然上述因素对特定人群的需求与购买行为有显著的影响作用。

2）宗教。每个宗教都有自己的教规戒律。宗教的文化禁忌会影响人们的消费观念、购买行为及消费方式。

3）种族。不同的种族有其独特的文化传统、文化风格和态度，即使他们生活在同一国家甚至同一地区，仍会有自己特殊的需求、爱好和购买行为。

4）地理。由于自然条件和社会经济发展的差异，人们的需求和购买行为往往不同，这在起居、饮食方面表现得最为突出。

2. 社会阶层

社会阶层是指按照一定的社会标准，如收入、受教育程度、职业、社会地位及名望等，将社会成员划分成若干社会等级。消费者总是处在一定的社会阶层，同一社会阶层的人往往有着共同的价值观、生活方式、思维方式和生活目标，并受其影响；不同社会阶层的消费者在行为、态度和价值观等方面存在较大差异。因此，营销者必须对目标顾客所处的社会阶层有清晰的认识，以便为企业采取有针对性的营销策略提供依据。

（二）社会因素

1. 参照群体

群体是指不同个体按某种特征结合在一起，进行共同活动、相互交往。群体一般有较经常的接触和互动，从而成为影响消费者购买行为的关键因素，如在生活方式变化的趋势中，在对新潮流的接触和对新产品的使用及采纳等方面。而参照群体也叫标准群体，该群体的目标、标准和规范成为人们行动的指南和效法的样板。参照群体有两种功能，即规范功能和比较功能。若个体把某一群体视为自己的参照群体，则该群体的活动目标、标准和规范就会对其行动发生约束作用，个体将会自觉或不自觉地以参照群体的规范对照自己的行为并修正自己的行为。

参照群体对消费者起着示范、比较、诱导、规范的作用，从而影响消费者对某些产品和品牌的选择。营销者应注意向参照群体传递信息，充分利用他们对消费者施加影响，扩大产品销售。参照群体对消费者的影响，通常表现为三种形式，即行为规范上的影响、信息方面的影响、价值表现上的影响。

(1) 行为规范上的影响。它是指由于群体规范的作用而对消费者的行为产生影响。规范是指在一定的社会背景下，群体对其所属成员行为合适性的期待，它是群体为其成员确定的行为标准。无论何时，只要有群体存在，无须经过任何语言沟通和直接思考，规范就会迅即发挥作用。规范性影响之所以起作用，是由于奖励和惩罚的存在。为了获得赞赏和避免惩罚，个体会按照群体的期待行事。广告商声称，如果使用某种商品，就能得到社会的接受和赞许，利用的就是群体对个体的规范性影响。

（2）信息方面的影响。它是指参照群体成员的行为、观念、意见被个体作为有用的信息予以参考，由此在其行为上产生影响。当消费者对所购产品缺乏了解，仅凭眼看手摸又难以对产品品质做出判断时，别人的使用和推荐将被视为非常有用的证据。群体在这一方面对个体的影响取决于被影响者与群体成员的相似性，以及施加影响的群体成员的专长性。例如：某人发现好几位朋友都在使用某种品牌的护肤品，于是她决定试用一下，因为这么多朋友使用它，意味着该品牌一定有其优点和特色。

（3）价值表现上的影响。它是指个体自觉遵循或内化参照群体所具有的信念和价值观，从而在行为上与之保持一致。例如：某位消费者感到那些有艺术气质和素养的人，通常是留长发、蓄络腮胡、不修边幅的，于是他也留起了长发，穿着打扮也不拘一格，以反映他所理解的那种艺术家的形象。此时，该消费者就是在价值表现上受到参照群体的影响。个体之所以自觉依群体的规范和信念行事，主要是基于两方面力量的驱动。一方面，个体可能利用参照群体来表现自我，提升自我形象。另一方面，个体可能特别喜欢该参照群体，或对该群体非常忠诚，并希望与之建立和保持长期的关系，从而视群体价值观为自身的价值观。

2. 家庭

家庭是消费者最基本的相关群体，因而家庭成员对消费者购买行为的影响显然最强烈。大多数市场营销人员都很注意研究家庭不同成员，如丈夫、妻子、子女在商品购买中所起的作用和影响。一般来说，夫妻购买的参与程度大都因产品的不同而有所区别。家庭主妇通常承担在食物、日常衣着和日用杂品方面的购买。但随着女性事业心的增强，男性参与家务劳动风气逐步兴起，生产基本生活消费品的企业如果仍然认为女性是其产品唯一的或主要的购买者，那市场营销决策将会出现很大的失误。当然在家庭购买活动中，其决策并不总是由丈夫或妻子单方面做出的，实际上有些价格昂贵或是不常购买的产品，往往是由夫妻双方包括已长大的孩子共同做出购买决定的。

家庭对消费者购买行为具有较大的影响，主要表现在三个方面：

（1）家庭的消费、购买传统影响当前的购买行为。

（2）家庭的社会地位和经济条件决定了消费者的消费层次，消费结构和购买水平一般成正比发展。

（3）家庭结构也决定消费者的购买行为。家庭结构不同，其购买行为也会体现出一定的差异性。比如尚无子女的年轻夫妇家庭或是与子女分居的老年夫妇家庭，一般没有其他负担，购买力比较强，业余时间比较多，兴趣和爱好容易得到发挥。有子女的双亲家庭和高收入的复代家庭，主要是以保证子女的需求和照顾老人的健康为中心开展消费。低收入的复代家庭，消费活动大多集中在满足家庭成员的基本生活需要和幼年成员的教育需要上，消费水平较低，购买力也不高。

（三）个人因素

消费者购买行为首先受其自身因素的影响，因年龄、职业、收入、个性等情况不同，消费者的个人行为会存在很大的差异。影响消费者行为的这些因素主要包括：

1. 经济状况

消费者的经济状况，即消费者的收入、存款与资产、借贷能力等。经济状况的高低会影响消费者的消费水平和消费范围，并决定消费者的需求层次和购买能力。消费者经济状况较好，就可能产生较高层次的需求，购买较高档次的商品，享受较高级的消费。相反，消费者经济状况较差，通常只能优先满足衣食住行等基本生活需求。

2. 职业和地位

不同职业的消费者，对于商品的需求与爱好往往不一致。一个从事教师职业的消费者，一般会较多地购买书报杂志等文化商品；而对于时装模特儿来说，他们更需要漂亮的服饰和高雅的化妆品。消费者的地位不同也影响其对商品的购买。身在高位的消费者，将会购买能够显示其身份与地位的较高级的商品。

3. 年龄与性别

消费者对产品的需求会随着年龄的增长而变化，在生命周期的不同阶段需要不同的商品。如在幼年期，需要婴儿食品、玩具等；而在老年期，则需要保健品和延年益寿的产品。不同性别的消费者，其购买行为也有很大差异。烟酒类产品较多为男性消费者购买，而女性消费者则喜欢购买时装、首饰和化妆品等。

4. 性格和自我观念

性格是指一个人特有的心理素质，通常用刚强或懦弱、热情或孤僻、外向或内向、创意或保守等去描述。不同性格的消费者具有不同的购买行为。刚强的消费者在购买中表现得大胆自信，而懦弱的消费者在挑选商品中往往缩手缩脚。

（四）心理因素

消费者心理是消费者在满足需要活动中的思想意识，它支配着消费者的购买行为。影响消费者购买的心理因素主要有动机、感受、态度、学习。

1. 动机

需要是人们对于某种事物的要求或欲望，就消费者而言，需要表现为获取各种物质需要和精神需要。马斯洛的需求层次理论，即生理需求、安全需求、社会需求、尊重需求和自我实现的需求。需要产生动机，消费者购买动机是消费者内在需要与外界刺激相结合产生的。而动机是为了使个人需要得到满足的一种驱动和冲动，消费者购买动机是指消费者为了满足某种需要，产生购买商品的欲望和意念。购买动机可分为两类：

（1）生理性购买动机。生理性购买动机指人们因生理需求而产生的购买动机，如饥思食、渴思饮、寒思衣，又称本能动机，包括维持生命、保护生命、延续和发展生命的动机等，具有经常性、习惯性和稳定性的特点。

（2）心理性购买动机。心理性购买动机是指人们由于心理需求而产生的购买动机。根据对人们心理活动的认识，以及对情感、意志等心理活动过程的研究，我们可将心理动机归纳为以下三类：1）感情动机。它是指由于个人的情绪和情感心理方面的因素而引起的购买动机。根据感情的不同侧重点，可以将其分为三种消费心理倾向：求新、求美、求荣。2）理智动机。它是指建立在对商品的客观认识的基础上，经过充分的分析比较后产生的购买动机。理智动机具有客观性、周密性的特点，在购买中表现为求实、求廉、求安全的心理。3）惠顾动机。它是指对特定的商品或特定的商店产生特殊的信任和偏好而形成的习惯重复光顾的购买动机。这种动机具有经常性和习惯性特点，表现为嗜好心理。

人们的购买动机不同，购买行为必然是多样的、多变的。这要求企业营销深入细致地分析消费者的各种需求和动机，针对不同的需求层次和购买动机设计不同的产品和服务，制定有效的营销策略，获得营销成功。

2. 感受

消费者购买如何行动，还要看他对外界刺激物或情境的反应，这就是感受对消费者购买行为的影响。感受指的是人们的感觉和知觉。感觉就是人们通过感官对外界的刺激物或情境的反应或印象。随着感觉的深入，各种感觉到的信息在头脑中被联系起来进行初步的分析综合，形成对刺激物或情境的整体反应，就是知觉。知觉对消费者的购买决策、购买行为影响较大。在刺激物或情境相同的情况下，消费者有不同的知觉，他们的购买决策、购买行为就截然不同。消费者知觉是一个有选择性的心理过程。分析感受对消费者购买影响的目的是要求企业营销人员掌握这一规律，充分利用企业营销策略，引起消费者的注意，加深消费者的记忆，使消费者正确理解广告，影响其购买。

3. 态度

态度通常指个人对事物所持有的喜欢与否的评价、情感上的感受和行动倾向。消费者态度对消费者的购买行为有很大的影响。企业营销人员应该注重对消费者态度的研究。消费者态度来源于与商品的直接接触、他人影响、家庭教育与本人经历等。消费者态度包含信念、情感和意向，它们对购买行为都有各自的影响作用。

（1）信念。它是指人们认为确定和真实的事物。在实际生活中，消费者不是以知识，而是以见解和信任作为他们购买的依据。

（2）情感。它是指消费者对商品或服务在情绪上的反应，如对商品或广告是喜欢还是厌恶。情感往往受消费者本人的心理特征与社会规范影响。

（3）意向。它是指消费者采取某种方式行动的倾向，是倾向于采取购买行动，还是倾向于拒绝购买。消费者态度最终落实在购买的意向上。

研究消费者态度的目的在于使企业充分利用营销策略，让消费者了解企业的商品，帮助消费者建立对本企业的正确信念，培养对企业商品和服务的情感，让本企业产品和服务尽可能适应消费者的意向，使消费者的态度向着有利于企业的方面转变。

4. 学习

学习是指由于经验引起的个人行为的改变，即消费者在购买和使用商品的实践中，逐步获得和积累经验，并根据经验调整自己购买行为的过程。学习是通过驱策力、刺激物、提示物、反应和强化的相互影响、相互作用进行的。

“驱策力”是诱发人们行动的内在刺激力量。例如：某消费者重视身份地位，尊重需要就是一种驱策力。这种驱策力被引向某种刺激物——高级名牌西服时就变为动机。在动机支配下，消费者需要做出购买名牌西服的反应。但购买行为的发生往往取决于周围的“提示物”的刺激，如看了有关电视广告、商品陈列，消费者就会完成购买；如果穿着很满意，消费者对这一商品的反应就会加强；如果以后再遇到相同诱因时，消费者就会产生相同的反应，即采取购买行为。如果反应被反复强化，久而久之就成为购买习惯了，这就是消费者的学习过程。

企业营销人员要注重消费者购买行为中“学习”这一因素的作用，通过各种途径给消费者提供信息，如重复发送广告信息，目的是加强诱因，激发驱策力，将人们的驱策力激发到马上行动的地步。同时，企业商品和提供服务要始终保持优质，只有这样消费者才有可能通过学习建立起对企业品牌的偏爱，形成购买该企业商品的习惯。

案例

森马：定位“Z 世代”融入新国潮

作为中国服装行业的“资深企业”，森马自成立以来已经走过了 20 多年，森马的第一批消费者已经不再年轻。但直到现在，森马的核心客群的年龄仍然在 18～29 岁。

正是对年轻人深度的、迭代的洞察，以及快速的执行力，让森马能够稳定地保持数十年如一日。今天的“Z 世代”终将成为明天的“上一辈”。建立能紧贴年轻人群喜好的消费者洞察机制是极为重要的。

森马在电商品牌部门底下建立了消费者洞察团队，布局数据化建设，建立了全域的消费者人群画像。通过消费者行为分析，森马能够准确抓取新一代年轻消费者的兴趣点，反向赋能其他业务团队。比如当下年轻人市场，尤其是 95 后，多元的职业、爱好传递出年轻人知道自己要什么，也敢去做的特点。他们追求自我，能够活出自己想要的样子。基于此，森马致力于让产品更加舒服，但也不能因此失去时尚的味道。品牌采用新科技、新面料带给消费者时尚的感觉，同时，还融入国潮元素、增加小设计，更好地迎合年轻人需求。

在深度调研"Z世代"偏好后，森马积极布局B站、抖音及直播平台等线上渠道，与受"Z世代"欢迎的明星合作，成功拉近了与年轻人的距离。这样长期的、有目标的消费者洞察能够帮助品牌提前布局新的渠道和赛道，建立长期一致的品牌心智，让品牌在趋势变化中游刃有余。

思考：近年来国潮风盛行的背后显示了消费者心理的哪些变化？

四、消费者购买行为决策

在策划营销活动时，除须了解影响消费者的各种因素、消费者购买模式外，还须弄清楚消费者购买决策，以便采取相应的措施，实现企业的营销目标。

（一）消费者购买行为决策的参与者

消费者消费虽然许多时候是以家庭为单位，但参与购买决策的通常并非一个家庭的全体成员，而是一个家庭的某个成员或某几个成员，而且由几个家庭成员组成购买决策层，其各自扮演的角色也是有区别的。人们在一项购买决策过程中可能充当以下角色：

（1）发起者：首先想到或提议购买某种产品的人。

（2）影响者：其看法或意见对最终决策具有直接或间接影响的人。

（3）决定者：能够对买不买、买什么、买多少、何时买、何处买等问题做出全部或部分决定的人。

（4）购买者：实际采购的人。

（5）使用者：直接消费或使用所购商品或劳务的人。

只有了解每个购买者在购买决策中扮演的角色，根据购买决策过程中的参与者的作用及其特点，采取有针对性的营销策略，才能较好地实现营销目标。

（二）消费者购买行为决策过程

消费者购买是较复杂的决策过程，其购买决策过程一般可分为确认需要、信息收集、方案评价、购买决策、购后行为五个阶段。

1. 确认需要

购买过程始于购买者对需要的确认。当购买者意识到自己的实际状态与期望状态之间存在差异，就有需要的确认。需要可以由内部刺激引起，如饿了就要买东西吃；需要也可以由外部引起，如某人路过面包店，就有可能刺激食欲。企业应确定激发某种需要的环境，并据此制定相应的措施。

2. 信息收集

已经激发需要的消费者，下一个步骤就是收集信息。企业最感兴趣的是消费者所需信息的来源以及信息对购买决策的影响程度。

（1）个人来源：家庭、朋友、邻居、熟人。

（2）商业来源：广告、推销员、经销商、包装、展览。

（3）公共来源：大众媒体、消费者评比机构。

（4）经验来源：产品的操作、检查与使用。

一般来说，消费者收集信息的主要来源是商业来源，最有效的信息来源是个人来源。商业来源起告知作用，个人来源起认定和评价作用。企业除利用商业来源传播信息外，还要设法利用和刺激公共来源、个人来源和经验来源，以加强信息的影响力。

3. 方案评价

消费者在获得全面的信息后，会根据这些信息和一定的评价方法对同类产品的不同品牌进行评价。一般涉及三个方面：

（1）产品属性：产品所具有的能够满足消费者需要的特性。这些属性往往表现为属性的集合，如冰箱：制冷效率高、耗电少、噪声低、经久耐用。

（2）品牌信念：消费者对某品牌优劣程度的看法。每一品牌都有一些属性，消费者对每一属性实际达到了怎样的水准给予评价，然后将这些评价连贯起来，就构成了他对该品牌优劣程度的总体看法，即他对该品牌的信念。

（3）效用要求：消费者对该品牌每一属性的效用应当达到何种水准的要求，或者说，该品牌每一属性的效用必须达到何种水准他才会接受。

明确了以上三个问题之后，消费者会有意无意地运用一些评价方法，对不同品牌的产品进行评价和选择。

4. 购买决策

消费者经过产品评估后，会形成一种购买意向，但不一定导致实际购买。从购买意向到实际购买还有一些因素介入，如他人的态度、意外的情况。

（1）他人的态度。消费者的购买意图会因他人的态度而增强或减弱。他人的态度对消费意图影响力的强度，取决于他人态度的强弱及他人与消费者的关系。一般来说，他人的态度越强、他与消费者的关系越密切，影响就越大。如丈夫想买一台大屏幕的彩色电视机，而妻子坚决反对，丈夫就极有可能改变或放弃购买意图。

（2）意外的情况。消费者购买意向的形成，总是与预期收入、预期价格和期望从产品中得到的好处等因素密切相关。若消费者欲采取购买行动时，发生了一些意外的情况，比如因失业而收入减少，因产品涨价而无力购买，或者有其他更需要购买的东西等，这将使他改变或放弃原有的购买意图。

5. 购后行为

消费者在购买后，会通过商品使用过程检验自己购买决策的正确性，确认满意度，作为以后购买活动的参考。企业的任务就是要了解每个阶段消费者的行为及其影响因素，这有助于企业制定出实际而有效的市场营销计划。

项目小结

市场调查是指用科学的方法，有目的、系统地搜集、记录、整理和分析市场情况，了解市场的现状及其发展趋势。市场调查的方法主要有观察法、访问法、实验法和问卷法。市场调查的程序大致分为明确调查任务、制定调查方案、收集调查资料和分析调查结果。

营销环境一般分为宏观营销环境和微观营销环境。宏观营销环境主要包括人口、经济、政治、法律、文化、自然、科技等；微观营销环境主要包括企业内部、供应商、营销中介、顾客、竞争者、社会公众等。

消费者购买行为是指消费者为满足需要，在一定购买动机的驱使下，由购买主体通过支出货币而取得商品或服务的一种活动。在分析消费者行为时，可以按照消费者购买行为的复杂程度、所购产品的差异程度、购买目标选定程度、购买态度与要求、购买频率来分类研究。

影响消费者行为的主要因素可以归纳为以下四个方面：文化因素、社会因素、个人因素和心理因素。而消费者购买行为决策过程可分为确认需要、信息收集、方案评价、购买决策、购后行为五个阶段。

项目测评

一、简答题

1. 简述市场营销调查的作用。
2. 简述市场调查的主要方法。
3. 简述市场调查的程序。
4. 宏观营销环境主要包括哪些方面？
5. 微观营销环境主要包括哪些方面？
6. 简述消费者的购买动机和购买行为 6W 和 6O 的具体内容。
7. 根据购买态度与要求划分的消费者行为包括哪些？
8. 影响消费者行为的主要因素有哪些？
9. 消费者在购买决策过程中充当的角色有哪些？

二、案例分析题

香格里拉是国际著名的大型酒店连锁集团，它的经营策略很好地体现了酒店关系营销的内容。

香格里拉饭店与度假村从 1971 年新加坡豪华香格里拉饭店的开业起步，很快便以其标准化的管理及个性化的服务赢得国际社会的认同，在亚洲的主要城市迅速发展。其是亚洲最大的豪华酒店集团之一，总部设在香港，被许多权威机构评为世界最好的酒店集团之一。它所拥有的豪华酒店和度假村已成为最受人们欢迎的休闲度假目的地。香格里拉始终如一地把顾客满意当成企业经营思想的核心，并围绕该核心将其经营哲学浓缩为一句话——“由体贴入微的员工提供的亚洲式接待”。

香格里拉有 8 项指导原则：

（1）我们将在所有关系中表现真诚与体贴；

（2）我们将在每次与顾客接触中尽可能为其提供更多的服务；

（3）我们将保持服务的一致性；

（4）我们确保我们的服务过程能使顾客感到友好，员工感到轻松；

（5）我们希望每一位高层管理人员都尽可能地多与顾客接触；

（6）我们确保决策点就在与顾客接触的现场；

（7）我们将为我们的员工创造一个能使他们个人、事业目标均得以实现的环境；

（8）客人的满意是我们事业的动力。

与航空公司联合促销是香格里拉酒店互惠合作的手段之一。香格里拉与众多航空公司推出频繁飞行旅行者计划。入住香格里拉酒店时，客人只要出示频繁飞行旅行者计划的会员卡并付门市价，就可得到众多公司给予的免费里程数或累计点数，例如：每晚住宿便可得到德国汉莎航空公司提供的 500 英里的优惠，美国西北航空公司、联合航空公司 500 英里的优惠。其他合作的航空公司还有加拿大航空公司、新加坡航空公司、瑞士航空公司、澳大利亚航空公司、马来西亚航空公司、泰国航空公司等。另外，香格里拉还给予顾客一些额外的机会来领取奖金和优惠。

在顾客服务与住房承诺方面，香格里拉体现了酒店在承诺、信任原则上的坚持，所以它的回头客很多。饭店鼓励员工与客人交朋友，员工可以自由地同客人进行私人的交流。饭店在 2000 年前建立了一个顾客服务中心，这个项目建成后，与原来各件事要查询不同的部门不同，客人只需打一个电话到顾客服务中心，一切问题均可解决。在对待顾客投诉时，全体员工达成共识，绝不说“不”，即“我们不必分清谁对谁错，只需分清什么是对什么是错”。让客人在心理上感觉他“赢”了，而我们在事实上做对了，这是最圆满的结局。每个员工时刻提醒自己多为客人着想，不仅在服务的具体细节上，而且在服务的心理上满足顾客。香格里拉重视来自世界不同地区客人的生活习惯和文化传统的差异，有针对性地提供不同的服务。如对日本客人提出“背对背”服务：客房服务员必须等客人离开客房后再打扫整理客房，避免与客人直接碰面。香格里拉还为客人设立个人档案长期保存，作为给客人提供个性化服务的依据。

问题：

1. 分析香格里拉的营销观念。

2. 香格里拉在提供让顾客满意的服务方面采取了哪些措施？对你有何启示？

项目三 市场定位和细分策划

学习目标

知识目标

1. 理解市场细分的原则和标准。
2. 掌握市场细分的程序和方法。
3. 掌握目标市场的选择及营销策略。
4. 理解市场定位的策略和方法。

能力目标

1. 根据市场细分的程序和方法，建立企业的目标市场。
2. 基于目标市场的选择，制定合理的营销策略。
3. 正确使用市场定位的策略。
4. 基于市场营销战略的制定程序，进行市场营销战略策划。

素养目标

1. 培养面对不同市场需求，采取不同营销策略的职业思维。
2. 以战略思维看待百年未有之大变局，进行市场定位策划。
3. 科学掌握市场营销战略制定方法。

案例导入

海澜之家：男人的衣柜

对于服装品牌来说，市场的重要性毋庸置疑，海澜之家更是深谙此道。精准的市场定位十密切贴合目标客户的心理需求，是海澜之家取得成功的法宝。

1. 市场定位："男人的衣柜""一年只逛两次海澜之家"

海澜之家最初将自己定位于"男人的衣柜""一年只逛两次海澜之家"，一开始就锁定目标客户群体，且牢牢抓住了这类群体的心理。男性在购物方面与女性最大的不同在于他们目标明确，不喜欢随便逛。如果有一家专门的品牌提供男性的衣物，只要服装品质没有太大问题，他们就会成为这家品牌的忠实客户群体。而海澜之家将自己定位于“男人的衣柜”切合男性需求。就市场细分而言，海澜之家精准的目标群体是年龄在25～40岁的男性，这类职场男性对服装有一定要求。海澜之家主要市场投放在三四线城市，将自己与高档品牌拉开一定距离，又让自己脱离了低档行列，价格在多数目标群体能承受的范围内。

2. 品牌知名度推广方式：名人效应＋广告投放

海澜之家的代言人年龄层次代表着海澜之家目标群体阶层。海澜之家通过立体和平面广告宣传，扩大自己的知名度，且“海澜之家，男人的衣柜”广告语更是深入人心，紧紧将品牌与目标群体联系起来。在广告投入方面，海澜之家通过在央视投放广告、赞助受欢迎的综艺等形式推广品牌。央视平台等给人一种高端大气的印象，将平台和品牌相联系，海澜之家的品牌效应在潜移默化中形成。

3. 服务方面：首创“无干扰，自选式”购衣模式

多家品牌实体店为了让客户享受到更好的服务，往往安排导购员进行全程讲解，导购员一对一“狗仔式”紧跟非但没让客户体会到优质服务，反而被客户厌烦，败坏品牌好感。海澜之家总结核心目标群体特征：男性购物目的性强，有自己的主见，相对女性而言更追求服装的舒适度，对于旁人的干扰会反感。因此，海澜之家首创的“无干扰，自选式”购衣模式提供的轻松自在的购物环境刚好可以满足目标群体的需求，形成海澜之家独特的购物体验。

任务一　认知市场细分策略

企业的资源和能力是有限的。企业不可能在大型、广泛或多样的市场中与所有顾客建立联系，也没有办法满足市场上所有顾客的需求，但企业可以将消费者群划分为一个个具有相似的需求和欲望的细分市场。

微课：市场细分的概念和作用

一、市场细分的概念及作用

市场细分的概念是美国市场学家温德尔·史密斯提出来的，是指企业按照某种标准将市场上的顾客划分成若干个顾客群，每个顾客群构成了一个子市场，不同子市场之间的需求存在明显的差别。市场细分是选择目标市场的基础工作。市场营销在企业的活动包括细分一个市场并把它作为公司的目标市场，设计正确的产品、服务、价格、促销和分销系统组合，从而满足细分市场内顾客的需要和欲望。

细分市场不是根据产品品种、产品系列来划分的，而是从消费者角度进行划分的，即根据消费者的需求、动机、购买行为的多元性和差异性来划分。市场细分对企业的生产、营销有极其重要的作用。

（一）有利于选择目标市场和制定市场营销策略

市场细分后的子市场比较具体，比较容易了解消费者的需求，企业可以根据自己经营思想、方针及生产技术和营销力量确定自己的服务对象，即目标市场。针对较小的目标市场，便于制定特殊的营销策略。同时，在细分市场上，信息容易了解和反馈，一旦消费者的需求发生变化，企业可以迅速改变营销策略，制定相应的对策，以适应市场需求的变化，提高企业的应变能力和竞争力。

（二）有利于发掘市场机会，开拓新市场

通过市场细分，企业可以对每个细分市场的购买潜力、满足程度、竞争情况等进行分析对比，探索出有利于本企业的市场机会，并及时做出销售决策或根据本企业的生产技术条件编制新产品开拓计划，进行必要的产品技术储备，掌握产品更新换代的主动权，开拓新市场，以更好适应市场的需要。

（三）有利于集中人力、物力投入目标市场

任何一个企业的人力、物力都是有限的。通过细分市场，企业选择了适合自己的目标市场，可以集中人、财、物资源去争取局部市场上的优势，然后再占领自己的目标市场。

（四）有利于企业提高经济效益

企业通过市场细分后，面对自己的目标市场，生产出适销对路的产品，既能满足市场需要，又能增加企业的收入。产品适销对路可以加速商品流转，加大生产批量，降低企业的生产销售成本，提高生产工人的劳动熟练程度，提高产品质量，提高企业的经济效益。

二、市场细分的原则和标准

市场细分是企业制定市场营销策略和选择目标市场的前提。企业在市场经营活动中可以根据一定的原则和标准，把市场划分为拥有特定消费者群的更细小的市场。

（一）市场细分的原则

1. 可衡量性

可衡量性是指用来细分市场的标准和变数及细分后的市场是可以识别和衡量的，即有明显的区别，有合理的范围。如果某些细分变数或购买者的需求和特点很难衡量，细分市场后无法界定，难以描述，那么市场细分就失去了意义。一般来说，一些带有客观性的变数，如年龄、性别、收入、地理位置、民族等都易于确定，并且有关信息和统计数据也比较容易获得；而一些带有主观性的变数，如心理和性格方面的变数就比较难以确定。

2. 可进入性

可进入性是指企业能够进入所选定的市场部分，能进行有效的促销和分销，实际上就是考虑营销活动的可行性。一是企业能够通过一定的广告媒体把产品的信息传递到该市场众多消费者中去，二是产品能通过一定的销售渠道抵达该市场。

3. 可盈利性

可盈利性是指细分市场的规模要大到能够使企业足够获利的程度，使企业值得为它设计一套营销规划方案，以便顺利地实现其营销目标，并且有可拓展的潜力，以保证按计划能获得理想的经济效益和社会效益。

4. 差异性

差异性是指细分市场在观念上能被区分并对不同的营销组合因素和方案有不同的反应。

微课：市场细分的标准

5. 相对稳定性

这是指细分市场在一定时间内相对稳定。细分后的市场能否在一定时间内保持相对稳定，直接关系到企业生产营销的稳定性。特别是大中型企业以及投资周期长、转产慢的企业，更容易造成经营困难，严重影响企业的经济效益。

（二）市场细分的标准

企业是组合运用有关变量来细分市场的，而不是单一采用某一变量，概括起来主要有地理变量、人口变量、心理变量、行为变量。以这些变量来细分市场的一般标准如表 3-1 所示。

表 3-1　市场细分的标准

细分标准	细分变量
地理变量	地理位置、城镇大小、地形、地貌、气候、交通状况、人口密集度等
人口变量	年龄、性别、职业、收入、民族、宗教、教育、家庭人口、家庭生命周期等
心理变量	生活方式、性格、购买动机、态度等
行为变量	购买时间、购买数量、购买频率、对品牌的忠诚度等

1. 地理变量

按地理变量细分，就是按消费者所在的地理位置、地理环境等变数来细分市场。处在不同地理环境下的消费者，对于同一类产品往往会有不同的需要与偏好，例如：对自行车的选购，城市居民喜欢样式新颖的轻便车，而农村居民更喜欢坚固耐用的加重车等。

（1）地理位置。可以按照行政区划来细分，在我国，可以划分为东北、华北、西北、西南、华东和华南几个地区；也可以按照地理区域来进行细分，如划分为省、市、县等，或内地、沿海、城市、农村等。在不同地区，消费者的需求显然存在较大差异。

（2）城镇大小。按照城镇大小可划分为大城市、中等城市、小城市和乡镇。处在不同规模城镇的消费者，在消费结构方面存在较大差异。

（3）地形和气候。按地形可划分为平原、丘陵、山区、沙漠地带等；按气候可分为热带、亚热带、温带、寒带等。防暑降温、御寒保暖之类的消费品可按不同气候带来划分。如在我国北方，冬天气候寒冷干燥，加湿器很有市场；但在江南，由于空气湿度大，基本上不存在对加湿器的需求。

2. 人口变量

按人口因素细分，就是按年龄、性别、职业、收入、家庭人口、家庭生命周期、民族、宗教、教育等将市场划分为不同的群体。由于人口变量比其他变量更容易测量，且适用范围较广，因此人口变量一直是细分消费者市场的重要依据。

（1）年龄。不同年龄段的消费者，由于生理、性格、爱好、经济状况不同，对消费品的需求往往存在很大的差异。因此，可按年龄将市场划分为许多各具特色的消费者群，如儿童市场、青年市场、中年市场、老年市场等。从事服装、食品、保健品、药品、健身器材、书刊等商品生产经营业务的企业，经常采用年龄变量来细分市场。

（2）性别。按性别可将市场划分为男性市场和女性市场。不少商品在用途上有明显的性别特征，如男装和女装、男表与女表。在购买行为、购买动机等方面，男女之间也有很大的差异，如女性是服装、化妆品、家庭用具、小包装食品等产品的主要购买者，男性则是香烟、饮料、体育用品等产品的主要购买者。美容美发、化妆品、珠宝首饰、服装等许多行业，长期以来按性别来细分市场。

（3）收入。收入的变化将直接影响消费者的需求欲望和支出模式。根据平均收入水平的高低，可将消费者划分为高收入、次高收入、中等收入、次低收入、低收入五个群体。收入高的消费者会比收入低的消费者购买更高价格的产品，如钢琴、汽车、空调、豪华家具、珠宝首饰等；收入高的消费者一般喜欢到大百货公司或品牌专卖店购物，收入低的消费者则通常在住地附近的商店、超市购物。汽车、旅游、房地产等行业一般按收入变量细分市场。

（4）民族。世界上大部分国家都拥有多种民族，我国更是一个多民族的大家庭，除汉族外，还有55个少数民族。每个民族都有自己的传统习俗、生活方式，从而呈现出各种不同的商品需求。只有按民族将市场进一步细分，才能满足各族人民的不同需求，并进一步扩大企业的产品市场。

（5）职业。不同职业的消费者，由于知识水平、工作条件和生活方式等不同，其消费需求存在很大的差异。

（6）教育。消费者的受教育程度不同，志趣、生活方式、文化素养、价值观念等都会有所不同，从而会影响他们的购买行为、购买习惯等。

（7）家庭人口。据此可分为单身家庭（1人）、单亲家庭（2人）、小家庭（2～3人）、大家庭（4人以上）。家庭人口数量不同，在住宅大小、家具、家用电器乃至日常消费品的包装大小等方面都会出现需求差异。

3. 心理变量

按心理变量细分，就是将消费者按其生活方式、性格、购买动机等变量细分成不同的群体。

（1）生活方式。越来越多的企业，如服装业、化妆品业、家具业、娱乐业等常按人们的生活方式来细分市场。生活方式是人们对工作、消费、娱乐的特定习惯和模式，不同的生活方式会产生不同的需求偏好，如“传统型”“新潮型”“节俭型”“奢侈型”等。这种细分方法能显示出不同群体对同种商品在心理需求方面的差异性。

（2）性格。消费者的性格与喜爱的产品有很大的关系。性格可以用外向与内向、乐观与悲观、自信、顺从、保守、激进、热情等词语来描述。性格外向、容易感情冲动的消费者往往好表现自己，因而他们喜欢购买能表现自己个性的产品；性格内向的消费者则喜欢随大溜，往往购买比较朴素的产品；富于创造性和冒险心理的消费者，对新奇、刺激性强的商品特别感兴趣。

（3）购买动机。消费者购买产品的目的主要有求实、求廉、求新、求美、求名、求安等，这些都可作为细分的变量。例如：有人购买服装为了遮体保暖，有人为了美的追求，有人则为了体现自身的经济实力等。因此，企业可对市场按购买动机变数进行细分，确定目标市场。

4. 行为变量

按行为变量细分，就是按照消费者购买或使用某种商品的时间、购买数量、购买频率、对品牌的忠诚度等变数来细分市场。

（1）购买时间。许多产品的消费具有时间性：窗花对联的消费主要在春节期间，月饼的消费主要在中秋节以前，旅游点在旅游旺季生意最兴隆。因此，企业可以根据消费者产生需要、购买或使用产品的时间进行市场细分，如航空公司、旅行社在寒暑假期间大做广告，实行优惠票价，以吸引师生乘坐飞机外出旅游；商家在酷热的夏季大做空调广告，以有效增加销量等。因此，企业可根据购买时间进行细分，在适当的时候加大促销力度，采取优惠价格，以促进产品的销售。

（2）购买数量。据此可分为大量用户、中量用户和少量用户。大量用户人数不一定多，但消费量大，许多企业以此为目标，反其道而行之也可取得成功。如文化用品大量使用者是知识分子和学生，化妆品大量使用者是青年女性等。

（3）购买频率。据此可分为经常购买、一般购买、不常购买。如铅笔，小学生经常购买，高年级学生按正常方式一般购买，而体力工作者则不常购买。

（4）对品牌的忠诚度。据对品牌的忠诚度可将消费者划分为坚定品牌忠诚者、多品牌忠诚者、转移的忠诚者、无品牌忠诚者等。为此，企业必须辨别它的忠诚顾客及特征，以便更好地满足他们的需求，必要时给忠诚顾客以某种形式的回报或鼓励，如给予一定的折扣。

三、市场细分的程序和方法

（一）市场细分的程序

1. 正确选择市场范围

企业在确定经营目标之后，必须开展深入细致的调查研究，分析市场消费需求的动向，确定合适的市场经营范围，选择市场范围时应考虑自己的资源和能力。

2. 分析潜在顾客需求

企业对市场范围内潜在顾客的需求要尽可能全面罗列归类，以便针对消费需求的差异性，实行不同细分市场的变数组合，为市场细分提供可靠的依据。

3. 初步划分细分市场

企业通过分析不同消费者的需求，找出消费者需求类型的地区分布、人口特征、购买行为、消费心理、个性特征等方面的情况，结合营销决策者的营销经验，进行初步的市场细分。

4. 筛选初步细分市场

物美价廉可能对所有消费者都很重要，但这类共同的因素，对企业细分市场并不重要；而对畅销的紧俏产品，企业又不可能及时投产，所以也不足取。所以，企业应对初步细分的市场加以筛选，找出最能发挥自身优势的细分市场。

5. 为细分市场定名

根据各个细分市场消费者的主要特征，结合各细分市场上顾客的特点，用形象化的方法为各个可能存在的细分市场确定名称。

6. 分析市场营销机会

分析市场整体和每个细分子市场的竞争情况，确定对它们的营销组合方案；并根据市场研究和需求潜力估计，确定市场整体和每个细分子市场的营销收入和费用情况，估计潜在利润量。

7. 根据细分规模选定目标市场

如果分析细分市场后，发现市场情况不理想，企业要主动放弃这一市场；如果认为市场营销机会多，需求和潜在利润量令人满意，企业可选定该细分市场作为企业的目标市场。

（二）市场细分的方法

市场细分的方法主要有单一变量法、主导因素排列法、综合因素细分法、系列因素细分法等。

1. 单一变量法

单一变量法是指根据市场营销调研结果，把选择影响消费者或用户需求最主要的因素作为细分变量，从而达到市场细分的目的。这种细分法是以公司的经营实践、行业经验和对组织客户的了解为基础，在宏观变量或微观变量间，找到一种能有效区分客户并使公司的营销组合产生有效对应的变量而进行的细分。例如：玩具市场需求量的主要影响因素是年龄，可以针对不同年龄段的儿童设计适合不同需要的玩具。

2. 主导因素排列法

主导因素排列法即用一个因素对市场进行细分，如按性别细分化妆品市场，按年龄细分服装市场等。这种方法简便易行，但难以反映复杂多变的顾客需求。

3. 综合因素细分法

综合因素细分法即用影响消费需求的两种或两种以上的因素进行综合细分，如用生活方式、收入水平、年龄三个因素可将女性服装市场划分为不同的细分市场。

4. 系列因素细分法

若细分市场所涉及的因素是多项的，并且各因素是按一定的顺序逐步进行的，可由粗到细、由浅入深逐步进行细分，这种方法称为系列因素细分法。

任务二 选择目标市场

企业在划分好细分市场之后，可以进入既定市场中的一个或多个细分市场。明确企业应为哪类用户服务，满足他们的哪种需求，是企业在营销活动中的一项重要策略。

一、目标市场的概念

按消费者的特征把整个潜在市场细分成若干子市场，根据企业产品本身的特性和每个细分市场的吸引程度，选定进入一个或多个细分市场，此细分市场即为目标市场。因为企业能够生产的产品是有限的，而消费者的需求是无限的，所以企业选择的目标市场应是那些能在其中创造最大顾客价值并能保持一段时间的细分市场。

二、目标市场的选择标准

微课：目标市场的选择

（一）有一定的规模和发展潜力

企业进入某一市场是期望能够有利可图，如果市场规模狭小或者趋于萎缩状态，企业进入后难以获得发展，应谨慎考虑，不宜轻易进入。当然，企业也不宜以市场吸引力作为唯一取舍，特别是应力求避免“多数谬误”，即与竞争企业遵循同一思维逻辑，将规模最大、吸引力最大的市场作为目标市场。大家共同争夺同一个顾客群会造成过度竞争和社会资源的无端浪费，同时使消费者的一些本应得到满足的需求遭受冷落和忽视。现在国内很多企业动辄将城市尤其是大中城市作为首选市场，而对小城镇和农村市场不屑一顾，这样很可能步入误区。如果转换一下思维角度，一些经营尚不理想的企业说不定会出现“柳暗花明”的局面。

（二）具备吸引力

细分市场可能具备理想的规模和发展特征。然而从盈利的观点来看，它未必有吸引力。波特认为有五种力量决定了整个市场或其中任何一个细分市场的长期内在吸引力。这五种力量是：同行业竞争者、潜在新参加的竞争者、替代产品、购买者和供应商。

1. 同行业竞争者

如果某个细分市场已经有了众多的、强大的或者竞争意识强烈的竞争者，那么该细分市场就会失去吸引力。如果某个细分市场处于衰退期，但生产能力不断大幅度扩大，固定成本过高，撤出市场的壁垒过高，竞争者投资很大，那么情况就会更糟。这些情况常常会导致价格战、广告争夺战。

2. 潜在新参加的竞争者

如果某个细分市场可能会吸引大量资源或争夺市场份额的新的竞争者，那么该细分市场就会很有吸引力。问题的关键是新的竞争者能否轻易进入这个细分市场。如果新的竞争者进入这个细分市场时遇到森严的壁垒，并且遭受细分市场内原来公司的强烈报复，它们便很难进入。根据行业利润的观点，最有吸引力的细分市场应该是进入的壁垒高、退出的壁垒低。在这样的细分市场里，新的公司很难打入，经营不善的公司却可以安然撤退。如果细分市场进入和退出的壁垒都很高，利润潜量就大，但也往往伴随较大的风险。因为经营不善的公司难以撤退，必须坚持到底。如果细分市场进入和退出的壁垒都较低，公司便可以进退自如，获得的报酬虽然稳定，但不高。最坏的情况是进入细分市场的壁垒较低，而退出的壁垒却很高。于是在经济良好时，大家蜂拥而入；但在经济萧条时，却很难退出。其结果是大家都生产能力过剩，收入下降。

3. 替代产品

如果某个细分市场存在替代产品或者有潜在替代产品，那么该细分市场就会失去吸引力。替代产品会限制细分市场内价格和利润的增长。公司应密切注意替代产品的价格趋向。如果在这些替代产品行业中技术有所发展，或者竞争日趋激烈，这个细分市场的价格和利润就可能会下降。

4. 购买者

如果某个细分市场中购买者的讨价还价能力很强或正在加强，该细分市场就没有吸引力。购买者会设法压低价格，对产品质量和服务提出更高的要求，并且使竞争者互相斗争，所有这些都会使销售商的利润受到损失。如果购买者比较集中，或者该产品在购买者的成本中占较大比重，销售商为了保护自己，可选择议价能力最弱或者转换销售商能力最弱的购买者。较好的防卫方法是提供顾客无法拒绝的优质产品来供应市场。

5. 供应商

如果企业的供应商提价或者降低产品和服务的质量，或减少供应数量，那么该企业所在的细分市场就会没有吸引力。如果供应商集中或有组织，替代产品少，供应的产品是重要的投入要素，那么供应商的讨价还价能力就会较强。因此，与供应商建立良好关系和开拓多种供应渠道才是防御上策。

（三）符合企业目标

某些细分市场虽然有较大吸引力，但不能推动企业实现发展目标，甚至会分散企业的精力，使之无法完成主要目标，这样的市场应考虑放弃。在选择细分市场时，企业还应考虑自身的资源条件是否适合在此细分市场经营。只有选择那些企业有条件进入，能充分发挥其资源优势的市场作为目标市场，企业才会立于不败之地。

三、目标市场选择策略

目标市场选择策略是企业在细分市场的基础上，选择最有开发潜力的市场而采取的市场营销策略。目标市场选择策略通常有五种模式：

（一）市场集中化

企业选择一个细分市场，集中力量为之服务。集中营销使企业深刻了解该细分市场的需求特点，采用有针对性的产品、价格、渠道和促销策略，从而获得强有力的市场地位和良好的声誉，但同时隐含较大的经营风险。

（二）产品专业化

企业集中生产一种产品，并向所有顾客销售这种产品，如企业向青年、中年和老年消费者销售高档服装。企业为不同的顾客提供不同种类的高档服装产品和服务，而不生产消费者需要的其他档次的服装，有利于企业在高档服装产品方面获得很高的声誉。但一旦出现其他品牌的替代品或消费者流行的偏好转移，企业将面临巨大的威胁。

（三）市场专业化

企业专门服务于某一特定顾客群，尽力满足他们的各种需求，如企业专门为女性消费群体提供各种档次的衣服。企业专门为这个顾客群服务，能建立良好的声誉。但一旦这个顾客群的需求潜量和特点发生突然变化，企业要承担较大风险。

（四）有选择的专业化

企业选择几个细分市场，每个细分市场对企业的目标和资源利用都有一定的吸引力，但各细分市场彼此之间很少或根本没有任何联系。这种策略能分散企业经营风险，即使其中某个细分市场失去了吸引力，企业也能在其他细分市场盈利。

（五）完全市场覆盖

企业力图用各种产品满足各种顾客群体的需求，即以所有的细分市场作为目标市场，如有的企业为不同年龄层次的顾客提供各种档次的服装。一般只有实力强大的大企业才能采用这种策略，如可口可乐公司在饮料市场开发众多产品，满足各种消费需求。

四、目标市场的营销策略

企业通过市场细分，从众多的细分市场中选择一个或几个具有吸引力、有利于发挥企业优势的细分市场作为自己的目标市场，综合考虑产品特性、竞争状况和自身实力，针对不同的目标市场选择营销策略。目标市场的营销策略一般有四种，即无差异性营销策略、差异性营销策略、集中性营销策略和定制营销策略。

（一）无差异性营销策略

无差异性营销策略是指企业将产品的整个市场视为一个目标市场，用单一的营销策略开拓市场，即用一种产品和一套营销方案吸引尽可能多的购买者。无差异性营销策略的优点是产品单一，有利于标准化与大规模生产，从而降低研究开发、生产、储存、运输、促销等成本费用，能以低成本取得市场竞争优势。缺点是忽视了各子市场需求的差异性，企业难以长期采用。一旦竞争者采取差异化或集中化的营销策略，企业必须放弃无差异性营销，否则，顾客会大量流失。

（二）差异性营销策略

差异性营销策略是将整体市场划分为若干细分市场，针对每一细分市场制定一套独立的营销方案。差异性营销策略的优点是由于企业在产品设计、推销宣传等营销策略方面能针对不同的子市场，从而有利于提高产品的竞争力，提高市场占有率；此外还有利于建立企业及品牌的知名度。缺点是多品种生产，势必增加生产及营销成本，增加管理的难度。因此，该策略多为实力雄厚的大公司所采用。

（三）集中性营销策略

集中性营销策略则是将所有的资源力量集中，以一个或少数几个性质相似的子市场作为目标市场，进行专业化经营，力图在较少的子市场上获得较大的市场占有率。优点是目标市场集中，企业资源集中，能快速开发适销对路的产品，树立和强化企业和产品形象，也有利于降低生产成本，节省营销费用，增加企业盈利。缺点是目标市场狭小，经营风险较大。一旦市场需求突然发生变化，或出现更强的竞争对手，企业就可能陷入困境。该策略适用于实力弱、资源少的小型企业。

（四）定制营销策略

定制营销策略是指企业在大规模生产的基础上，将每位顾客都视为一个单独的子市场，通过与顾客进行个体的沟通，明确并把握特定顾客的需求，并通过各种方式满足顾客的需求，以更好地实现企业盈利的活动过程。定制营销也被称为一对一营销、个性化营销。定制营销的适用范围十分广泛，不仅适用于自行车、汽车、服装、家具等有形产品，也适用于金融、咨询、旅游、餐饮等服务领域。定制营销的突出优点是：能极大地满足消费者的个性化需求，提高企业竞争力；以需定产，有利于减少库存积压，加快企业的资金周转；有利于产品、技术上的创新，促进企业不断发展。但定制营销有可能导致营销工作的复杂化，增大经营成本和经营风险，因此，定制营销需要建立在定制的利润高于定制的成本的基础之上。另外，生产领域的定制营销还对企业的设计、生产、供应等系统和管理的信息化程度有很高的要求，因此，一般的生产企业可能还很难做到，但定制营销仍是众多企业努力的方向。

五、目标市场策略选择的影响因素

企业在进行市场策略选择时要具体分析产品、市场状况及企业本身的特点。影响企业目标市场策略选择的因素主要有企业实力、市场同质性、产品同质性、产品生命周期和竞争者的策略。

（一）企业实力

企业的实力包括企业的资金、人才、技术、管理、服务和营销能力等。企业实力雄厚，可选择差异性或无差异性目标市场策略；企业实力有限，可选择集中性市场或定制目标市场策略。

（二）市场同质性

市场同质性是指各细分市场消费者需求、购买行为等方面的相似程度。相似度高则同质性高，相似度低则同质性低。同质性高的市场，应该选择无差异性市场策略，如我国的桶装水市场，无论北方、南方，还是市、乡镇，其需求都是一致的，应该选择无差异性市场策略。同质性低的市场，应该选择差异性市场策略、集中性市场策略或定制目标市场策略，如服装市场，男性、女性需求不同，老人、儿童需求不同，学生、工人需求也不同。

（三）产品同质性

产品同质性是指在消费者眼里，不同企业产品的相似程度。相似程度高，则同质性高；相似程度低，则同质性低。同质性高的产品如面粉、白糖、食盐等，适合采取无差异性市场策略。而同质性低的产品如汽车、电脑等，适合采取差异性市场策略或集中性市场策略。

（四）产品生命周期

产品的生命周期包括四个阶段：导入期、成长期、成熟期和衰退期。产品导入期应采用无差异性市场策略，以启发和试探市场。因为此时同类产品较少，竞争不激烈，无差异性市场策略可以最大限度地吸引消费者。当产品进入成长期、成熟期时，竞争日益激烈，消费者需求也呈现多元化，企业应采用差异性市场策略，增加产品的品种、样式，不断开拓新市场；也可实行集中性市场策略或定制目标市场策略，强调产品的差异性，更有针对性地适应消费者需求的变化，确立产品的特殊地位，保持原有市场，不断开拓新市场，以维持和延长产品的生命周期。

（五）竞争者的策略

若竞争对手采取无差异性市场策略，企业应采取差异性市场策略，蚕食其市场并取而代之；若竞争对手已采取差异性市场策略，企业应采取集中性市场策略或定制目标市场策略。

任务三 认知市场定位策略

一、市场定位的概念

市场定位是由美国营销学家艾·里斯和杰克·特劳特提出的一个重要的营销学概念。市场定位是指企业根据竞争者现有产品在市场上所处的位置，针对消费者对该类产品某些特征或属性的重视程度，为本企业产品塑造与众不同的、给人印象鲜明的形象，并将这种形象生动地传递给消费者，从而使该产品在市场上占有适当的位置。

市场定位并不是对一件产品本身做了些什么，而是在潜在顾客的心中做了些什么。市场定位的实质在于使本企业产品与其他企业产品严格区分开来，使消费者明显感觉和认识到这种差异，从而在消费者心中占据独特地位，进而取得企业或产品在目标市场的竞争优势。市场定位是市场营销战略体系中的重要内容，对于塑造产品的鲜明特色，进而提高企业的竞争实力具有重要意义。

二、市场定位的依据

每个企业经营的产品不同，面对的顾客也不同，所处的竞争环境也不同，因而市场定位的依据也不同。总的来讲，市场定位的依据主要有以下几点：

（一）依据产品特色定位

随着市场经济的不断发展，在同一市场上有许多同一品种的产品出现。企业为了使自己生产和销售的产品获得稳定的销路，要从各方面为产品培养一定的特色，树立一定的市场形象，以求在消费者心中形成一种特殊的偏爱。比如迪士尼乐园在其广告中宣传自己是世界上最大的主题公园，这就是一种产品特色。

案例

一个价值300亿元的定位故事：不是所有牛奶都叫特仑苏

2005年，特仑苏横空出世，由此拉开了高端白奶品类之战的序幕。从蒙牛2005年到2020年财报中可以看到，特仑苏已占据蒙牛近30%的营收，成为其业绩增长的重要一环。而特仑苏在2021年的销售额总数已经逼近300亿元。300亿元在乳业属于什么概念呢？几乎单独拿出来就能再建一个中型乳企。

如果有两个产品摆在你面前，一个告诉你“高端”，一个告诉你“更好”，你会选哪一个？“不是所有牛奶都叫特仑苏”已经被奉为经典，从2014年开始，特仑苏就将品牌理念提炼为“更好”二字，并围绕这个关键词开启了一系列品牌沟通。“更好”的背后，其实是特仑苏一系列有套路、有章法的定位原则。

一、建立差异化定位

特仑苏以“不是所有牛奶都叫特仑苏”与其他牛奶划清了界限，虽然没有简单粗暴地告诉消费者“更好”，但也形成了暗示，从而建立领导者定位。

二、定位的普适性

可口可乐代表了快乐，而特斯拉的定位也不仅限于环保，而是试图掀起一场能源革命，把握的是人性的需求。同样的，对“更好”的向往、追求，是古今中外每代人的共同愿望，它不会随着时间的变化而消逝。特仑苏的“更好”，既包含实用主义的产品至上，也满足了人们精神层面的追求，而这显然是更具有普适性的定位。

三、定位的延展性

人们对“好”的判断标准不一，“更好”中的“更”字则更突显其巧妙。比如特仑苏的产品理念是持续为消费者提供更好的身体营养，但是怎样才算营养？在不同年代，人们的认知会不断变化。从单纯的补钙需求到高蛋白等，产品的升级是人们的潜在需求不断被激发的产物。从少数的社会精英扩张到更广泛的富裕人群，从简单的物质富裕人群扩张到精神富裕人群，这一特征符合高端消费的消费者基数和越来越重视高阶需求的变化。

蒙牛在财报里提到，特仑苏建立了“兼顾高端市场的能力”。由此可见，蒙牛看到的，其实是中国市场的消费分级，而不是单纯的消费升级。特仑苏由于把握了先机，又不断地强化品牌建设，所以稳居高端乳品第一品牌的位置。

思考：蒙牛对特仑苏牛奶的定位策略给了我们哪些有益的启示？

（二）依据顾客利益定位

这是指根据产品为顾客提供的利益定位，这里的利益既包括顾客购买产品时所追求的利益，也包括购买产品时所获得的附加利益。比如现流行于中国大中城市的世界公园，就在于能为游客提供世界各地的一些著名景区，满足不能出国门亲临其境的顾客观赏世界风景的需求。通常，产品所能提供的利益是和产品的属性直接相关的，当它具有一种或几种同类产品所不具有的属性时，它就能为顾客提供特有的利益。

（三）依据使用者定位

企业针对某些特定的顾客群进行定位和广告宣传，以便使该群体产生这类产品是专为他们量身定做的印象，是最适合他们需求的产品。如在现在的房地产广告中，你经常可以见到和听到“成功人士”的理想家园，或者是文艺界人士和教师等的最佳选择，这就是通过特定的顾客类型为自己定位。

（四）依据质量和价格定位

一般情况下，顾客购买产品时，质量和价格是两个首先考虑的因素。许多企业将自己的产品定位在经济实惠上，但在强调自己产品的价格优势时，不能忘记向顾客传递质量保证的信息。而有的企业则采用高质高价的定位，让顾客感到每一分钱都花得值得。

（五）依据竞争定位

根据与竞争对手的关系，企业在目标市场上可以采取的竞争战略基本上确定了企业及其产品在目标市场上所处的地位。企业及其产品的定位依据其在市场中所处的地位而展开，主要有领导者定位、挑战者定位、追随者定位和补缺者定位。

微课：市场定位策划

三、市场定位的策略和方法

（一）市场定位的策略

市场定位的策略是一种竞争战略，它反映了企业同对手之间的竞争关系。常见的市场定位的策略有三种，包括避强定位、迎头定位及重新定位。

1. 避强定位

避强定位是企业避免与强有力的竞争对手发生直接竞争，而将自己的产品定位于另一市场的区域内，使自己的产品在某些特征或属性方面与强势对手有明显的区别。这种方式可使自己迅速在市场上站稳脚跟，并在消费者心中树立起一定的形象。这种做法由于风险较小、成功率较高，因此为多数企业所采用。

2. 迎头定位

迎头定位是企业根据自身的实力，为占据较佳的市场位置，不惜与市场上占支配地位、实力最强或较强的竞争对手发生正面竞争，从而使自己的产品进入与对手相同的市场位置。由于竞争对手强大，这一竞争过程往往引人注目，企业及其产品能较快地被消费者了解，达到树立市场形象的目的。这种方式可能引发激烈的市场竞争，具有较大的风险。因此，企业必须知己知彼，了解市场容量，正确判定凭自己的资源和能力可以达到的目的。

3. 重新定位

重新定位又称二次定位或再定位，是指企业变动产品特色以改变目标顾客群对其原有的印象，使目标顾客群对其产品有一个新的认识。企业实施某种定位方案一段时间之后，有可能会发现效果并不理想，或者没有足够的资源实施这一方案，此时，应对该产品进行重新定位。

企业在定位过程中应避免犯以下错误，否则会影响企业在顾客心目中的形象。

（1）定位过低，使顾客不能真正认识到企业的独到之处；

（2）定位过高，使顾客不能正确了解企业；

（3）定位混乱，与企业推出的主题过多或产品定位变化太频繁有关；

（4）定位怀疑，价格或特色方面的有关宣传混乱，使顾客对定位真实性产生怀疑。

（二）市场定位的方法

企业在市场定位时策略不同，企业的竞争态势不同，定位方法也不同，主要有以下市场定位方法。

1. 首席定位

首席定位即强调自己在同行业或同类产品中的领先地位，如市场占有率第一、行业第一等。在现今信息爆炸的社会里，消费者对大多数信息毫无记忆，但对领导性、专业性的品牌印象较为深刻。

2. 比附定位

比附定位即通过与竞争品牌的比较来确定自身市场地位的一种定位策略。其实质是借势定位或反应式定位，借竞争者之势衬托自身的品牌形象。在比附定位中，参照对象的选择是一个重要问题。一般来说，只有与知名度、美誉度高的品牌做比较，才能借势抬高自己的身价。

比附定位主要有三种方法。一是甘居第二。这种策略会使人们对企业产生谦虚诚恳的印象，相信企业所说是真实可靠的，同时迎合了人们同情弱者的心理。如美国安飞士出租汽车公司定位为“我们是第二，我们要进一步努力”。二是“攀龙附凤”，即通过与知名品牌相联系，加深消费者对自身品牌的印象。三是奉行“高级俱乐部策略”，利用模糊数学手法，借助群体声望，把自己归入高级俱乐部式的品牌群体中，强调自己是这一群体的一员，从而提高自己的形象和地位，如“三大企业之一”“五十家大企业之一”“十大驰名品牌之一”等。

3. 对比定位

对比定位即通过与竞争品牌的客观比较，找出其缺点或弱点，来确定自己的市场地位的一种定位策略。在市场经济发达的国家或地区，产品、品牌成千上万，企业要发现市场空当不是一件容易的事情。此时，企业要让自己的品牌在消费者心中占有一席之地，只能设法改变竞争者品牌在消费者心目中现有的形象，找出其缺点或弱点，并用自己的品牌进行对比。运用此策略一定要客观公平，否则容易给消费者留下言过其实的印象，或因过度比较造成诋毁行为，引起法律纠纷。

4. 类别定位

根据产品类别建立的品牌联想，称作类别定位。类别定位力图在消费者心中塑造该品牌等同于某类产品的印象，以成为某类产品的代名词或领导品牌。消费者在有了某类特定需求时就会联想到该品牌，如越野车使人想到 JEEP。

5. 情感定位

情感定位是运用产品直接或间接地冲击消费者的情感体验而进行定位。顺应消费者消费心理的变化，以恰当的情感定位与消费者心灵产生共鸣，可以充实和加强产品的营销力量。如“娃哈哈”这一品牌命名之所以成功，是因为除其通俗易记之外，最关键的一点是将对儿童的祝愿与希望作为品牌命名的核心，很好地契合了所有父母的情感。

任务四 市场营销战略策划

战略是确定企业长远发展目标，并指出实现长远目标的策略和途径。战略确定的目标，必须与企业的宗旨和使命相吻合。市场战略的策划既为企业提供思想和思维方法，也为企业提供分析工具和较长远的整体规划。

一、市场营销战略概述及特征

现代营销学之父菲利普·科特勒将市场营销战略定义为：业务单位意欲在目标市场上用以达成它的各种营销目标的广泛原则，其内容主要由目标市场战略、营销组合、营销费用预算三部分构成。现代营销学中，市场营销战略是指企业在现代市场营销观念下，为实现其经营目标，对一定时期内市场营销发展的总体设想和规划。市场营销战略作为一种重要战略，其主旨是提高企业营销资源的利用效率，使企业资源的利用效率最大化。由于营销在企业经营中的突出战略地位，其连同产品战略组合在一起，被称为企业的基本经营战略，对保证企业总体战略实施起关键作用。

从市场营销战略概念的描述中不难看出市场营销战略管理的重要性。没有正确的战略管理，企业就失去了立足之本。市场营销战略的特征既决定营销战略的性质，又是制定市场战略的基本原则。其特征主要如下：

（一）全局性

全局性是市场营销战略的基本特征。全局性要求企业必须从国家、社会公众的全局利益和长远利益出发制定营销战略，要以企业为中心，权衡时间、空间、环境、条件、趋势，使市场战略最有效地利用内外资源，使营销目标与环境协调，实现市场战略的最优化，不断提高经济效益。

（二）计划性

市场战略是根据国家产业政策要求、社会需求及企业的中长期发展战略目标而制定的，是企业制订经营计划的纲领性文件。具体来说，市场战略的计划性是根据企业营销思想和营销方针，把要做的工作的具体内容、方针、步骤等确定下来，按时间规划付诸实施，从而形成企业长远营销的定量安排。

（三）系统性

市场营销战略是从企业营销的外部环境到内部条件，从营销思想、方针，营销方向、目标、策略到行动计划等方面做出系统性谋划。可见，系统的市场战略必须是不同层次、不同结构、不同功能、不同方法的，并把它们结合起来形成多维结构的市场营销战略。企业应将市场营销战略作为一个整体系统工程统筹规划，追求整体发展的最大效益。

（四）长远性

战略着眼于未来，要指导和影响较长时期的企业营销行为，所以市场营销战略具有长远性的特征。也就是说，企业应该有发展的观念，要处理好眼前利益和长远利益之间的关系，并使二者相互衔接、相互协调。

（五）稳定性

市场营销战略作为一定时期企业经营活动必须遵循的方针和原则，具有稳定性的特征。市场营销战略是企业高层领导者通过对企业外部环境和内部资源进行认真分析和研究后所做出的慎重决策，不能随意更改。

（六）风险性

由于营销环境的多变性和复杂性以及企业内部条件也在不断变化，同时战略总是相对未来而言的，因此企业的市场营销战略具有风险性特征。然而风险总是与机遇并存的，而且还可以互相转化，企业营销战略的实施也就是抓机遇、避风险的过程。

二、市场营销战略的制定

实施有效的市场营销战略，是企业在营销竞争中立于不败之地的重要保证。根据数字经济时代的基本特征，市场营销战略的制定大致分为四个阶段：建立目标市场战略、目标市场进入战略、市场竞争战略、市场发展战略。

（一）建立目标市场战略

企业在选择好细分市场后，可以根据目标市场的需求、商品的特效、自身实力等因素开展综合分析，建立相应的目标市场营销策略。

案例

小米市场定位之差异化战略

小米的自我定位是“为发烧而生”，可见其狂热之心。另外，小米不断进行创新与优化，与粉丝用心互动，更是累积了无数忠诚的粉丝。若要问小米的市场定位战略是什么，答案便是形象差异化战略、服务差异化战略和产品差异化战略。

一、形象差异化战略

在核心部分与竞品相差无几的情况下，小米以塑造不同的产品形象来获取形象差异化的优势，以优质的深度定制的MIUI系统和非一般的安卓体验为消费者带来贴心的用户体验。除此之外，小米采用国际顶级供应商元件制造，严格遵守业务合规性。小米的服务以及用户体验，让小米形成了独特的竞争优势，让小米这个品牌有了足够多的粉丝与受众。

二、服务差异化战略

在品牌塑造上，小米并未使用传统的硬性营销手段，而是采用柔性体验的方式进行品牌营销。小米非常鼓励消费者参与公司的营销活动，通过微博、微信等社交平台来与消费者互动，以此提升消费者的参与感。小米粉丝营销可以说是非常走心。信任感与参与感是非常好的一种维持与营销方式。小米在2011年第一次举行线下活动，即爆米花活动，也就是用户的见面会。那时候的小米知名度非常有限，但是活动效果却出乎意料，粉丝的热情更在意料之外，原因就是用户全程的参与让粉丝的参与感与满足感非常强烈。在刚刚知道小米的时候，很多人以为小米只是平价机，但是后来发现小米只是接地气，高端却没有架子，和用户就像朋友一样，于是收获了非常多的铁杆粉。

三、产品差异化战略

与其他智能手机相比，小米除具备一般智能手机的基本性能外，还具备一些独特的高端性能。小米的创新是其他品牌无法比拟的，如新系统，是基于Android进行的二次开发的系统，由于很多细节都被重新设计过，因此操作界面更为美观，过渡画面更显华丽，里面有一些功能体验感非常好。小米的“高配低价”不仅降低了用户的消费成本，而且让用户收获了不一样的体验。

思考：小米市场定位之差异化战略给我们做市场营销策划提供了哪些启示？

（二）目标市场进入战略

在建立目标市场战略后如何能使企业顺利进入目标市场，也有一个战略选择问题。

1. 闯入战略

面对一个全新的、尚未开发的市场，企业自身又在资源、资金、技术、生产能力等方面做好充分准备的基础上，完全可以靠自己的能力独立开发这一新市场。企业可以通过各种优惠措施（价格、付款方式、服务等）和促销手段（广告宣传、展销、赠送样品等）开路，派出强大销售队伍迅速抢占市场，防止竞争者的渗入。采用这种战略需要企业有较强的实力，花费的代价较高，但由于一时在同一市场上尚未有强大的竞争对手，因此企业能取得较好的销售效果和经济效益。

2. 蚕食战略

对已形成的市场，企业欲要进入，必然会遇到竞争对手的抵制。在实力不强的情况下，企业一般不宜同竞争对手发生正面冲突，而应首先去占领那些竞争对手无暇顾及或忽略的市场角落，其中包括竞争对手尚未经营的某些产品面，或竞争对手的力量尚未到达的某些市场面。这可以使企业在这一市场上首先取得一席之地，再以此为根据地，一步一步地去蚕食竞争对手的市场，以达到自己的战略目标。

3. 借桥战略

当在某些市场的进入上无法建立自己的销售网络时，企业可以借助各种中间商进入市场。各类中间商在其各自的市场上都有自己稳固的销售网络，企业只要让出一部分利润给中间商，就能够比较容易地进入该市场。除了让利给中间商以外，企业还可以同中间商一起在所要进入的市场上共同做广告宣传，共同举办商品展销会；还可以利用那些有影响的中间商的牌号为自己的商品进入该市场开路，也可同中间商联牌经营，待企业产品在该市场扎根以后，再独立使用自己的厂牌销售商品。

4. 搭车战略

有些生产配件、配料等辅助性产品的企业，以及生产同其他企业产品相关产品的企业，在自己尚无力单独开辟市场的情况下，可与那些生产主产品的企业或生产相关产品的企业协商，通过搭车战略使自己的产品进入某些市场，待企业产品有了一定知名度或有了一定用户后再独立进行销售。

（三）市场竞争战略

竞争作为一种经济关系，既具有斗争性，又具有联系性和依赖性。企业之间在竞争中总是既相互排斥，又相互联系和相互促进的。一个处于劣势的企业，只有当其推出的产品在市场上与其他产品发生联系时才能发现其劣势所在，才感到有压力，并将其压力转化为前进的动力。所以，只有从既有排斥又有联系的经济关系上理解竞争，才能揭示竞争的本质。企业市场竞争战略也同样具有竞争所固有的性质，既可能在相互排斥中进行争夺，又可能在相互调和中进行协作。

在目标市场竞争中，企业之间的既排斥又依赖的程度，视目标市场的容量、层次和企业的条件而不同。其市场竞争战略的类型大致可分为四类：第一，排挤型，即在市场竞争中，一个企业的进展必使另一个企业衰退，优胜劣汰。这通常发生在不少企业同时以同一产品进入容量不大的目标市场争夺中。我国生产电风扇、电视机、西装之类产品的企业就出现过“胜者兴旺败者倒闭”的现象。第二，分占型，即在市场竞争中，各企业的产品各占一定的市场份额。当目标市场容量大而各企业产品尚不能满足需求时，可常见到这种分占现象。这种分占有的发生在异质区域市场之间，有的发生在异质层次市场之间，有的则发生在同质市场中。第三，独占型，即某企业以其独特的技艺独占别的企业所难以渗透的某一目标市场。第四，联合型，即某些企业为增强竞争实力，相互联合起来，以各自的长处协作生产同一产品进入目标市场。这种竞争有的是以强者为龙头，联结弱者而增强优势。

在市场竞争战略过程中，企业一般会采用以下三类战术：

1. 攻击型战术

攻击型战术是对竞争者采取主动出击的战术。企业通过市场调查研究，吸取竞争对手的长处，结合本企业的特点，发挥差别优势，采取适当的竞争策略，攻击竞争对手的短处，以争夺更多目标顾客，提高市场占有率。

攻击型战术又可分为三种：一是正面攻击，即以同类产品从竞争对手中夺取目标市场的占有率；或者是优势企业为巩固市场领导地位，而对同类产品采取排斥性的攻击，以将其排挤出市场；或者为使企业从第二、第三位置跃至领导地位，而向优势企业发动夺位性进攻。正面攻击见效快，但难度高、风险大。二是包围攻击，即先采取各种措施占领外围市场，逐步从局部优势发展为综合优势，再取得目标市场优势。这是一种蚕食竞争战术，具有进能攻、退能守的稳妥性特点，但进展缓慢。三是侧翼攻击，即抓住竞争对手的某些弱点，以己之长攻彼之短，以取得目标市场的局部优势。此战术易得手，风险不大，但成效也较小。

2. 防御型战术

防御型战术是指企业面对竞争对手的攻击时，为保护本企业利益而采取的限制和抵制竞争者威胁的战术。防御型战术通常适用于为巩固领导地位的企业。防御型战术一般可分为七种类型：

(1) 壁垒防御。这是指企业为巩固目标市场领导地位而对攻击者采取针锋相对的防御措施，如攻击者降价，企业也降价。

(2) 侧翼防御。这是指企业除保护其占领的核心地带外，重点改进薄弱环节，变弱项为强项，以防止被进攻者打开缺口。

(3) 先发制人。这是以攻为守的防御，是企业在发现同行攻击而尚未形成声势时，利用自身的优势先声夺人，攻击对手弱点以巩固自己在目标市场的地位而采取的一种战术。

(4) 后发制人。这是以守为攻的防御战术，即企业发现同行攻击已捷足先登在市场居于优势地位时，并不匆匆反击，而是精心研究对方产品的不足之处和同行同类产品的长处，在博采众家之长的基础上推出比竞争对手产品更胜一筹的新产品，在时机成熟时投放市场，与攻击者相抗衡。

(5) 反击防御。这是指企业对竞争对手采取“以其人之道还治其人之身”的反击式的防御战术。如攻击者降价，企业也降价，甚至更大幅度降价。攻击者推出优质服务的举措，企业就推出更优质的服务承诺，以期赢得更多的目标顾客。

(6) 机动防御。其特点是通过加快产品更新换代速度，以尽快适应消费需求的变化，灵活地避开竞争对手的攻击，达到巩固其目标市场领导地位的目的。

(7) 撤退防御。这是企业在丧失优势的情况下所采取的战略性撤退的防御战术。撤退，即放弃原目标市场，仅是手段；通过战略性撤退以寻求、开拓、占领新目标市场，才是企业所要达到的目的。

3. 心理型战术

心理型战术是指企业为在目标顾客心中树立对本企业及其产品的良好形象而采取的攻心战术，故又称为“印象战术”，其着力点是向目标顾客提供质优价廉的产品和良好的售前、售中、售后服务，为社会公益事业做贡献，搞好公共关系。欲使心理型战术收到事半功倍之效，企业必须对目标市场需求情况，尤其是目标顾客的心理需求了如指掌，投顾客所好，使其感到“正中下怀”。心理型战术运用得好，其产生的心理效应不仅能为企业赢得最佳效益，而且其效果的持续时间也最长。

(四) 市场发展战略

企业进行市场营销活动的最终目的是获得市场的发展。企业在选择和进入目标市场后，必须不断地发现新的市场机会，不断更新业务内容，对未来的事业发展方向做出战略计划，制定其发展战略，以谋求在市场中发展壮大。可供选择的主要发展战略有三个类型，即密集型市场发展战略、一体化市场发展战略和多元化市场发展战略。

1. 密集型市场发展战略

密集型市场发展战略是在现有的业务领域内寻找未来发展的各种机会。企业的经营者在寻求新的发展机会时，首先应该考虑现有产品能否得到更多的市场份额，其次应该考虑是否能为现有产品开发一些新市场，最后考虑是否能为现有的市场开发若干有潜在利益的新产品。这主要体现在以下三个方面：

（1）市场渗透。市场渗透是指企业在现有市场上增加现有产品的市场占有率。要增加现有产品的市场占有率，企业必须充分利用已取得的经营优势或竞争对手的弱点，进一步扩大产品的销售量，努力增加产品的销售收入。市场渗透有三种主要方法：一是尽力促使现有顾客增加购买，包括增加购买次数、购买数量；二是尽力争取竞争者的顾客，如提供比竞争对手更周到的服务，在市场上树立更好的企业形象和产品信誉，努力提高产品质量等，尽可能把竞争对手的顾客吸引到本企业的产品上来；三是尽力争取新的顾客，使更多的潜在顾客、从未使用过该产品的顾客购买。市场上一般总存在没有使用过该产品的消费者，他们或是由于支付能力有限，或是由于其他原因，对此，企业可以采取相应措施，如分期付款、降低产品的价格等，使这些消费者成为本企业的顾客。

（2）市场开发。企业应尽力为现有的产品寻找新的市场，满足新市场对产品的需要。市场开发有三种主要方法：一是在当地寻找潜在顾客，这些顾客尚未购买该产品，但是他们对产品的兴趣有可能被激发；二是企业可以寻找新的细分市场，使现有产品进入新的细分市场；三是企业可以考虑扩大其市场范围，建立新的销售渠道或采取新的营销组合，发展新的销售区域。

（3）产品开发。企业应向现有市场提供新产品或改进后的产品，目的是满足现有市场的不同层次需求。具体的做法有：利用现有技术增加新产品；在现有产品的基础上增加产品的品种；改变产品的外观、造型，或赋予产品新的特色；推出不同档次、不同规格、不同样式的产品。

2. 一体化市场发展战略

一体化市场发展战略是指企业充分利用自己在产品、技术、生产上的优势，同时生产与原有产品同处于一个领域的不同阶段的产品。实行这一战略有利于企业扩大市场，稳定产销，提高竞争能力。一体化市场发展战略主要有以下三种类型：

（1）前向一体化。前向一体化是指以企业初始生产或经营的产品（业务）项目为准，生产经营范围的扩展沿其生产经营链条向前延伸，使企业的业务活动更加接近最终用户，即发展原有产品的深加工业务，提高产品的附加值后再出售，或者直接涉足产品最终的分销和零售环节。

（2）后向一体化。后向一体化是指以企业初始生产或经营的产品（业务）项目为基准，生产经营范围的扩展沿其生产经营链条向后延伸，发展企业原来生产经营业务的配套供应项目，即发展企业原有业务生产经营所需的原料、配件、能源、包装和服务业务的生产经营，也就是企业现有产品生产所需要的原材料和零部件等，由外供改为自己生产。

（3）水平一体化。水平一体化是指与处于相同行业、生产同类产品或工艺相近的企业实现联合，实质是资本在同一产业和部门内的集中，目的是扩大规模、降低产品成本、巩固市场地位。

3. 多元化市场发展战略

社会经济的不断发展引起市场需求和企业经营结构的变化。企业为了更多地占领市场和开拓新市场，或避免单一经营的风险，往往会选择进入其他相关领域，这一战略就是多元化市场发展战略。多元化市场发展战略的类型主要有以下几类。

（1）同心多元化战略。它是指企业利用原有的生产技术，制造与原产品用途不同的新产品。例如：海尔在生产冰箱的基础上又生产了洗衣机等家用电器。同心多元化战略的特点是：原产品与新产品的基本用途不同，但它们之间有较强的技术关联性。

（2）水平多元化战略。它是指企业生产新产品销售给原市场的顾客，以满足他们新的需求。例如：某食品机器公司，生产收割机卖给农民，以后再生产农药，仍然卖给农民。水平多元化战略的特点是，原产品与新产品的基本用途不同，但它们之间有密切的销售关联性。

（3）复合多元化战略。它是指企业向与原产品、技术、市场无关的经营范围扩展。复合多元化战略需要充足的资金和其他资源，故为实力雄厚的大公司所采用。例如：由广州白云山制药厂为核心发展起来的白云山集团公司，在生产原药品的同时，实行多种类型组合的复合多元化战略。

三、市场营销战略策划的过程

市场营销战略策划的过程就是企业及其各业务单位为生存和发展而制定长期总战略的一系列计划活动，其中包括规定企业的使命、安排企业的目标、制定企业的业务组合、制定企业的业务发展战略。

（一）明确企业的使命

企业使命是企业管理者为企业确定的较长时期的生产经营的总方向、总目标、总特征和总的指导思想。明确企业的使命在一定意义上是让消费者和投资者一目了然地了解企业的经营范围，即从事生产经营活动的领域。现代企业越来越多地注意到明确企业使命在整个营销战略规划中的重要性，因此如何更好地提炼企业使命就成了亟须思考的问题。

（二）确定企业的目标

企业的使命明确以后，必须转化为各部门的具体目标。企业通过实施目标管理，提高各部门的工作积极性，保证企业使命最大限度实现。企业的目标主要包括以下几个方面：

（1）贡献目标，如企业提供给市场的产品数量及质量，企业在战略规划期间节约资源、节省能源、保护生态环境及纳税情况。

（2）市场目标，如新市场开发、老市场渗透及市场占有率的提高、销售额的增加等。

（3）竞争目标，如企业在行业中地位的提高等，它可用相对市场占有率来表示。

（4）利润目标，如企业实现利润及投资利润率状况，通常用利润总额、营业利润、资金利润率和销售利润率等指标来表示。

（5）发展目标，如企业资源的扩充、生产能力的扩大、经营方向的确定等。

（三）制定企业的业务组合

现代的大企业往往有许多业务，不同的业务对于企业有不同的贡献。企业的最高管理层规定了企业的任务和目标后，就需要规划企业的业务组合，也就是通过对原有业务的分类分析，确定企业的投资方向，从而调整企业的业务结构。规划企业的业务组合，一般分两步进行：首先，将企业的业务分解成若干个战略业务单位，并采用一定的方法对现有业务进行分类分析；其次，针对不同类型的业务特点，分别制定发展战略、维持战略、选择战略和淘汰战略，以扩展对企业长远发展有利的业务，淘汰无发展前途的业务。

（四）制定企业的业务发展战略

企业的最高管理层制定了业务组合投资计划后，还应对未来发展方向做出战略规划，即制定企业的新业务计划或增长战略。

项目小结

市场细分是指企业按照某种标准将市场上的顾客分成若干个顾客群，每个顾客群构成一个子市场，不同子市场之间的需求存在明显的差别。市场细分的原则是可衡量性、可进入性、可盈利性、差异性和相对稳定性，市场细分的标准概括起来主要有地理变量、人口变量、心理变量、行为变量。市场细分的程序主要有正确选择市场范围、分析潜在顾客需求、初步划分细分市场、筛选初步细分市场、为细分市场定名、分析市场营销机会和根据细分规模选定目标市场。细分方法主要有单一变量法、主导因素排列法、综合因素细分法、系列因素细分法等。

根据企业产品本身的特性和每个细分市场的吸引力程度，选定进入一个或多个细分市场，此细分市场即为目标市场。选择标准首先要有一定的规模和发展潜力，其次是具备吸引力，最后是符合企业目标和能力。目标市场选择策略通常有五种：市场集中化、产品专业化、市场专业化、有选择的专业化和完全市场覆盖。目标市场的营销策略一般有四种，即无差异性营销策略、差异性营销策略、集中性营销策略和定制营销策略。影响企业目标市场策略选择的因素主要有企业实力、市场同质性、产品同质性、产品生命周期和竞争者的策略。

市场定位是指企业根据竞争者现有产品在市场上所处的位置，针对消费者对该类产品某些特征或属性的重视程度，为本企业产品塑造与众不同的、给人印象鲜明的形象，并将这种形象生动地传递给消费者，从而使该产品在市场上占有适当的位置。常见的市场定位的策略有避强定位、迎头定位及重新定位。市场定位的方法主要有首席定位、比附定位、对比定位、类别定位和情感定位。

市场营销战略是指企业在现代市场营销观念下，为实现其经营目标，对一定时期内市场营销发展的总体设想和规划。其特征主要有全局性、计划性、系统性、长远性、稳定性和风险性。市场营销战略的制定大致分为四个阶段：建立目标市场战略、目标市场进入战略、市场竞争战略和市场发展战略。市场营销战略策划的过程包括规定企业的使命、安排企业的目标、制定企业的业务组合、制定企业的业务发展战略。

项目测评

一、简答题

1. 简述市场细分的概念。
2. 简述市场细分的标准。
3. 简述市场细分的程序。
4. 简述目标市场的概念。
5. 简述目标市场选择策略的五种模式。
6. 定制营销策略是什么？
7. 简述市场定位的策略。
8. 市场定位的方法有哪些？
9. 目标市场进入战略有哪些？
10. 市场竞争战略过程中防御型战术的类型有哪些？

二、案例分析题

茶业市场日渐细分 小罐茶开启多品牌布局

伴随着国民消费升级以及文化自信的觉醒，饮茶重新成为现代人的潮流生活方式。2022 年，小罐茶宣布启动多品牌战略，并顺势推出三个新的子品牌，分别是主打年份茶的“年迹”、定位新国民生活茶的“茶几味”，以及 C. TEA. O 智能泡茶机。这意味着小罐茶进入了“多品牌＋多产品线”阶段。

"年迹"是小罐茶旗下专注于年份普洱茶、年份白茶的专业品牌；"茶几味"是小罐茶旗下的新国民生活茶品牌，也是首个主打"性价比"的子品牌；而C. TEA. O则是小罐茶历时五年打造的智能泡茶机品牌，借此革新中国茶冲泡方式。在直播活动上，小罐茶创始人、董事长杜国楹介绍道，"茶几味"产品最便宜的100克装定价不到50元，相比在天猫旗舰店定价为80克1 000元左右的金罐，"茶几味"的价格更亲民，希望能开拓大众消费群。

《2022抖音电商茶行业洞察报告》数据显示，2021年抖音电商茶行业商家数量同比增长103%，茶行业商家直播时长同比增长135%，直播看播人次同比增长585%，7—12月18～30岁消费者规模同比增幅达639%，增速惊人。另据艾媒咨询数据，2021年中国茶叶线上消费者中，19～30岁人群占比已达46.8%，超过了31～40岁人群的37.6%。这意味着年轻人正成为线上茶叶消费的主力军。

乘着茶饮年轻化的东风，不少新式茶饮品牌也开始在资本市场崭露头角。据《21世纪经济报》记者梳理，新式茶品牌"茶里CHALI"在2015—2021年连续七年获得融资，在2021年6月完成数亿元战略融资；创立于2020年的"茶小空Teakoo"也于2021年6月完成了过亿元A轮融资；在2022年6月，现代派中国茶品牌"ONCHA开始喝茶"关联企业"开始喝茶（北京）科技有限公司"完成了1 000万元的Pre-A轮融资，投资方为佳沃创投。

这些茶饮品牌大多都在试图摘下"老气"的标签以赢得年轻市场。以主打配方茶的"胶囊茶语"为例，该品牌以"女生茶""以茶养妆"等概念切入市场，后续围绕速溶胶囊茶扩大市场，其招牌系列"彩虹胶囊茶"在添加了酵素、蛋白肽等原料的基础上辅以色彩斑斓的包装，重点突出产品的年轻化特征。

另外，诸如喜茶、奈雪的茶、茶颜悦色、tea's tone等品牌一方面在积极开拓包装茶市场，另一方面也在拓展作为第三空间的饮茶场景。2022年5月，茶颜悦色在长沙第一家"小神闲茶馆"开始营业，宣称"仅限堂食、不可打包"，除手冲茶、原叶茶等饮品外，也提供零售茶点；深圳tea's tone的直营店更是把单店面积做到了200～400平方米，意图打造中国式的会客厅，营业至凌晨1点的"零点茶吧"也为年轻人创造了夜晚新去处。

为顺应年轻人对茶叶消费的倾向转变，小罐茶也开始调整运营思路。此前一直以"高端特质，大师制茶"为卖点，依靠大单品和高客单价策略的小罐茶，近年来在产品矩阵中增加了售价更低、更大罐的多泡茶产品，以及面向年轻群体的彩色罐产品。打破原先框定的高端目标客群后，小罐茶收获了一定效果：2021年下半年，杜国楹曾向外界披露，小罐茶已经恢复到最高峰时的销售情况。

种种迹象表明，中国茶业市场正处于消费人群日渐细分化的过程中，这也是小罐茶这次启动多品牌战略的根本原因。对于每个参与者来说，无论营销噱头如何，能否敏锐捕捉消费者口味偏好、切中年轻客群的消费喜好、生产有差异化的产品才是生存之道。

问题：

1. 现在茶业市场的变化趋势是什么？

2. 小罐茶开启多品牌布局的原因是什么？

项目四　产品开发策划

学习目标

知识目标

1. 理解产品整体概念的含义。
2. 了解新产品开发的方式及程序。
3. 理解品牌、包装的设计策略。

能力目标

1. 掌握产品生命周期不同阶段的营销策略。
2. 掌握新产品开发的营销策略。
3. 掌握产品品牌和包装的设计方法。

素养目标

1. 树立以人为本的意识，进行产品开发。
2. 铭记产品质量关乎国家形象和人民幸福生活。
3. 善于用中国品牌彰显中华文化软实力。

案例导入

“白加黑”和“升降席梦思床”的成功

在国内市场上，有两种价格比同类商品高，但是在市场上反而比较畅销的商品：一种是江苏盖天力制药公司生产的“白加黑”，一小盒有12片药片，8片白药片，4片黑药片，白片只有消热息痛作用，不会导致嗜睡，黑片主要是抗过敏，让患者好好休息；一种是浙江喜临门家具有限公司生产的“可升降席梦思床”，这种床有真空气动装置，可以升降，床托部位为藏物箱，开启很方便，且一面是弹性好、睡感舒服的床垫，另一面是上等藤席。这两种产品以其独具匠心的创意，一进入市场就受到消费者的青睐，成为同类产品中的热销货。

如今，感冒药的竞争相当激烈，要想在这其中再求得一席之地似乎很困难。席梦思床也是一样，品牌林立，竞争非常激烈。然而，“白加黑”与“升降席梦思床”的生产者们，没有简单地把自己的目光局限在对同类产品的模仿或复制上，而是在提高产品质量、增加产品功能等方面下功夫。其创意得到了市场的良好回报。

任务一 了解产品

企业产品的概念很广泛，既包括有形产品，又包括无形的劳务。企业对产品的把握不应仅仅停留在产品的基本功能和形式上，还应该考虑消费者期望得到的配套产品和延伸产品等。产品根据不同标准有多种分类方法，各类产品有其各自的特点。

微课：产品整体概念

一、产品整体概念

产品充斥在人们的日常生活中，有人创造并生产产品，有人购买并消费产品。产品在公众的认识中，一般仅限于物质形态上，包括产品的样式、性能和质量等。但是，从现代企业营销的角度来看，产品这一概念所囊括的范畴极其宽广而丰富。

营销实践中，产品是指能够提供给市场的，用于满足人们的某种需求的东西。所以说产品不仅包括实物（如手机、食品），还包括无形的服务（如理发、金融服务）、场所（如旅游景点）、组织（如艺术团体）、人员（如体育运动员等）、思想（如广告创意）等。

以上描述的产品为广义的产品概念，即产品整体概念。现代市场营销学认为，以消费者的需求为标准，产品整体概念一般可划分为四个层次（见图 4-1）。

第一层，核心产品。这是指该产品能给消费者带来的基本效用和利益，是产品的基本功能。从本质上讲，每件产品生产出来都是为了满足消费者的某种需要，这种需要可能是生理上的，也可能是心理上的。例如：人们购买汽车是为了代步，人们去做美容是为了使自己更美丽，人们去旅游是为了放松心情等。因此，企业在进行产品开发和销售的过程中，应关注消费者的不同需求，根据需求的差异性来实现产品差异化。

第二层，有形产品（又称为形式产品）。这是指消费者所能观察到的产品的具体形态，是产品的基本形式。有形产品体现了产品的外观形态和主要特征，包括产品的包装、质量、款式、特色等。产品的有形部分是吸引消费者的最直接因素，只有其具有足够的吸引力，消费者才会选择购买、消费。因此，企业应在产品的有形部分多花心思，不仅要体现

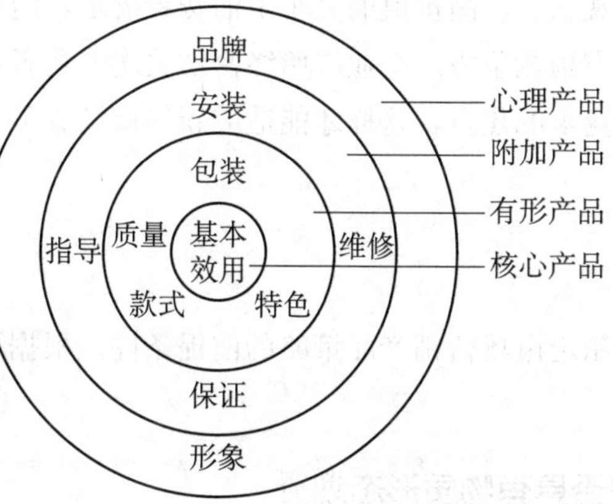

图 4-1　产品整体概念

产品的核心部分，还要别出心裁，通过改良外观和提高质量的手段来满足消费者的审美需求和经济性需求，继而提高产品的销量。

第三层，附加产品。这是指消费者在购买产品时所附带获得的各种期望之外的利益。例如：消费者购买热水器，企业提供免费送货上门服务、免费安装服务，承诺一定期限内免费上门维修等。又如，消费者购买手机时，商家免费贴膜、免费安装软件等。在消费者期望范围外的这些延伸产品往往会给消费者带来惊喜，提高消费者的满意度。因此，企业可以适当增加产品的延伸部分，这样不仅能增加产品的吸引力，提高产品竞争力，还能通过消费者的口碑宣传，给企业带来更好的市场效益。

第四层，心理产品（又称为期望产品）。这是指消费者在购买、消费某一产品时，所期望获得的与该产品相关的配套属性和条件，如品牌、形象等。通常情况下，消费者在购买某一产品时，会根据自身的收入水平、生活习惯、以往的消费经验或营销者的承诺等，对将要购买的产品形成一定的期望。例如：酒店的客人在购买“住宿”这一产品时，期望得到洗漱用品、床铺、电视、网络、热水等全套的产品。又如：餐厅的顾客在进行消费时，不仅关注食物本身，还期望得到清洁的餐具、优雅或轻松的用餐环境、贴心的服务、折扣或返利等全套产品。在消费者看来，这些期望是理所当然的，如果企业在提供产品时没有提供这些消费者所期望的产品，消费者就会非常不满意。而只有当所提供的产品能够满足甚至超过消费者的期望时，消费者才会感到满意甚至惊喜。因此，企业应准确把握消费者的期望产品，给消费者提供满足甚至超出他们期望的一整套产品，以提升消费者的满意度。在此基础上，企业才能进一步培养消费者的忠诚度。

除此之外，产品整体概念还包括潜在产品。这是指随着科技水平的提高，市场现有的产品可能会在将来发展成未来最终产品的一种潜在状态。例如：彩色电视机未来可能发展成电脑终端机。企业在进行产品研发时应时刻关注产品可能的演变趋势和发展前景，这样才能在未来抢占新产品的市场先机。

综上所述，广义的产品包括有形产品和无形产品。产品整体概念反映了以消费者需求为核心的现代市场营销观念。产品价值的大小由消费者决定，消费者需求的满足程度决定了一个企业及其产品的市场竞争力。企业应始终密切关注消费者需求的变化情况，适时推陈出新，不断转移市场竞争的焦点，这样才能适应新的市场竞争态势。

二、产品的分类

科学的产品分类是制定市场营销产品策略的前提条件。根据不同标准，产品可进行如下分类。

（一）根据产品是否具有物质形态划分

根据是否具有物质形态，产品可以分为实物产品和服务产品。

1. 实物产品

实物产品又称有形产品，是指具有一定物质形态的产品。如工业生产中的钢铁、水泥、机械设备等，农林牧业生产中的粮食、木材、肉制品等，都具备独立性（物品的生产和消费可以分阶段独立实现）、可储存性、耐久性、可移动性等。

2. 服务产品

服务产品又称无形产品，是指不具有物质形态的产品，如餐饮业、旅游业、金融业、娱乐业和教育业等所提供的服务。其特点包括无形性、产销的同时性（即服务产品的生产和消费需在同一时间完成）、不可储存性、多变性、服务提供商与消费者密不可分性等。以理发店提供理发服务为例，该服务没有实物形态，理发师理发和消费者消费理发服务是同时发生的，这项服务无法储存起来以后使用。由于不同的理发师所带来的服务效果不同或同一理发师给不同消费者带来的服务效果不同，因此理发师与消费者之间需要进行密切沟通。

（二）根据产品的最终消费者划分

根据最终消费者不同，产品可以分为工业品和消费品。

1. 工业品

工业品是指产品不是被消费者最终消费，而是由各种组织机构购买，用以维持自身的生产和运作。例如：水泥厂生产出的水泥，通常是由其他以水泥为原材料的企业购买用于生产的。根据工业品在生产过程中转化为成品的比例大小，可以再将之细分为以下三类。

（1）材料和部件，是指生产过程中完全转化为成品的那类产品，包括原材料、半成品和部件，如生产家具的木料、生产衣服的棉布、生产汽车的轮胎等。

（2）资本品，是指生产过程中部分转化为成品的那类产品，包括装备和附属设备，如生产厂房及固定设备、生产工具及办公设备等。

(3) 供应品与服务，是指生产过程中完全不会转化为成品的那类产品，包括操作和维修用品及服务，如润滑油、钉子、清洗厂房、修理打印机等。

2. 消费品

消费品是指被消费者最终消费，用来满足人们物质层面和精神层面需要的产品。例如：粮食是满足消费者生理需要的产品，书籍是满足消费者精神需要的产品。根据消费者的购买习惯，可以将其分为便利品、理性消费品、特殊品和非渴求品四类。

(1) 便利品，是指消费者频繁购买和使用的产品。这类产品通常价值较低，消费者在购买时花较少的精力去挑选。便利品可细分为日用品（如大米、牙膏、牙刷等），非理性购买品（如偶像海报、小工艺品等），以及应急用品（如雨伞、创可贴等）。

(2) 理性消费品，是指消费者在购买时须仔细对比才能做出最终购买决定的产品。这类产品通常价值较高，消费者需要对其性能、价格、品牌等多方面进行审慎分析。例如：消费者在购买房屋、汽车或电子产品时，通常会花很多时间和精力对产品的各方面进行了解，货比三家，最终才做出最优选择。

(3) 特殊品，是指特定消费群体能识别的特定品牌或独具特色的产品和服务。消费者对这类产品通常比较熟悉，但是他们对产品有特殊的要求或偏好，愿意花较多的时间和精力去选购产品，如具有收藏价值的收藏品（如古董、邮票等）。

(4) 非渴求品，是指消费者对其不熟悉，或者缺乏购买欲望的一类产品。非渴求品包括新的非渴求品和常规非渴求品。新的非渴求品通常是一些新上市的产品，消费者对此类产品还不熟悉，企业可以通过加强新产品的促销工作来说服消费者接受新产品；常规非渴求品通常是消费者长期以来不感兴趣的产品，如墓地、人寿保险、百科全书等。但是这类产品并非一直都是非渴求品，企业需要进行有效的宣传来激发消费者对该类产品的购买欲望。

三、产品生命周期的含义及营销策略

（一）产品生命周期的含义

产品的生命周期是指产品从开发成功，经过批量生产投放市场，到市场饱和，至最后被市场淘汰的全部过程。它是产品的市场寿命，而非产品的使用寿命。一般而言，产品在经过研究开发和试销以后，就要进入市场。初期，销售额增长缓慢，利润很少或为负数；之后，销售额快速增长，利润也显著增加；销售额和利润额在达到顶点以后，会在高位维持一段时间，然后逐渐走下坡路。产品的市场寿命有长有短，大多会走向衰退并最终退出市场，此时，它的生命周期就结束了。

（二）产品生命周期各阶段的特点及营销策略

产品生命周期是现代市场营销管理中的一个重要概念。典型的产品生命周期一般可以分为四个阶段：导入（介绍）期、成长期、成熟期和衰退期（见图4－2）。每个阶段都具有不同的市场特点，企业应根据自身产品的市场特点判断其处于生命周期的哪个阶段，并采取有针对性的营销策略。

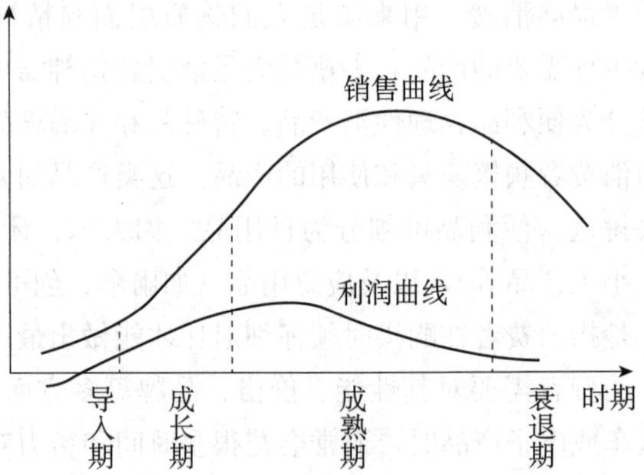

图4－2 产品市场生命周期

1. 导入期

导入期又称产品投入期，指产品经过研究开发、试销等前期准备环节后正式进入市场的阶段。

（1）导入期的市场特点。

1）小批量、高成本。在这一阶段，市场上只有少数几家甚至只有一家企业拥有新产品制造的技术，产品投入市场还处于试探期，产品生产规模不会太大，没有实现规模经济。而且，新技术尚未成熟，生产也尚未稳定，次品率相对较高，产品设计随时可能变动，技术不断更新改进，这些都会增加产品的成本。

2）促销费用高。作为刚进入市场的新产品，消费者对其并不了解，购买欲望低。为此，企业必须采取多种途径对新产品进行宣传，提高其知名度，吸引潜在消费者的注意力，让消费者了解新产品并愿意购买和使用。通常，这一阶段企业需要投入的促销费用会达到整个产品生命周期的最高点。

3）利润低，定价高。由于生产批量小，制造成本高，广告宣传费用高，而且市场销售状况不稳定，因此企业利润通常较低，甚至入不敷出。此时，企业通常需要制定较高的产品价格才能弥补较高的成本投入。

4）市场竞争不太激烈。在这一阶段，产品的市场前景还难以把握，除少数的先导企业进入市场外，其他企业还处于观望期，所以市场竞争并不太激烈。因此，先进入的企业在这一时期应注重提升品牌影响力，稳定客户群体，积极开拓并占领市场，抢占市场先机。

（2）导入期的营销策略。导入期的营销策略是尽可能快地使消费者接受新产品。在这一阶段，企业要强调一个“快”字，加大力度做好产品宣传和促销工作，提高新产品的影响力和吸引力，迅速扩大新产品销量，尽量缩短产品导入期，从而尽快进入成长期。

企业从产品的价格和促销两个方面着手，根据不同市场环境选择相应的策略，借以打开新产品市场。企业有以下四种策略可供选择。

1）迅速撇脂策略——高价格、高促销的组合策略。高价格是为了尽快收回产品的制造成本和宣传成本；高促销是为了迅速提高产品在消费者中的知名度，尽快打开市场销路。此处所说的高促销是指企业针对新产品进行大量的促销活动，如大规模广告宣传，或者通过赠送样品的形式诱导消费者使用等。

对应的市场环境是：潜在市场规模较大；大部分潜在消费者对新产品不甚了解；目标消费者对新产品有强烈的购买欲望并愿意支付高价；潜在竞争威胁大，企业须尽快树立新产品的品牌形象。

2）缓慢撇脂策略——高价格、低促销的组合策略。高价格是为了使企业获得更高的收入；低促销是为了减少产品成本投入。因此，企业采取这一策略是为了能投入尽可能低的成本以追求更高的利润。

对应的市场环境是：市场规模有限；大部分消费者对新产品有一定的认知；目标消费者对新产品有强烈的购买欲望并愿意支付高价；潜在竞争威胁小。

3）迅速渗透策略——低价格、高促销的组合策略。低价格是为了尽快使尽可能多的消费者接受新产品；高促销是为了迅速把产品信息传递给消费者，刺激消费者的购买欲望。因此，企业采取这一策略是为了在尽可能短的时间内抢占市场，获得最高的市场份额。

对应的市场环境是：市场规模大；大部分潜在消费者不了解新产品；目标消费者对新产品的价格比较敏感，价格弹性大，不能抬高产品价格；潜在竞争威胁大；随着新产品生产和销售规模扩大，单位生产成本会下降，即使价格较低但仍有获利空间。

4）缓慢渗透策略——低价格、低促销的组合策略。低价格是为了吸引更多的消费者；低促销是为了降低产品的经营成本，以获得较高的产品利润。因此，企业采取这一策略是为了以较低的成本稳健地扩大市场份额。

对应的市场环境是：市场规模相当庞大；大部分消费者已了解新产品；目标消费者对新产品的价格比较敏感；存在潜在竞争，但威胁不太大。

2. 成长期

成长期是指产品经过导入期的宣传已有一定知名度，开始进行批量生产，销量也快速增长的阶段。

（1）成长期的市场特点。

1）大批量、低成本。在这一阶段，企业生产产品的相关技术逐渐成熟，生产能力加强，市场需求规模迅速扩大，企业开始扩大生产规模。大批量生产形成规模经济，导致单位产品生产成本锐减。低成本往往给企业创造了降低价格的空间。

2）促销费用低。产品导入期的促销活动已经为产品建立了较高的知名度，消费者对产品已经有所了解，企业不再需要投入大量的促销费用。这一时期的促销费用通常只是为了维持并提高产品的品牌知名度及消费者对产品的信心。

3）企业利润迅速增加。随着产品销量迅速增加，售价相对稳定，加之产品生产成本和促销成本下降，企业从中获取的利润也迅速增加。

4）市场竞争加剧。由于产品销量迅速扩大，产品有利可图，因此更多企业纷纷进入市场，并生产同一产品。大量企业开始抢占市场，导致市场竞争逐渐加剧。

（2）成长期的营销策略。成长期的营销策略主旨是尽可能延长产品的成长期，维持产品销量的增长趋势。在这一阶段，企业要强调一个“稳”字，稳定产品品质，稳定产品市场，以及稳定分销渠道，保证企业能在稳中求发展，逐步壮大。

企业在成长期可采取的营销策略如下：

1）提高产品品质，增加产品特色。在这一阶段，企业不能因为追求短期利润最大化片面地提高产量，而忽略产品品质的提升。在市场竞争不断加剧的时期，企业应该不断从质量、样式、包装、售后服务等方面改进产品或新增一些产品特色，以保持产品的魅力，从而在市场竞争中始终立于不败之地。例如：肯德基的汉堡经常推出新的口味，可口可乐的包装上印有一些流行语等。

2）通过广告宣传树立消费者对产品和企业的信赖度。在成长期，企业的广告宣传已经不局限于产品的基本介绍，而是侧重于宣传产品的特色。这不仅能深化原消费者对产品的认识，提高消费者的品牌忠诚度，而且能够诱导潜在消费者实施品牌转换。

3）探寻拓展新市场。随着市场竞争不断加剧，企业应探寻产品尚未涉及的领域，进军新的细分市场，以此避开市场的激烈竞争带来的负面影响。此外，企业应适当开发新的市场区域，增加销售网点，以便消费者购买产品。

4）根据竞争情况适时调整价格。企业应时刻关注竞争对手的市场策略，以便及时了解市场状况，并根据市场竞争状况适时采取降价或折扣的方式吸引更多消费者购买本企业的产品。

3. 成熟期

成熟期是指该产品的市场已经达到饱和状态的阶段。

（1）成熟期的市场特点。

1）产量最大，成本最低，销量缓慢上升并趋于稳定。在这一阶段，消费者对本企业产品的偏爱程度渐趋稳定，产品市场需求量逐渐趋于饱和，产品产量和销量缓慢增长，达到最高值，并基本稳定于此水平。

2）企业利润缓慢增长达到最高点，然后逐步下降。由于产品销量增长速度放缓，企业生产逐渐超过市场实际需求，市场开始出现供过于求的状态，产品价格被压低，企业利润相应开始缩水。

3）市场竞争相当激烈。由于一大批企业在成长期进入市场，各种品牌、各种款式的同类产品不断出现，导致整个市场产品供给过度，而消费者市场有限，无法消化这些多余的供给。很多企业为了在市场中分得一杯羹，开始纷纷采取低价策略吸引消费者。

（2）成熟期的营销策略。成熟期的营销策略主旨是尽可能延长产品成熟期，注重创新。在这一阶段，企业要强调一个“创”字，积极进行市场改革，积极推进产品改革，积极改良产品营销手段。通过这些举措，企业使销量和利润找到新的增长点，从而扩大企业利润。

1）积极进行市场改革。在成熟期，原来的产品市场已趋于饱和，所以企业应该积极开辟新市场，寻找新的消费者。具体策略有：开拓新的市场区域，把企业的部分生产和销售转向其他省市甚至转移到国外；发现产品的新用途，这是在不对产品做任何改进的情况下得到的。通过挖掘产品的新用途，使产品从成熟期转入新的成熟期，企业可不断从中获利。

2）积极推进产品改革。在成熟期，市场中的产品同质化特别严重，企业应该在原产品的基础上做出某方面的改进，以此吸引新的消费者购买，从而增加产品销量。具体策略有：质量改进，如增加新的功能、延长产品的耐久性等；特色改进，如提高产品使用的安全性，使产品的使用更便捷；样式改进，通过产品外形的变化吸引消费者购买。

3）积极改良产品营销手段。企业可以通过降低价格、扩大销售渠道、增加销售网点、完善售后服务、组织公关活动等手段来促进产品销售。

4. 衰退期

衰退期是指产品已经不适应消费者需求，逐渐被市场淘汰，最终退出市场的阶段。

（1）衰退期的市场特点。

1）产品销售量急剧下降。衰退期的产品已经跟不上消费者新的需求了，消费者的兴趣已经转移到新的产品或新的替代品上，由此导致产品的销量急剧下降。

2）生产萎缩，利润持续减少。由于产品销量急剧下降，企业开始削减产量。竞争导致的低价，加之销量锐减，导致企业所获得的利润迅速下滑，部分同行无利可图，转而投资其他行业，或者停止生产，被迫退出市场。

（2）衰退期的营销策略。衰退期的营销策略主旨是辨别产品，慎重淘汰。在这一阶段，企业要强调一个“转”字，放弃衰退产品，将企业资源转向新的产品、新的市场，寻求新一轮的市场发展。

企业在产品衰退期可采取的策略如下：

1）立即放弃，转向新产品。如果企业在产品进入衰退期前就研发出新的替代品，而原产品的继续销售会影响新产品的发展前景，则企业应立即放弃原产品。或者，该企业拥有其他产品市场，投入原产品的资金能够迅速转移，则企业也可以考虑立即放弃原产品。

2）逐步放弃，有序转移。如果企业立即放弃原产品会带来巨大损失，或者资金转移需要比较长的时间，则企业应该制定时间表，逐步放弃原产品。或者，企业已开发了新产品，但其进入市场需要较长时间，则企业可逐步放弃原产品，并引导消费者消费新产品。

3）继续经营，自然淘汰。企业没有主动放弃原产品，而是选择继续经营直至该产品市场完全衰竭。企业选择这一策略的主要目的是想在竞争者相继退出市场时接受更多的顾客，从中获取利润。但是这样的企业往往面临着较大的风险，一般只有具备很强竞争力的企业才会做此选择。

任务二 新产品开发策划

每种产品都有一个从新到旧的过程，大多数新产品从进入市场到退出市场，都会经历导入、成长、成熟和衰退阶段。新产品开发对企业的发展具有重大促进作用，企业要以适当的方式进行新产品开发，同时要遵循科学合理的开发程序，提高开发效率。

一、新产品的内涵及分类

（一）新产品的内涵

市场营销学中所说的新产品，是从产品的整体概念来理解的。任何产品只要能给消费者带来某种新的满足和新的利益，就都可以看作新产品。因此，新产品不一定都是新发明的、从未出现过的产品。

（二）新产品的分类

根据产品创新的不同程度，一般可以把新产品分为以下几类。

1. 全新产品

全新产品是指企业在技术开发过程中应用了新原理、新技术和新材料，研发出的具有新结构和新功能的产品。如汽车、手机的出现完全取代了原有的马车、BB机。全新产品是全世界范围内科学技术发展的新突破，能推动全球科技和经济的发展，引领全新的市场。

2. 换代型新产品

换代型新产品是指企业使用新材料、新技术，对原有产品进行改造，从而产生的具有突破性改进的新产品。通常，换代新产品相对原有产品在结构、功能、品质、款式等方面能更好地满足消费者不断变化的需求，与时俱进。例如：第 1 代 iPhone 正式发售后，短短几年时间内，已多次实现产品升级换代，每次换代的新产品的性能更高，功能更齐全。

3. 改进型新产品

改进型新产品是指企业对原产品的结构、功能、款式、包装等进行优化，使其具有更好的产品特性，但在功能上没有发生本质性的改变。例如：纸巾从两层改为三层、四层，打火机改进为防风打火机等。

4. 仿制型新产品

仿制型新产品是指企业模仿生产市场上已有的产品，对其进行局部改造，成为新产品，但其功能、结构与被模仿品基本相似。这是本企业范围内的新产品。例如：肯德基和麦当劳的汉堡进入中国市场后，中国的一些餐饮店也开始推出各种汉堡。

5. 其他新产品

除了上面说到的四种新产品以外，还有产品线内增补新产品、成本降低新产品和重新定位新产品。

产品线内增补新产品是指在原有的产品线内开发出新的花色、品种、规格的产品，使企业原有的产品线加深，覆盖更大的市场。

成本降低新产品是指企业以较低的成本向市场提供性能相同的新产品。这种新产品主要是由于企业应用了新科技，改进了生产工艺或提高了生产效率，在保持原有功能不变的前提下，使产品成本降低。

重新定位新产品是指企业的老产品经过重新定位后，进入新的目标市场，被新的目标市场认作新产品。

二、新产品开发的方式及程序

（一）新产品开发的方式

新产品的开发不是简单地建立一个研发团队就能实现的。企业在决定进行新产品开发后，应当根据自身技术水平和财务条件，选择合适的新产品开发方式。选择适合企业自身实际的新产品开发方式不仅能提高开发的成功概率，还能降低研发风险。企业可选择的新产品开发方式有四种，即独创方式、协作方式、引进方式和改进方式。

1. 独创方式

独创方式是指企业自行设计、自行研制新产品。这是企业长期发展的最根本的途径。采用这种方式有利于形成企业的技术优势，使新产品更具有竞争力。通常情况下，选择独创方式的企业需要具备实力雄厚的研发队伍、深厚的技术平台及雄厚的资金支持，因此，大多数选择该方式的企业是资本、技术雄厚的大型企业。如果中小企业选择该方式，大多是开发一些不太复杂的产品。

2. 协作方式

协作方式是指企业同研发机构、高校共同合作来开发新产品，实现产学研一体化。这种方式被很多企业采用，尤其是一些技术实力不强的企业通常会寻求这种协作方式。此外，一些比较复杂，涉及领域比较广泛的产品，如船舶、飞机，往往需要多家企业和研究机构之间相互协作配合，取长补短，发挥群体优势，这样才能顺利完成新产品的开发。

3. 引进方式

引进方式是指企业通过引进国外已有的先进技术来开发新产品。这是开发新产品最便捷的方法。采用这种方式最大的好处在于企业能够快速掌握新技术，赢得时间，抢占市场先机。但引进技术不利于企业自身研发队伍的建设，不利于形成自身的技术优势。

4. 改进方式

改进方式是指企业在现有产品的基础上，根据消费者需求的变化，通过调整、改进产品的功能、型号、材料等来开发新产品。对于企业而言，这种方式对技术水平要求不高，费用较低，风险较小。但是，这只能作为短期内适应市场的一种调整，如果长期只对产品做改进，会影响企业的发展速度。

（二）新产品开发的程序

企业开发新产品是一项风险较大的投资。为了降低风险，企业应遵循科学合理的新产品开发程序。新产品开发的程序一般有以下六个步骤。

1. 创意构思

一个好的产品构思对成功开发出新产品起到关键作用。新产品开发的构思主要来源于前期对市场和企业内部开展的调查研究。研究主要包括三个方面。

（1）现有和潜在消费者的改进意见和新的产品需求。新产品设计主要为了满足消费者的新需求，维持或开拓新市场，所以企业应关注消费者需求的变化情况，以此为中心形成新产品开发的思路。

（2）企业的销售人员和技术服务人员针对新产品的意见反馈。产品的销售人员和技术服务人员（尤其是售后服务团队）经常接触消费者，所以他们往往能够掌握消费者对产品改进和需求方面的最新动态。

（3）科研人员的专业建议。生产传统产品的科研人员是对产品最熟悉的群体，他们掌握专业的知识和技能，了解技术的最新发展，因而他们的相关意见能使新产品的构思落到实处，而不至于天马行空。

2. 创意筛选

构思只是新产品开发的初步想法，这些想法最终能否实现，还有待深入研究分析，所以企业需要对其进行层层筛选和分析，不断完善，最终实现。

对构思进行筛选，主要是为了剔除一些与企业自身发展目标及现有资金技术水平不相符的构思。筛选可分为两个步骤：首先，制定一个合适的标准，淘汰不能达到标准的构思，保留达到标准的全部构思；其次，对剩下的构思进行详细的评价并进一步筛选。对产品构思的评价可以从营销能力、技术水平、管理能力、资金、生产能力、采购供应等方面进行综合分析。

3. 产品概念定位和商业分析

企业应将筛选后的构思与消费者的需求相结合，提出具体的产品设计方案，形成能够被消费者接受的、具体的产品概念。产品概念的定位包括目标市场的定位、产品价格的定位、产品竞争优势的定位等。

完成产品概念定位后，企业需要对新产品开发的效益进行全方位分析。企业应针对新产品的概念，对其细分市场、市场潜力进行深入分析，并对新产品进行产品开发费用预算、销售预测、价格水平和盈利估值等。只有当新产品能给企业带来足够的收益时，企业才会进行产品开发。

4. 新产品设计

在完成产品概念定位并进行产品商业分析后，企业的研发团队即可开始着手进行新产品设计。在这一阶段，相关人员应完成从编写产品设计任务书开始直至确定产品结构为止的全部工作。进行新产品设计时，企业通常应遵循“三段设计”程序，即初步设计、技术设计和工作图设计。设计完成后最终要形成详细的产品设计书面方案。

5. 试制和试销

根据制订好的详细的产品设计方案进行小批量生产。成功的新产品应能达到三点要求：第一，产品是在正常生产条件下生产出来的，具有很强的普及意义；第二，产品达到设计方案中要求的质量水平；第三，生产成本在预算范围内。

小批量的样品制造出来后，企业可将其投入到有代表性的小范围消费者群体中，检验消费者对新产品的反应。小范围试销的目的是：通过消费者的反馈，了解可以在哪些方面对产品做进一步的改进；了解消费者对新产品的接受度，并据此制定相应的营销策略。

6. 商业投放

商业投放是新产品开发的最后一步。一个新产品能否真正成功，需要商业投放的最终检验。因此，企业需要详细考虑投放时间、投放地点和最初的目标市场，设计有效的新产品营销方案，以确保新产品能够跨过最后一步。为此，应考虑以下几个方面的策略：

（1）时机策略，即选择推出新产品的最佳时机。比如，如果新产品需求有较强的季节性，就应该在消费季节来临前投放市场；如果推出新产品是为了替代老产品，就要考虑是否在企业老产品存货销完之时再推出新产品。春节是中国人最重要的传统节日，是人们交流、沟通最为频繁的时候，也是新产品向市场推广的大好时机。

（2）地理策略，即选择在何地推出新产品。很少有企业能够一下子就把新产品推向全国，覆盖整个市场。大多数企业的做法是随着时间的推移，逐步拓展市场。确定新产品的地理策略，关键在于对不同地区的吸引力做出评价，确定首选地。评价的内容包括市场潜力、企业在该地的商誉、分销成本、该地区对其他地区的影响力以及竞争渗透力和竞争程度。

（3）目标顾客策略，即选择最初的分销目标和促销对象。突破一点、带动其余是常用的策略。泛泛地向目标市场推出新产品，要么代价太高，要么收效甚微。企业应根据新产品试销所得的数据，描述早期目标顾客的特征。新产品理想的目标顾客，多具有以下特点：可能成为早期采用者；会是大量使用者；既是某一方面的意见领袖，又对该新产品颇有好感；与之发生联系（促销、分销）的成本不高。

（4）市场进入策略，即为了提高新产品成功的可能性，企业需要决定推出新产品的方法。比如，企业可以采用以下手段将新产品推入市场：召开新产品新闻发布会；赠送与试用样品，提高产品的知名度；投放广告，增强宣传效果。

案例

农夫山泉投入期策略分析

从1995年开始，娃哈哈、乐百氏先后进入中国饮用水市场，并逐步确立了领导者的位置。两者都是由儿童食品发展到纯净水产品上来的。儿童乳酸奶制品和以青年时尚为指向的纯净水成为娃哈哈、乐百氏的两大主力产品。然而由于这两类产品的定位和目标市场差异明显，因此娃哈哈和乐百氏都面临一个尴尬的局面：无论哪一类产品的市场份额要进一步发展，都必须解决将来势必无法共享品牌的矛盾。

而“养生”本身就有关乎生命健康的含义，使得这一品牌有较大的延伸空间，养生堂公司在原来的保健品行业所具有的品牌效应，可以部分地延伸到饮用水行业上。同时，“农夫”二字给人以淳朴、敦厚、实在的感觉，“农”相对于“工”远离了工业污染，“山泉”则给人以回归自然的感觉。“农夫山泉”可以靠其淳朴自然和养生堂的健康形象打天下。

“农夫山泉”是以取自千岛湖水面下70米无污染活性水为原料，并经先进工艺净化而成。在这一水源差异上，以“千岛湖的源头活水”来强调其水源的优良；同时，千岛湖作为华东著名的山水旅游景区和国家一级水资源的保护区，拥有极高的公众认同度，这使农夫山泉形成了一个独有的良好品牌形象，“好水喝出健康来”。

在包装差异上，农夫山泉先是于1997年在国内首先推出了4升包装，1998年初又推出运动瓶盖。“农夫山泉”并不是第一个采用了运动瓶盖的企业。1998年3月，上海老牌饮料“正广和”率先推出运动瓶盖。但值得注意的是，“农夫山泉”显然比“正广和”棋高一招，“正广和”在宣传中只是生硬解释了运动瓶盖的运动性、方便性，并在广告中选择了一些运动场景；而“农夫山泉”则把运动瓶盖解释为一种独特的带有动作特点和声音特点的时尚情趣，选择中小学生这一消费群作为一个切入点，“课堂篇”广告中，“哗扑”一声和那句“上课时不要发出这种声音”，让人心领神会、忍俊不禁，使得“农夫山泉”在时尚性方面远远超出了其他品牌。

在市场定位上，“这水，有我小时候喝过的味道”的宣传语以一个中年人对幼年回忆的情景来衬托产品的文化内涵，以历史的纵深感勾连起人们的情感认同，符合都市人返璞归真的心理需求。用“农夫山泉有点甜”来说明水的甘甜清冽，占据了消费者巨大的心理空间。

思考：农夫山泉入市策划取得巨大成功的因素主要有哪些方面？

任务三 产品品牌策划

品牌是企业一项重要的战略资产，它把企业的产品或服务与竞争对手相区别，使企业的产品或服务有了个性和特色。同等质量的产品，当标上不同知名度的品牌时，产品售价大相径庭。品牌有价，创造品牌价值已成为企业一种新的营销导向。

一、产品品牌的内涵及功能

（一）品牌的内涵

根据菲利普·科特勒对品牌的定义，品牌是指消费者借以识别产品或服务的一个名称、符号、设计或它们的组合。大多数产品都有自己的品牌，品牌的主要目的是将本企业的产品和服务同竞争对手加以区分。同时，品牌还是联系产品与消费者的重要纽带，是企业争夺和维系客户关系的有力武器。

生活中我们所熟知的品牌通常由以下三部分组成。

（1）品牌名称。品牌名称是品牌中可以用语言文字表达出来的部分，通常是词语、字母、数字或它们的组合，如可口可乐、联想、中国移动等。

（2）品牌标记。品牌标记是品牌中难以用语言文字表述出来的，但能起到很好的识别作用的部分，通常为符号或图案等，如华为的花瓣图案、麦当劳的M标志、苹果的缺了一个口的苹果等。

（3）商标。商标是品牌中依法注册并获得批准，受法律保护的部分。法律保障商标的注册人对注册商标拥有专有权，可以独自获取商标带来的收益或对商标进行处置。

（二）品牌的功能

品牌是企业同消费者建立联系的桥梁，对企业和消费者都有重要的作用。

1. 对企业的作用

（1）帮助企业树立形象。一个优秀的、具有相当知名度的品牌，能为企业做出很好的宣传。消费者通过使用该品牌的产品，逐渐形成对该品牌的信赖，逐渐培养起消费者的品牌忠诚度。一些企业注重通过品牌塑造企业的个性，体现企业文化。如华为这个品牌，消费者对它的印象是高端、精细、保密性好，以及不断创新等，正是这些特点为华为公司带来了一批忠实粉丝，并吸引着很多潜在的消费者。

（2）有利于企业进行宣传，降低营销成本。当某品牌的知名度足够大时，市场中大部分消费者都已经对其很熟悉，广告宣传和促销活动能得到更多消费者的回应。此外，消费者之间也会互相推荐各个品牌，节约了企业的宣传成本。例如：肯德基通常只在推出新产品的时候进行广告宣传或是促销活动，而消费者对此都是热情满满，因为他们都了解并信任这个品牌，对其新产品抱有很大期望。

（3）给企业带来增值。品牌是企业的一项无形资产，增加了产品的附加值，从而给企业带来了增值。同时，消费者对品牌有一定的信任度和追随度，一旦认准了某一品牌，则对其价格的敏感度会相对下降，企业可以借此制定相对较高的价格，给企业带来高额的利润。例如：海尔家电，其价格一般比同类产品高，但这对其客户群体影响不大。

2. 对消费者的作用

（1）便于消费者区分同类产品。品牌通常具有很强的辨识性，代表了该产品的一些特性，因而消费者通过品牌就能从繁杂的产品中选出自己中意的产品。例如：人们在购买手机时，面对 iPhone、华为、小米等多个品牌，每个品牌代表了不同的产品特性、文化背景、设计理念、心理目标，消费者可以根据自身的需要或是对某一品牌的信赖度进行选择。

（2）便于消费者监督管理产品质量。品牌与产品、企业挂钩，消费者根据品牌可以明确哪家企业应对产品负责。这不仅能保障消费者权益，也能够实现社会公众对产品和企业的实时监督。

二、产品品牌策略

企业在制定品牌策略时应分三个层次来考虑。

（一）是否使用品牌

通常而言，使用品牌对产品有很大的积极作用，而绝大多数产品也都使用了品牌。但是，对某些产品来说，品牌并不会对商品的识别和销售产生多大影响，所以为了降低成本，企业就不使用品牌。

不使用品牌的产品一般包括：完全同质的产品，如水电、煤炭等；消费者习惯不凭品牌购买的产品，如蔬菜、水果、肉类等；未经加工的原料，如沙子、棉花等。但是，随着生产工艺的不断发展，或者消费者购买档次的升级，一些原本不需要品牌的产品也开始使用品牌，如新疆阿克苏苹果、东北大米等。

（二）采用自有品牌还是中间商品牌

品牌通常是企业的自有品牌。但是随着现代商业的发展，中间商也形成了自己的声誉，尤其像世纪联华、永辉、沃尔玛这类大型超市。有时候，消费者对所要购买的商品并不了解，这时一个很重要的参考因素就是中间商品牌，即产品是在哪个商店销售的。因此，企业应当对比分析自有品牌和中间商品牌哪个的市场信誉更好，更能吸引消费者购买，再做出相应的决定。

但是，企业应当认识到选择中间商品牌会面临一些问题：企业利润相对较少；不利于自有品牌的发展；不利于与消费者进行沟通。

（三）对统一品牌和个别品牌的抉择

一个企业通常有多种产品，这些产品可以只用一个品牌，也可以用多个品牌。对此，企业有以下几种策略可供选择。

1. 统一品牌策略

对于企业生产的全部产品，不论产品之间有无差异，均使用同样的品牌进行销售。采用统一品牌策略，一方面方便企业进行品牌推广和管理，降低相关成本；另一方面有利于消费者接受新产品。

但是这一策略的使用应满足两个条件：该品牌已有一定的市场影响力；使用同一品牌的产品应具有相同或相似的质量水平、价格区间和目标市场。此外，企业应确保同一品牌下的每类产品都不会出现问题，否则会影响其他产品的声誉，产生雪崩效应。

2. 个别品牌策略

企业生产的每类产品分别使用一个品牌，即一个企业存在多个品牌。采用个别品牌策略，一方面是为了开发不同地区、不同档次的产品市场，扩大市场占有率；另一方面是为了避免统一品牌策略的雪崩效应。但是这一策略也存在缺点：企业需要进行多品牌营销，费用相对较高；品牌多，品牌价值分散，不利于树立企业整体形象。

3. 统一和个别相结合的品牌策略

该策略分为个别的统一品牌策略和统一的个别品牌策略。前者是将企业生产的产品进行大分类，不同类别产品用不同品牌；后者是将个别产品的品牌与企业名称联合使用，使企业生产的产品与企业建立品牌联系。

三、产品品牌的设计

品牌的设计是技巧与艺术相结合，不仅能体现出产品特色，具有一定的寓意，而且还要美观新颖，具有一定的风格。关于品牌的设计有以下几点要求。

（一）名称应易读易记，具有亲和力

品牌名称会频繁用于经营者与消费者之间，或者是消费者与消费者之间的沟通中，所以一定不能太复杂。许多大众耳熟能详的品牌，其名称都是短小精悍的，如“美的”空调、“双汇”火腿肠、“七匹狼”男装、“长城”干红等。同时，品牌名称的亲和力也很重要，会给消费者带来心理层面的安慰和满足，如“舒肤佳”能给人一种清爽洁净的感觉。

（二）能暗示企业或产品特色

许多品牌在命名时会体现出产品的主要特性，使消费者能够迅速了解产品，并且方便记忆。例如：“冷酸灵”体现出牙膏的抗过敏性，“迅雷”体现出下载速度很快，“永久”体现出自行车很耐用等。

（三）整体造型美观，构思新颖

人们总是追求美的东西，品牌也不例外，美观大方的品牌不仅能够给消费者带来视觉享受，而且能使顾客产生信任感。

（四）适用性广，为公众所接受和喜爱

品牌名称和标志的设计除了考虑精练美观，还要特别注意不同地区、不同民族消费者的文化价值观念的不同。尤其当产品进入国际市场的时候，企业应了解当地的历史文化、风俗习惯、民族禁忌、心理特征、宗教信仰等因素，并据此调整品牌设计。

案例

NIKE运动用品品牌形象设计赏析

NIKE是全球著名的体育运动品牌，它的公司总部位于美国俄勒冈州比弗顿。公司生产的体育用品包罗万象，如服装、鞋类、运动器材等。当然，其中最具特色的还是它

的品牌设计形象标识，也就是标志。

NIKE，它的原意是指希腊胜利女神，中文译为耐克。这个名字在西方人的眼里很吉利，而且易读易记，能叫得很响。

NIKE 商标图案是个小钩子，造型简洁有力，一看就让人想到使用 NIKE 体育用品后所产生的速度和爆发力。NIKE 商标象征着希腊胜利女神翅膀的羽毛，代表着速度，同时也代表着动感和轻柔。首次以 NIKE 命名的运动鞋，鞋底有方形凸粒以增强稳定性，鞋身两旁有刀形的弯钩，象征女神的翅膀。NIKE 商标意指 NIKE 会一直激励全世界的每一位运动者，并将为其献上最好的产品视为光荣的任务。

思考：李宁运动用品品牌与 NIKE 运动用品品牌相比较有哪些特点？

任务四 产品包装策划

产品包装具有很强的指引和诱导消费能力。企业应当综合考虑产品的特性、资金投入状况和消费者的需求等因素，选取合适的包装策略。企业在设计产品包装时，销售包装应注重美化产品，运输包装应注重保护产品。

一、产品包装的含义及作用

（一）产品包装的含义

包装是指为了保护产品，方便运输、携带，促进产品销售而采用的技术方法、材料、容器和辅助物的总称。从动态上来看，包装是施加一定技术方法，用容器、材料和辅助物等标识和装饰货物的活动。

除了少数特殊产品，如煤炭、原木、石子等，绝大多数产品都需要包装。产品的包装一般分为三个层次，即内包装、销售包装和运输包装。

1. 内包装

内包装是第一层次的包装，是指直接盛装产品的容器，如装有牙膏的软管、装有化妆品的瓶子、包口香糖的锡箔纸等。

2. 销售包装

销售包装是第二层次的包装，是指保护直接包装、美化产品外观的材料，通常是产品销售时的包装，如牙膏、化妆品的包装纸盒。

3. 运输包装

运输包装也称外包装，是指为方便产品储存、辨认和运输所必需的包装，如装有多盒牙膏的纸板箱。

（二）产品包装的作用

包装是产品的重要组成部分，对产品具有以下作用。

1. 保护产品

保护产品是包装的基本作用。包装使产品从出厂到销售，再到消费者使用的整个过程中不受损伤。这里所说的损伤包括破损变形、发生化学变化、变质、腐败、异物混入、污物污染、丢失、散失等。对于很多产品，包装的保护作用尤为明显，如牛奶、洗发水、化学物品等。如果没有包装进行保护，这类产品会很快丧失价值。

现代市场营销中，保护产品还有另一个层面的含义，即保护产品不被假冒品侵权。企业通过高科技手段在产品包装上采用防伪技术，以确保产品不被其他假冒伪劣产品顶替，以此保护产品声誉，同时也保障了消费者权益。

2. 方便运输、销售和使用

产品的包装既要方便厂商运输装卸，也要方便中间商运输和储存，有时候还要考虑商家摆放货架的方便。在消费者购买和使用产品的过程中，包装应方便消费者辨别、携带、储存及使用。

3. 美化产品、促进销售

新颖独特、美观大方的包装能提高产品的吸引力，使其在众多商品中脱颖而出，刺激消费者的购买欲望。包装的材料、图案、标语、色彩等都展示了产品的特点，是“视觉上的推销员”。

4. 增加产品的价值

好的包装往往能增加产品的价值。这体现在两个方面：一是能更好地保护产品或延长产品使用寿命，提高产品的品质，使消费者愿意支付较高的价格购买产品；二是好的包装能优化消费者对产品的评价，激发消费者的购买欲望，从而抬高产品价格。

二、产品包装策略

产品包装具有很强的指引和诱导消费能力，在产品销售中起重大作用。企业在进行产品包装设计时，有以下策略可供选择。

（一）类似包装策略

类似包装策略是指对于企业生产的同一类型的所有产品，其包装上采用相似的图案、色彩、布局和材料等。

类似包装策略的优点如下。一方面，便于消费者识别同一企业的产品，尤其是在新产品上市时，消费者对其不熟悉，此时采用类似包装能吸引消费者注意力，并能利用企业的声誉引导消费者购买新产品。另一方面，节约包装设计成本。针对不同产品，企业只需更改包装上的部分内容即可。例如：不同口味的“馋嘴猴豆干”，其包装设计基本一样，只是颜色及口味的标注有所不同，这样可以节省企业在包装设计方面的投入。

但是，类似包装策略只适用于品质、价值接近的产品，如果差别很大的产品使用类似的包装，则会拉低高品质产品的档次，影响其定价和销售。

（二）组合包装策略

组合包装策略是指企业将其生产的几种有关联的产品组合在一起，包装在同一容器中进行销售。例如：把牙膏、牙刷组合包装，把铅笔、橡皮擦、削笔刀等组合包装，食品的大礼盒包装等，都属于组合包装。

组合包装策略的优点：第一，方便消费者购买产品，减少消费者挑选商品的时间；第二，企业可以借助老产品推销新产品。企业在推出新产品时，可以同老产品组合出售，使消费者在不知不觉中接受、试用新产品，从而打开新产品市场。例如：将新口味的酸奶与原有口味的酸奶包装在一起销售。

（三）再使用包装策略

再使用包装策略是指产品用完后，产品的原包装容器还可以用作其他用途。例如：精美的礼盒可以被用作储物盒，化妆品的喷雾瓶可以再次利用，各种形状的酒瓶可作为装饰物等。

再使用包装策略的优点：第一，包装容器一物多用，可以引起消费者的购买欲望，尤其是一些美观精致的包装容器；第二，附有商标的包装物被消费者重复使用，无形中对产品品牌做了免费宣传。

但是，使用该策略应考虑成本问题，片面追求包装的再使用会提高产品成本，引起商品价格过高，从而影响产品的销售。

（四）分等级包装策略

分等级包装策略是指企业根据消费者需求不同和产品价值不同，将同一种产品分成若干等级，分别进行不同级别的包装。例如：同款糖果，根据消费者的不同需求可以分为散装、普通包装、礼品精包装等。再如，同样是红酒，根据其价值的不同，高档红酒包装精美，中低档红酒包装简略。

分等级包装策略的优点：第一，有利于消费者根据自身需求选购合适的产品；第二，包装与产品的价值相匹配，有利于产品定价和销售。

（五）附赠品包装策略

附赠品包装策略是指企业在产品的包装容器中附赠一些物品，从而引起消费者的购买兴趣，甚至引发消费者多次购买的欲望。例如：食品的包装内附赠系列卡片，集齐一套卡片即可兑奖，这就使消费者愿意多次购买产品，从而促进了产品销售。

（六）改变包装策略

改变包装策略是指企业放弃使用原有包装，设计并使用新包装，以全新的产品形象出现在市场上进行销售。

当某一产品由于同其他产品差异较小而影响其销售，或者产品质量遭受消费者质疑时，企业应在改进产品质量的同时改变原包装，重新树立产品形象。此外，企业应当留意其他企业同类产品包装的改变，适时更新包装材料和包装技术。

但是，企业也不能无缘无故或频繁改变包装，因为如果包装与消费者记忆中的不同，会造成消费者的疑虑，影响其选购产品。

三、产品包装的设计

企业选择合适的包装策略后，就需要根据产品特性对产品包装进行合理设计。一般情况下，销售包装的设计应注重美化产品，运输包装的设计应注重保护产品。

（一）销售包装设计

销售包装不仅对企业宣传和销售产品有很大作用，而且对消费者购买和使用产品有极大的影响。销售包装设计有以下要求：

1. 造型美观

包装应具有艺术吸引力，通过新图案、新造型、新材料等给消费者带来视觉上的享受，吸引消费者购买产品。同时，产品的造型应适应目标消费群体的喜好，如儿童产品的包装可以用卡通形象，商务型产品的包装应简单大方，礼品包装应精美华丽等。

2. 与产品价值相匹配

企业应当根据产品自身的特点选择包装材料和方式，不能片面追求高品质包装。不同产品的价值和顾客需求不同，包装也不同。例如：对于一些价值较高的珍藏品、艺术品、珠宝首饰等，包装应该精美，能够衬托出商品的高贵、典雅和艺术性；而对于一些普通的日用品，消费者对包装的要求不高，包装应讲究实用性，尽量降低包装成本。

3. 显示产品的特点和风格

包装应当能够直接展示出产品的主要特色。消费者在选购很多产品的时候更加注重其外观、形状、色彩等，对于这类产品，企业在设计包装的时候应考虑能够直接向消费者展示商品。要达到这一目的，企业可以选择透明的包装材料，或者用开天窗式的包装，或者在包装上印有商品的彩色图片或效果图。

此外，包装还应独具特色，不仅能在同类产品中脱颖而出，而且能在消费者心中留下深刻的印象，如王老吉的红罐包装。

4. 提升消费者信任度并指导消费

产品包装上的文字说明应当清晰明了，包含产品应展示给消费者的所有信息，以便消费者正确选购产品。例如：食品包装上对于原料的说明应详细具体，列明食品添加剂的具体化学成分等。

此外，对于一些经常被消费者质疑的商品，企业应在其包装上进行特别说明，以增加消费者对产品的信任度。例如：大豆油包装上标明“非转基因大豆”，油脂类产品包装上标明“无胆固醇”，清真食品包装上标明“清真”等。

5. 适应消费者文化差异

当产品销往一些有特殊文化背景或者宗教信仰的国家或地区时，产品的包装设计应当适应当地消费者的风俗习惯。例如：不同国家或地区的消费者对颜色、图案的喜好不同，中国人觉得红色喜庆、金色高贵，墨西哥人忌讳紫色，加拿大人喜欢使用枫叶的标志，意大利人喜欢动物图案等。

6. 方便使用、保管和携带

设计销售包装的时候除要考虑其艺术层面的要求外，还应考虑销售和使用的便利性。例如：圆柱形的饮料包装应考虑防滑，方便使用；大件的物品包装应增加提手，方便携带；分量较大的或易变质的食品包装应设计易拉封口，方便保存等。

（二）运输包装设计

企业在设计运输包装时，主要考虑的是运输包装的保护作用，即能够在产品流通中对产品进行有效的保护，使产品能够安全、快速、高效地转移到消费者手中。通常情况下，对于运输包装的设计有以下几点要求。

1. 有效地保护产品

不同产品具有不同的物理特性和化学特性，企业在进行运输包装设计时应考虑如何才能最有效地保护产品，使其在运输过程中不损坏、不变质、不渗漏。例如：对于易碎的玻璃、陶瓷制品，应增加防震层，还应在包装上添加警示性标志，如“易碎物品”“小心轻放”等。

2. 包装材料简洁轻便

运输包装材料不强调美化和增值功能，因而应当选择既耐用又简洁的材料。因为运输过程中通常以外包装的体积或毛重来计算运费，所以企业应尽量减小包装的体积或重量，从而节约运输费用。

3. 力求标准化和规格化

为方便产品的运输和装卸，企业通常进行标准化包装。如果有行业标准，就应按行业标准包装；如果没有行业标准，则企业同种产品各批次的包装也应保持统一规格。

4. 运输标志简单醒目

运输包装上通常都有运输标志，又称唛头，其主要目的是方便运输公司辨别产品。因此，运输标志应简单醒目，方便查看和区分，使产品能够准确运达目的地。

项目小结

产品是指能够提供给市场的，用于满足人们的某种需求的东西，包括有形产品和无形产品。产品的整体概念包括四个层次，即核心产品、有形产品、附加产品、心理产品。根据产品是否具有物质形态，产品可分为实物产品和服务产品，根据产品的最终消费者不同，产品可以分为工业品和消费品。

产品生命周期可以分为四个阶段，分别是导入期、成长期、成熟期和衰退期；企业应根据自身产品的市场特点判断其处于生命周期的哪个阶段，并采取针对性的营销策略。

企业可选择的新产品开发方式有四种，即独创方式、协作方式、引进方式和改进方式。

产品品牌策略包括企业是否使用品牌，采用自有品牌还是中间商品牌，对统一品牌和个别品牌的抉择。产品的包装策略有类似包装策略、组合包装策略、再使用包装策略、分等级包装策略、附赠品包装策略、改变包装策略。

项目测评

一、简答题

1. 简述产品的整体概念。
2. 简述产品生命周期各阶段的特点。
3. 简述产品生命周期各阶段的营销策略。
4. 简述新产品的分类。
5. 简述新产品的开发方式。
6. 简述产品品牌的功能。
7. 简述产品品牌策略。

8. 简述产品包装的功能。

9. 简述产品包装策略。

二、案例分析题

数字化时代需要“数字素养”

互联网、大数据和人工智能等技术的普遍应用，构筑了一个数字化的信息空间，改变了人们的生活方式。从社交、娱乐、购物到出行，人们越来越多地借助各种网络平台。这一变化在赋能数字产业、释放科技创新红利的同时，也带来了诸多不容忽视的挑战，短视频沉迷现象就是其中一种。应对数字化时代的挑战，我们需要提升数字素养，运用数字化时代的伦理智慧加以调适。

近年来，数字伦理问题一直备受关注。数字伦理是指以人为本，在数字技术的开发、利用和管理等方面应该遵循的要求和准则，涉及数字化时代人与人之间、个人和社会之间的行为规范。比如，在社会层面，如何弥补“数字鸿沟”，让数字技术的发展更加公平可持续；在企业层面，怎样避免技术滥用、不当采集用户数据，以正向社会价值创造为目标；在个人层面，应该怎样区分现实与虚拟，化解网络成瘾、短视频沉迷等困扰，解决注意力缺失、知识碎片化等问题。只有正确应对数字化时代带来的挑战，我们才能成为数字化时代的主人，而不是被数字和算法驱使。

短视频沉迷等现象成为很多人的困扰，一定程度上是科技加速创新，而观念、伦理和法律等相对滞后造成的。对此，我们应该充分运用系统思维，在创新发展与社会公平正义之间寻求动态平衡。一方面，对那些明显不正当的企业行为和严重的侵权行为，相关部门应当加强监管，比如最近对平台垄断、侵害用户权益等行为开展治理；另一方面，应通过价值观、伦理规范等柔性调节，促使社会、企业和个人等多元主体更加重视数字伦理、提升数字素养，实现数字化时代的协同治理，让我们迈向更加美好的数字生活。其中的关键，是明确造福人类、可持续发展、公众利益优先、共享科技红利等科技伦理原则，并通过制度安排、产品设计和服务规范，嵌入数字技术研究与应用的各个环节。

对于生活在数字化时代的个体而言，数字素养意味着如何更好地面对生存方式和生活方式的数字化。今天，人们越来越多地独自面对各种电子屏幕和数字界面，每个人的注意力和行为数据也成为数字技术持续获取的目标。这一趋势不仅产生了隐私保护、信息茧房、大数据杀熟、算法歧视与陷阱等问题，还造成了注意力缺失、游戏与短视频成瘾等心理与行为失调。改变的关键在于个体能够在数字生活实践中反思数字技术对人的认知与行为的影响，学会自我调适、适度节制，让自己掌握信息获取和遨游数字世界的主动权，而不是被碎片信息淹没，甚至沉溺于数字娱乐不能自拔。要让数字娱乐和虚拟生活成为现实生活的补充，进而借助虚拟生活改善现实生活的质量，让数字技术服务于现实所需。

问题：

1. 如何有效提升公众的数字素养？

2. 以上案例给我们开展产品营销提供了哪些有益的启示？

思考：[illegible]

[illegible]

项目五 产品定价策划

学习目标

知识目标

1. 了解影响定价的因素。
2. 掌握企业定价的程序。
3. 理解常见的定价策略。

能力目标

1. 理解企业进行定价的目标。
2. 制定企业的定价策略。
3. 掌握价格竞争的方法。

素养目标

1. 运用正确的价值观，合理进行产品定价。
2. 遵守法律法规、行业准则，规范价格决策。
3. 运用科学的方法进行产品定价策划。

案例导入

服装店整套定价策略背后的心理学原因

上海某服装店推出“形象设计”服务。店里专门聘请了形象设计专家为每位前来的顾客免费设计整体形象。专家根据顾客的身材、气质、经济条件等情况出主意，指导顾客该买什么服装、配什么领带或饰物；头发做成什么样子与服装、身材最相称；穿什么颜色和款式的鞋才能相得益彰等。这项服务推出后立即受到广泛欢迎，一时间顾客如云，服装与饰物整套地购买，商店收入顿时大增。

任务一 认知价格策略

一、价格的概念与构成

在市场发展的过程中，价格是以货币为表现形式，为商品、服务及资产所订立的价值数字。在需求方和供给方之间分配资源的过程中，价格是重要的变数之一。

（一）价格的概念

从狭义的角度来看，价格是对一种产品或服务的标价；从广义的角度来看，价格是消费者在交换中所获得的产品或服务的价值。历史上，价格是通过买卖双方的协商来确定的。价格并非一个数字或一种术语，它可以以许多名目出现。价格大致可以分为商品价格和服务价格。商品价格是各种有形产品和无形产品的价格；服务价格是各类有偿服务的收费，服务贸易中的商品价格称为费，如运输费或交通费、保险费、利息、学费、服务费、租金、薪金、佣金、工资等。

（二）价格的构成

价格的构成是指商品价格的形成要素及其组合，亦称价格组合。它反映商品在生产和流通过程中物质耗费的补偿，以及新创造价值的分配，一般包括生产成本、流通费用、税金和利润。

生产成本和流通费用构成商品生产和消费中所耗费用的总和，即成本。这是商品价格的最低界限，是商品生产经营活动得以正常进行的必要条件。生产成本是商品价格的主要组成部分。构成商品价格的生产成本，不是个别企业的成本，而是行业（部门）的平均成本，即社会成本。流通费用包括生产单位支出的销售费用和商业部门支出的商业费用。商品价格中的流通费用是以商品在正常经营条件下的平均费用为标准计算的。

税金和利润是构成商品价格中盈利的两个部分。税金是国家通过税法，按照一定标准，强制地向商品的生产经营者征收的预算缴款。税金按照是否计入商品价格，可以分为价内税和价外税。利润是商品价格减去生产成本、流通费用和税金后的金额，按照商品生产经营的流通环节，可以分为生产利润和商业利润。

二、定价目标

定价目标就是产品的价格实现以后要求达到的具体目标。企业的定价目标是为贯彻市场营销战略服务的，因此是一个微观与宏观结合、短期与长期结合、利润与非利润结合的多目标组合，各种目标之间存在相互渗透的关系。在企业进行定价以前，必须先拟订定价目标，以便根据定价目标正确选择定价方法和定价策略。不同的企业可能有不同的定价目标，即使是同一个企业在不同的时期，由于主客观因素的变化，定价目标也不尽相同。企业应权衡各个目标的依据及利弊，进行选择。

（一）维持企业生存目标

维持企业生存是一个短期目标。企业对产品定价时，只要产品的价格能够弥补变动成本和一部分固定成本，企业就可以继续生存下去。实施这种定价策略的情况有：

（1）企业生产能力过剩。

（2）企业面对剧烈的市场竞争。

（3）顾客需求偏好突然发生变化。

这种定价目标只是一种权宜之计，一旦企业状况好转，就必须及时进行调整。

（二）利润最大化目标

利润是企业生存发展的必要条件，如果一个企业长期出现亏损，势必会导致资不抵债，从而使企业陷入破产、倒闭的困境。所以，从生存和发展出发，企业必须以获取最大利润为主要定价目标。但追求最大利润并不意味着企业产品价格定得最高，它往往取决于合理价格以及由此而推动的市场需求量。从长远来看，短期的亏损是不可避免的，它是为日后长期获取最大利润服务的。

（三）市场扩大目标

市场扩大目标是为企业利润最大化目标服务的。任何一个企业为了保证其生存和发展，都必须使其产品在市场上占有优势。市场份额直接关系到企业产销量和利润额。因此，市场扩大目标也是企业定价目标的内容之一，主要包括销售量的扩大和市场占有率的提高。扩大销售量必然会使企业有大量的利润，但是销售量的扩大，往往是通过降低单位产品的市场来实现的。只有“薄利”才能“多销”；反过来，“多销”又为“薄利”提供了更大的可能。同时，“薄利多销”本身又是提高市场占有率的重要手段，只有当本企业销售量的扩大快于同行业竞争对手销售量的扩大时，才有可能提高市场占有率，从而使企业获得更多的发展机会和利润。

（四）稳定价格的目标

在市场经济体制下，商品的价格因受到供求关系的影响会经常发生波动，这就要求任何一个具有竞争能力的企业，都制定一个稳定的价格体系来促进市场的稳定。这样，不仅可以使价格稳定在一定的水平上，保证企业在经营中获取稳定的利润，同时也避免了在竞争中由于价格战给企业带来的经营风险和财务风险。

（五）竞争目标

竞争是市场的核心，也展现了市场优胜劣汰的原则。企业在市场中凭借自己产品的优劣及价格是否合理展开竞争，这不仅为企业提供了很多机会，也对企业造成了威胁。这要求企业经营者一方面善于抓住机遇，具有应付挑战的能力；另一方面能够在激烈的竞争中扬长避短、趋利避害，找到在市场上占有优势的目标。因此，企业在竞争中不是依靠展开短暂的价格战获胜，而是凭借优质的产品和合理的定价取胜的。

三、影响定价的因素

价格的形成与波动是市场经济中最复杂的现象之一，除了价值这个形成价格的基础因素外，现实中的企业在价格的制定和实践中还受多方面因素的制约。制定合理的营销价格，不能单纯地依据生产或服务成本，还需要根据企业的实际情况，围绕企业总体战略目标，综合分析影响定价的各种因素。概括起来主要是市场需求、产品成本、竞争者的产品和价格、市场竞争状况和其他因素。

（一）市场需求

市场需求是影响企业定价的最重要的外部因素，它决定着产品的最高临界点，价格再高也不能高到无人购买，价格再低也不能低到供不应求，市场脱销。因此，企业给产品定价不但要考虑营销目标、生产成本、营销费用等因素，而且必须考虑市场供求状况和需求的价格弹性。

1. 市场供求状况

一般情况下，商品的成本影响商品的价格，而商品的价格影响商品的需求。如果其他因素保持不变，消费者对某一商品需求量的变化与这一商品价格变化的方向相反，如果商品的价格下跌，需求量就会上升；如果商品的价格上升，需求量就会相应下降，这就是商品的需求规律。需求规律反映了商品需求量变化与商品价格变化之间的关系，是企业决定自己的市场行为，特别是制定价格时必须考虑的一个重要因素。

2. 需求的价格弹性

企业营销者必须知道需求对价格变动是如何反映的，或者说弹性是多少。例如：如果价格在小范围内变动时需求量几乎保持不变，则称需求在该价格点上无弹性。假如随着价格的微小变动，需求量变化很大，则是需求具有弹性。影响需求的价格弹性主要有以下四个因素。

（1）产品与生活关系的密切程度。凡是与生活密切相关的必需品，如柴、米、油、盐，价格对其需求量的影响小，即需求的价格弹性较小；反之，需求的价格弹性较大。

（2）产品本身的独特性和知名度。越是具有特色和知名度高的品牌产品，消费者对价格越不敏感，需求弹性较小；反之，则需求弹性较大。

（3）替代品和竞争产品种类。凡替代品和竞争产品少的产品，需求弹性较小；反之需求弹性就较大。

（4）产品质量和币值的影响。凡消费者认为价格变动是产品质量变动或币值升降的必然结果，需求弹性较小；反之，需求弹性较大。

由于不同产品的需求价格弹性不同，企业在定价时对弹性大的产品可用降价来刺激需求、扩大销售，对需求弹性小的产品，当市场需求强劲时，则可以适当提价以增加收益。

（二）产品成本

产品成本是营销定价的基础，是商品价格的最低经济界限。一般来说，产品价格必须能补偿产品生产及市场营销活动中的所有支出，并补偿企业为经营该产品所承担的风险支出。尽管在营销活动中，有些企业在特殊时期采取了低于成本的定价，但这种定价是不能长期维持的，而且很有可能被视为倾销行为。

研究成本因素，应区别以下成本概念。

（1）固定成本。固定成本是企业组织在一定规模内生产经营所支付的固定费用，即在短期内不会随着产量的变动而发生变动的成本，如固定资产折旧、管理人员工资等开支。即使在企业的产品一件都没有销售出去的情况下，这一部分成本仍然会发生。而且，当企业的产量或销量在一定范围内波动时，固定成本的总额也不会发生变化，单位固定成本则与之相反。由于它等于固定成本额除以产量或销量，因此它的数值往往与产量或销量呈反比例关系。

（2）变动成本。变动成本是随着产品种类及数量的变化而相应变动的成本费用，主要用于原材料、燃料、运输、储存等方面的支出，以及生产工人工资、直接市场营销费用等。单位产品的平均变动成本会直接计入产品价格中，因此，他对产品价格有直接的影响。

（3）总成本。总成本即全部固定成本与变动成本之和。当产品产量为零时，总成本等于固定成本。

（4）边际成本。边际成本是每增加单位产品产量而引起总成本变动的数值。在一定产量上，最后增加的那个产品所花费的成本，引起总成本的增量，这个增量称为边际成本。企业可根据边际成本等于边际收益的原则，以寻求利润最大的均衡产量；同时，按边际成本制定产品价格，能使社会资源得到合理利用。

(5) 制造成本和使用成本。

实际上，消费者在使用产品时，也会支付很多费用，如使用汽车需要支付汽油费，使用家用电器需要支付电费。这一类成本被称为使用成本。它已经成为影响商品价格和需求的重要因素。一般地，在同类商品中，使用成本低的商品的需求弹性较弱，因此该类商品的售价则可以定得较高，越来越多的企业认识到这一问题，并将降低使用成本作为一种产品差异化的手段。

(三) 竞争者的产品和价格

市场需求和企业成本分别为产品的价格确定了上限和下限，而竞争者的成本、价格和可能的价格反应则会影响企业确定最终的价格。企业必须采取适当方式了解竞争者所提供的产品质量和价格。企业获得这方面的信息后，就可以与竞争产品比质、比价，更准确地制定本企业产品的价格。如果二者质量大体一致，则二者价格也应大体一样，否则本企业产品可能卖不出去；如果本企业产品质量较好，则产品价格也可以定得较高；如果本企业产品质量较差，那么，产品价格就应定得低一些。例如：格兰仕在国内市场率先推出的数码光波微波炉既可单独使用光波，也可单独使用微波，还可将光波、微波组合使用，使产品的热效率和热均匀性较传统微波炉有极大提高。2000 年，由美国通用电气推出的光波微波炉在美国市场的售价折合人民币 10 000 多元，而格兰仕光波微波炉的售价仅 1 000 多元，格兰仕有效提高了其产品的吸引力和市场竞争力。

企业还应看到，竞争者可能随机应变，针对企业的产品价格而调整其价格；也可能不调整价格，而调整市场营销组合的其他变量，与企业争夺顾客。当然，对竞争者价格的变动，企业也要及时掌握有关信息，并及时做出反应，采取相应的策略。

(四) 市场竞争状况

市场竞争也是影响价格制定的重要因素。根据竞争的程度不同，企业的定价策略也会有所不同。市场竞争按照程度可以分为完全竞争、垄断竞争、寡头垄断与完全垄断。

1. 完全竞争

完全竞争也称自由竞争，是一种理想化了的极端情况。在完全竞争条件下，买者和卖者都大量存在，产品都是同质的，不存在质量与功能上的差异，企业自由地选择产品生产，买卖双方能充分地获得市场情报。在这种情况下，无论是买方还是卖方都不能对产品价格产生影响，只能在市场既定价格下从事生产和交易。在完全竞争的市场中，市场营销调研、产品开发、定价、广告及促销活动几乎没有什么作用或者根本不发挥作用。因此，在这种市场中的销售者没有必要在营销战略上花许多时间。

2. 垄断竞争

垄断竞争也叫不完全竞争。垄断竞争市场是由众多按照系列价格而不是单一市场价格进行交易的购买者和销售者组成的。系列价格产生的原因是购买者看到销售者产品之间的差异，并且愿意为这些差异支付不同的价格。销售者努力地开发不同的市场供应，以便适应不同顾客细分市场的需要。除价格外，销售者还广泛地采用品牌、广告和直销来使他们的市场供应相互区别开来。由于存在众多的竞争对手，因此和少数几个制造商控制的市场相比，在垄断竞争市场中，企业较少受到竞争对手营销战略的影响。

3. 寡头垄断

寡头垄断是竞争和垄断的混合物，也是一种不完全竞争，指一个行业中几家少数的企业生产和销售的产品占此市场销售量的绝大部分，价格实际上由他们共同控制。各个“寡头”之间相互依存、影响，一个“寡头”企业调整价格会引起其他寡头企业的连锁反应。因此，寡头企业之间互相密切关注对方战略的变化和价格的调整。寡头又可分为完全寡头垄断和不完全寡头垄断两种。两种寡头都不是完全的垄断者，但每个垄断寡头都会对价格产生重要作用。在完全寡头垄断条件下，市场价格是由少数寡头通过默契确定的，或者是由一家最大的寡头先行定价，其他寡头随之定价。这种价格一旦形成，在相当长的时间里比较稳定。在不完全寡头垄断条件下，各家寡头生产的产品各具特色，他们可以通过各种促销方式吸引消费者，培养消费者对其产品的忠诚和偏爱，一定程度上他们可以控制自己产品的价格，不受竞争对手的左右。

4. 完全垄断

现实中，完全垄断的市场也属少见。在一个行业中，某种产品或劳务只是独家经营，没有竞争对手，就属于完全垄断市场。通常有政府垄断和私人垄断之分。这种垄断一般有特定条件，如垄断企业可能拥有专利权、专营权或特别许可权等。由于垄断企业控制了进入这个市场的种种要素，因此它能完全控制市场价格。从理论上分析，垄断企业有完全自由定价的可能，但在现实中其价格也受到消费者情绪及政府干预等方面的限制。

（五）其他因素

1. 政府的政策法规

价格在社会主义市场经济条件下是关系到国家、企业和个人三者之间的物质利益的大事，牵涉各行各业和千家万户，与人民生活和国家的安定团结息息相关，因此，国家在自觉运用价值规律的基础上，通过制定物价工作方针和各项政策、法规，对价格进行管理、调控或干预，或利用生产、税收、金融、海关等手段间接地控制价格。因而，国家有关方针政策对市场价格的形成有着重要的影响。

企业定价，除了受以上几项因素影响外，还受到货币价值、货币流通量、国家市场竞争和国家价格变动等因素的影响。企业在制定价格时，必须综合地、充分地研究影响价格的多种因素，以制定最合理的价格。

2. 消费者心理和习惯

价格的制定和变动在消费者心理上的反应也是价格策略必须考虑的因素。在现实生活中，很多消费者存在“一分价钱一分货”的观念。消费者在货比三家时，常常从价格上判断商品的好坏，从经验上把价格同商品的使用价值挂钩。消费者心理和习惯上的反应是很复杂的，某些情况下会出现完全相反的情况。因此，在研究消费者心理对定价的影响时，要仔细了解消费者心理及其变化规律。

3. 企业自身的因素

除上述因素外，企业自身的状况，如企业的生产经营能力、企业经营管理水平及广告宣传策略等都对产品定价产生一定的影响。不同的企业由于规模和实力不同，因此采取的广告宣传策略也不同。销售渠道和信息沟通不同以及企业营销人员的素质和能力不同对价格的制定和调整应采取不同的策略。

任务二 产品定价策略

一、产品定价程序

一般企业的定价程序可以分为六步，即确定定价目标、分析市场需求、估算商品成本、分析竞争状况、选择定价方法、确定最终价格。

（一）确定定价目标

确定定价目标要依据企业的营销目标，定价目标是营销目标的具体表现。企业通过定价可以实现不同的定价目标，如维持企业生存、当期利润最大化、市场份额最大化、产品质量最优化或者应付和防止竞争等。

（二）分析市场需求

每种价格都将导致不同的需求，并且由此对营销目标产生不同的效果。一般来说，需求量和价格成反比，即价格越高，需求量越低；而价格越低，需求量越高。对需求的分析主要是了解消费者的价格敏感度、估计需求曲线、分析需求价格弹性。

（三）估计商品成本

需求决定了企业制定价格的最高限度，成本决定了最低价格。企业在制定价格时，应当考虑生产、分销和销售该产品的所有成本，以及企业经过努力和承担风险后应得到的报酬。企业商品的最低价格不能低于商品的经营成本费用，这是企业价格的下限。

（四）分析竞争状况

在由市场需求和成本所决定的可能价格的范围内，竞争者的成本、价格和可能的价格反应也能帮助企业制定价格。企业应该考虑最相近的竞争者的价格，根据企业与竞争者产品的比较确定价格，同时还要认识到竞争者对价格也会做出调整。

（五）选择定价方法

企业在选择定价时，要综合考虑影响定价因素中的产品成本、顾客需求和竞争者价格三大因素。通常采用成本导向定价法、需求导向定价法、竞争导向定价法。

（六）确定最终价格

定价策略是企业制定价格的谋略和技巧。在确定最终价格时，企业必须考虑是否遵循以下四项原则：（1）商品价格的制定与企业预期的定价目标的一致性，有利于企业总的战略目标的实现；（2）商品价格的制定符合国家政策法令的有关规定；（3）商品价格的制定符合消费者整体及长远利益；（4）商品价格的制定与企业市场营销组合中的非价格因素协调一致、互相配合，为达到企业营销目标服务。

在正确的定价方法和巧妙的定价策略结合下，企业最终制定出既能为顾客所接受，又能为企业带来利润的价格。

案例

长虹品牌的价格策略

四川长虹电子集团自1973年成功生产出“长虹牌”电视机开始，至1992年跻身中国电视五大品牌行列。1993年至1998年，“长虹牌”彩电从国内同等竞争对手中杀出重围，成功登上“中国彩电大王”的宝座。在发展过程中，长虹通过多次降价活动，成长为我国的“彩电大王”，同时也成为我国家电行业的一面旗帜，将家电行业带动成为我国最具市场经济特征的行业之一。

1. 开启自主调价之路

1988年彩电严重紧缺，抢购倒卖之风盛行，普通老百姓以高于国家牌价一倍的价格还是很难买到彩电。长虹以略高于国家牌价而低于黑市的价格卖给省工商银行一批彩电，开始了自己的自行价格调整之旅。1989年8月9日，长虹进行自行降价活动，每台彩电降价350元，使积压彩电一销而空。这次活动提升了长虹在彩电行业的地位。1991年3月，国家统计局公布：长虹1990年首次荣获彩电行业销售冠军。

2. 具有决定意义的降价行动

国产彩电开始“当家做主”。1996 年 3 月 26 日，长虹彩电凭借同样的技术、同样的质量，举起降价大旗，首次向洋彩电宣战，带动国产彩电夺取市场份额，自此，国产彩电在国内中低端彩电市场占据了绝对主导地位。而长虹的市场占有率由 1995 年的 22% 提高到 1996 年的 27%左右。

3. 长虹彩电逐步向高端市场挺进

1998 年 8 月，为了遏制对手，长虹大批量购进彩管，控制了国内 70%以上的彩管。“囤积彩管”事件不仅使长虹不得不承担起 70 亿元库存的压力，也使 TCL、创维、康佳这“三剑客”对抗长虹的联盟更加坚固。其结果是，长虹从习惯先声夺人沦为在频繁的价格战中疲于应招。为了挽回颓势，1999 年 4 月，长虹彩电开始降价行动。此次彩电降价是 1996 年四川长虹挑起价格战以来，规模和降价幅度最大的一次。长虹彩电 2000 年再次成为销量第一名，在行业大滑坡的情况下，市场占有率重新回升到 25%。

4. 开创国产彩电主导高端之路

2001 年 1 月 1 日，中国首台精密显像电视——长虹精显彩电诞生，一举打破了彩电高端核心技术一直由跨国彩电巨头垄断的局面。2002 年 5 月，长虹率先推出精显背投，打响了国内彩电业全面进军高端市场的第一枪；7 月，TCL、创维先后以 29 800 元的超低价启动了等离子彩电市场。至此，国内彩电企业成功地完成了由低端市场向高端市场的转型。2003 年 4 月 8 日，长虹推出“长虹背投普及风暴”活动，在高端市场全面反击跨国背投品牌，平均降价幅度为 25%，进一步巩固和增加了自己在背投彩电的市场份额。

思考： 长虹彩电的价格调整策略对其占领市场起到了哪些积极作用？

二、定价方法

在制定价格时，企业需要考虑三个方面：首先，成本价是最低价格；其次，竞争对手和替代品的价格提供了制定价格的参考点；最后，消费者对产品独特属性的需求和评价，决定了产品的最高价格。企业在制定产品价格时，有以下几种定价方法。

（一）成本导向定价法

1. 成本加成定价法

成本加成定价法是以成本为基础，加上预期的利润来确定产品的售价。成本加成定价法的计算方式为：

产品价格＝单位产品成本×(1＋加成率)

例如：某衬衫厂生产某品牌的衬衫，其单位成本为 120 元/件，加成率为 50%，则每件衬衫的单价为 120×(1+50%)=180（元）。

成本加成定价法的关键是确定加成率。为此企业须综合考虑市场供求状况及行业的平均利润水平等。在实际中，各个行业的成本水平是有差异的，因此，当各企业产品的市场售价大致相同时，成本低的企业就能获得较高的利润，并且在价格竞争中也会有更大的回旋空间。

（1）成本加成定价法的优势。成本加成定价法之所以被广泛采用，主要是因为：

1）成本的不确定性一般比需求少，将价格紧盯单位成本，可以大大简化企业定价程序，而不必根据瞬息万变的需求情况做调整。

2）只要行业中所有企业都采取这种定价方法，则价格在成本与加成相似的情况下也大致相似，价格竞争降至最低限度。

3）许多人感到成本加成定价法对买方和卖方来讲都比较公平，当买方需求加大时，卖方不会趁机谋取超额利润，同时又可以获得公平的投资报酬。

（2）成本加成定价法的不足。

这种方法也有局限性：首先，其定价所依据的成本是个别成本，而不是社会成本或行业成本，因此，制定的价格可能与市场价格有一定偏离，且难以反映市场供求和竞争状况；其次，该方法没有考虑市场需求和竞争因素的影响，因而是卖方市场的产物；最后，加成率是一个估计值，缺乏科学性，由此计算出来的价格不一定为消费者所接受，更谈不上市场竞争力。但基于其优点，很多企业即使不用这种方法定价，也会将用此法制定的价格作为参考。

成本加成定价法通常适用于供求稳定且基本平衡的市场。

2. 目标收益定价法

目标收益定价法又叫投资收益率定价法，是根据企业的投资总额、预期销量和投资回收期等因素来确定价格的方式。

（1）确定目标收益率。

目标收益率=1÷投资回收期×100%

（2）确定单位产品目标利润额。

单位产品目标利润额=(总投资额×目标收益率)÷预期销量

（3）计算单位产品价格。

单位产品价格=企业固定成本÷预期销量+单位变动成本+单位目标利润额

例：某电视机厂总投资额为 800 万元，投资回收期为 5 年，预计该企业年产销电视机 2 000 台，总固定成本 600 万元，每台电视机的变动成本为 1 000 元，则每台电视机的单价应为多少元?

解：第一步，确定企业投资的目标收益率：

目标收益率=1÷投资回收期×100%=1÷5×100%=20%

第二步，确定单位产品目标利润额：

单位产品目标利润额=(总投资额×目标收益率)÷预期销量

=(8 000 000×20%)÷2 000=800（元）

第三步，确定单位产品价格：

单位产品价格=企业固定成本÷预期销量+单位变动成本+单位产品目标利润额

=6 000 000÷2 000+1 000+800=4 800（元）

则该企业生产的电视机单价应为4 800元。

目标收益定价法是一种生产者导向的产物，没有考虑市场需求和竞争的因素；此外，该方法先确定产品销量，再计算产品价格的做法完全颠倒了价格与销量的因果关系，把销量看成价格的决定因素，在实际上很难行得通。尤其是对于那些需求价格弹性较大的产品，用这种方法制定出来的价格，无法保证销量的必然实现，那么，预期的投资回收期、目标收益等也只能成为空话。

目标收益定价法一般适用于需求比较稳定的大型制造业，供不应求且价格弹性小的商品，市场占有率高、具有垄断性的商品，以及大型的公用事业、劳务工程和服务项目等。在科学预测价格、销量、成本和利润四要素的基础上，目标收益定价法不失为一种有效的定价方法。

3. 盈亏平衡定价法

在销量既定的条件下，企业产品的价格必须达到一定的水平才能做到盈亏平衡、收支相抵。既定的销量就称为盈亏平衡点，这种制定价格的方法就称为盈亏平衡定价法。科学地预测销量和已知固定成本、变动成本是盈亏平衡定价的前提。

盈亏平衡点的计算公式如下：

盈亏平衡点产量=固定成本÷(单位产品成本价格-单位可变成本)

当企业的产量达到盈亏平衡点产量时，企业不盈不亏，收支平衡，保本经营。保本定价的计算公式如下：

保本定价=固定成本÷盈亏平衡销售量+单位产品变动成本

如果企业把价格定在保本点价格上，则只能收回成本，不能盈利；若高于保本点定价，企业便可获利，获利水平取决于高于保本点的距离；若低于保本点定价，企业无疑是亏损的。因此，盈亏平衡定价法规定了在产量一定的情况下，什么价格是企业不亏本的最低价格。

4. 边际贡献定价法

边际贡献是指产品销售收入与产品变动成本的差额，单位产品边际贡献指产品单价与单位产品变动成本的差额。边际贡献弥补固定成本后如有剩余，就形成企业的纯收入，如果边际贡献不足以弥补固定成本，那么企业将发生亏损。在经营不景气、销售困难、生存比赚取利润更重要时，或生产能力过剩，只有降低售价才能扩大销售时，企业可以采用边际贡献定价法。

边际贡献定价法的原则是，产品单价高于单位变动成本时，就可以接受。因为不管企业是否生产、生产多少，在一定时期内固定成本都是要发生的，而产品单价高于单位变动成本，这是产品销售收入弥补变动成本后的剩余，可以弥补固定成本，以减少企业的亏损（在企业维持生存时）或增加企业的盈利（在企业扩大销售时）。

（二）需求导向定价法

现代市场营销观念要求，企业的一切生产经营必须以消费者需求为中心，并在产品、价格、分销和促销等方面予以充分体现。只考虑产品成本，而不考虑竞争状况及顾客需求的定价，不符合现代市场营销观念。根据市场需求状况和消费者对产品的感觉差异来确定价格的方法叫作顾客导向定价法，又称市场导向定价法、需求导向定价法，其特点是灵活有效地运用价格差异，对平均成本相同的产品，价格随市场需求的变化而变化，不与成本因素产生直接关系。需求导向定价法主要包括理解价值定价法、需求差异定价法和逆向定价法。

1. 理解价值定价法

理解价值也称感受价值、认知价值，是指消费者对某种商品价值的主观评判。理解价值定价法是指企业以消费者对商品价值的理解度为定价依据，运用各种营销策略和手段，影响消费者对商品价值的认知，形成对企业有利的价值观念，再根据商品在消费者心目中的价值来制定价格。

使用该方法定价，如果企业过高估计消费者的理解价值，其价格就可能过高，难以达到应有的销量；反之，若企业低估了消费者的理解价值，其定价就可能低于应有水平，使企业收入减少。因此，企业必须通过广泛的市场调研，了解消费者的需求偏好，根据产品的性能、用途、质量、品牌、服务等要素，判定消费者对商品的理解价值，制定商品的初始价格，然后在初始价格条件下，预测可能的销量，分析目标成本和销售收入，在比较成本与收入、销量与价格的基础上，确定该定价方案的可行性，并制定最终价格。

案例

一只杯子，到底能卖多少钱？

第1种卖法：卖产品本身的使用价值，只能卖3元/个。如果你仅仅将它当作一只普通的杯子，放在普通的商店，用普通的销售方法，也许它最多只能卖3元，还可能遭遇邻家小店降价抢客的暗招。这就是没有价值创新的悲惨结局。

第2种卖法：卖产品的文化价值，可以卖5元/个。如果你将它设计成当年最流行款式的杯子，可以卖5元钱。隔壁小店降价抢客的暗招估计也使不上了，因为你的杯子有文化，冲着这文化，消费者是愿意多掏钱的。这就是产品的文化价值创新。

第 3 种卖法：卖产品的品牌价值，就能卖 7 元/个。如果你将它贴上著名品牌的标签，它就能卖 7 元钱。隔壁店 3 元/个，叫得再响也没用，因为你的杯子是有品牌的东西。几乎所有人都愿意为品牌付钱。这就是产品的品牌价值创新。

第 4 种卖法：卖产品的组合价值，卖 15 元/个没问题。比如你可以将畅销的杯子和不畅销的杯子打包组合售卖。

第 5 种卖法：卖产品的延伸功能价值，卖 80 元/个绝对可以。如果你猛然发现这只杯子的材料竟然是磁性材料做的，那挖掘出它的磁疗、保健功能，卖 80 元/个绝对可以。这个时候隔壁小店估计都不好意思叫 3 元/个了，因为谁也不信 3 元/个的杯子会有磁疗和保健功能。这就是产品的延伸价值创新。

第 6 种卖法：卖产品的细分市场价值，卖 188 元/对也不是不可以。你将你的那个具有磁疗保健功能的杯子印上十二生肖，并且准备好时尚的情侣套装礼盒，取名“成双成对”或“天长地久”，针对过生日的情侣，卖 188 元/对。这就是产品的细分市场价值创新。

第 7 种卖法：卖产品的包装价值，卖 288 元/对，卖得可能更火。如果把具有保健功能的情侣生肖套装做成三种包装：一种是实惠装，卖 188 元/对；一种是精美装，卖 238 元/对；一种是豪华装，卖 288 元/对。可以肯定的是，最后卖得最火的肯定不是 188 元/对的实惠装，而是 238 元/对的精美装。这就是产品的包装价值创新。

第 8 种卖法：卖产品的纪念价值，可以卖 2 000 元/个。如果这个杯子被某名人喝过水，后来宇航员又把它带到了太空，这样的杯子不卖 2 000 元/个绝不可能。这就是产品的纪念价值创新。

思考：消费者购买产品时，除了产品本身的使用价值外，更多的是购买什么？为何一只杯子的价格会千变万化？

---

2. 需求差异定价法

需求差异定价法是指产品价格的确定以需求为依据，在不同时间、地点，根据产品及不同消费者需求强度差异，制定不同产品价格的方法。这种定价方法使企业的定价最大限度地符合市场需求，促进产品销售，有利于企业获得最佳经济效益。

（1）以用户为基础的差别定价。它是指对同一产品针对不同的用户或顾客，制定不同的价格，比如老顾客和新顾客、普通顾客和 VIP 顾客。

（2）以产品样式为基础的差别定价。同等质量和规格的产品，样式老的可定低价，样式新的可定高价；高档产品和低档产品，价格也可以拉开差距。

（3）以地点为基础的差别定价。它是指随着地点的不同而收取不同的价格，比较典型的例子是影剧院、体育馆、飞机舱位等，其座位不同，票价也不同。

（4）以时间为基础的差别定价。同一产品，成本相同，而价格随着季节、日期甚至时点发生变化。例如：供电局在高峰期和低谷期制定不同的电费标准；电影院的白天和晚上的票价有差别。

案例

大数据有没有“杀熟”？

2022年3月1日，北京市消费者协会发布互联网消费大数据“杀熟”问题调查结果。调查结果显示，在对16个平台进行的32个模拟消费体验样本中，有18个样本新老用户账户的价格一致；有14个样本新、老用户账户的价格不一致。其中，大多数样本是因为打折或优惠力度不同导致最后成交价格不同。而部分平台存在新、老用户账号同时购买同一商品或服务，实际成交价却不同的现象。例如：体验人员分别通过新、老用户账号同时在飞猪旅行App上预订同一日期“宋城千古情（贵宾票）＋灵隐飞来峰（大门票）成人票”时，老用户账号显示价格为360元，享受飞猪红包10元，优惠后价格为350元；而新用户账号显示价格为355元，不享受任何优惠，新、老用户账号显示价格不同，享受优惠也不同。体验人员分别通过新、老用户两个账号同时在饿了么平台订购同一饭店的同样饭菜，老用户账号不仅比新用户账号少了7元“双重补贴”红包，而且配送费也比新用户少优惠0.4元。

在问卷调查中，86.91%的受访者认为自己有过被大数据“杀熟”的经历，82.37%的受访者认为互联网消费大数据“杀熟”问题普遍存在，92.33%的受访者认为大数据杀熟的原因是利用大数据技术开展差异化营销。

值得关注的是，问卷调查显示，网络购物中的大数据“杀熟”问题最多，其次是在线旅游、外卖和网约车。八成多受访者表示在网络购物过程中遭遇过大数据“杀熟”，七成多受访者在在线旅游消费中遭遇过大数据“杀熟”，反映在网络外卖和网络打车消费过程中遭遇大数据“杀熟”的受访者均达到六成多。

在受访者中，大数据“杀熟”都会以何种方式存在呢？调查结果显示，受访者认为大数据“杀熟”主要体现在六个方面，分别为：同一时间不同用户购买相同商品或服务的价格不同；多次浏览后价格自动上涨；不同用户享有不同打折优惠形式；隐藏或不送老用户优惠券；根据用户特点提供特定商品或服务；手机配置不同、价格不同，默认勾选之前购买过的服务，不买时送优惠券、买时却没有享受等。

思考：你网购时有没有经历过“杀熟”事件？你如何看待大数据“杀熟”现象？

3. 逆向定价法

逆向定价法是重点依据需求状况来确定价格的方法。该方法依据消费者能够接受的最终销售价格，逆向推算出中间商的批发价和生产企业的出厂价格。采用逆向定价法制定的价格能反映市场需求情况，有利于加强企业与中间商的良好关系，保证中间商的正常利润，使产品迅速向市场渗透和拓展，并可根据市场供求情况及时调整，运作方式较为灵活。

（三）竞争导向定价法

在买方市场条件下，同行业企业之间的竞争越来越激烈。竞争导向定价法是企业通过研究竞争对手的生产条件、服务状况、价格水平等因素，依据自身的相关情况来确定产品价格。这种定价法与商品成本和需求不发生直接关系，如果商品成本或市场需求变化了，只要竞争者的价格未变，企业就应维持原价；如果成本或需求没有变动，但竞争者的价格变动了，企业就应调整其商品价格。竞争导向定价法主要包括随行就市定价法、产品差别定价法和投标定价法。

1. 随行就市定价法

在垄断竞争和完全竞争的市场结构条件下，任何一家企业都无法凭借自己的实力而在市场上取得绝对的优势。为了避免竞争，特别是价格竞争带来的损失，大多数企业都采用随行就市定价法，即企业的产品价格基于竞争对手的价格来制定，使企业的产品价格保持在市场平均价格水平上。采用随行就市定价法，企业的价格可能与其主要的竞争对手的价格相同，也可能高于或低于竞争对手的价格。在完全竞争的环境里，各个企业都无权决定价格，通过对市场的无数次试探，相互之间取得一种默契而将价格保持在一定的水准上。在垄断竞争的市场条件下，各企业采用相同的价格，较小的企业追随定价或参考定价。

随行就市定价法具有以下特点。首先，流行价格水平代表了整个行业或部门中所有企业的集体智慧，在成本接近、产品差异小、交易条件基本相同的情况下，采用这种方法可以保证各企业获得平均利润。其次，各企业的价格保持一致，易于与同行竞争者和平相处，避免价格战和竞争者之间的报复，有利于促进整个行业的稳定发展。最后，在竞争激烈、市场供求复杂的情况下，单个企业不易了解竞争者对价格变化的反应，采用随行就市定价法既可为企业节约调研时间和费用，又可避免因价格突然变动而带来的风险，是一种较为稳妥的定价方法。

2. 产品差别定价法

产品差别定价法是指企业通过各种途径，使同种同质的产品在消费者心目中树立起不同的产品形象，进而选取低于或高于竞争者的价格作为本企业产品价格。

运用产品差别定价法，企业必须具备一定的实力，在某一行业或某一区域占有较大的市场份额，消费者能够将企业产品与企业本身联系起来。在质量大体相同的条件下实行差别定价是有限的，尤其是对于定位为“质优价高”形象的企业来说，其必须支付较多的广告、包装和售后服务方面的费用。

3. 投标定价法

投标定价法是采购机构在报刊上刊登广告或发出函件，说明拟采购产品的品种、规格、数量等具体要求，邀请供应商在规定的权限内投标。采购机构在规定的日期内开标，选择报价最低、最有利的供应商成交，并签订采购合同。某供货企业如果想做此笔生意，就要在规定的期限内填写表单，在上面填明可供应产品的名称、品种、规格、价格、数量、交货日期等，然后密封送给招标人（即采购机构），这叫作投标。企业在投标时必须充分权衡竞争对手的情况以及自身的综合实力，然后进行报价。

三、定价策略

微课：产品定价策划

定价策略是企业为了实现预期的经营目标，根据企业的内部条件和外部环境，对某种商品或劳务，选择最优定价目标所采取的应变谋略和措施。

（一）新产品定价策略

新产品的价格影响产品投入市场的效果。如果定价得当，就可能使产品顺利进入市场，打开销路；如果定价不当，就很可能遭遇失败。因此，为新产品定价一定要谨慎。

1. 撇脂定价策略

撇脂定价策略也称奶油定价法，是指新产品刚进入市场阶段采取高价策略，价格远远高于成本，以尽快提取新产品效益的精华，就像在牛奶中撇取奶油一样。

实行撇脂定价策略必须有一定的条件。首先，新产品比市场上现有产品有显著的优点，能使消费者“一见倾心”；其次，在产品新上市阶段，商品的需求价格弹性较小或者早期购买者对价格反应不敏感；最后，短时期内由于仿制等方面的困难，类似仿制产品出现的可能性小，竞争对手少。

此策略的优点是尽早争取主动，达到短期最大利润目标，有利于企业的竞争地位的确立。但缺点也明显，即由于定价过高，有时渠道成员不支持或得不到消费者认可；同时，高价厚利会吸引众多的生产者和经营者转向此产品的生产和经营，加速市场竞争的白热化。

案例

钟薛高，高在哪里？

产品可以成为品牌的第一印象。提起喜茶，或许人们脑海中浮现的是灵感 Logo，但提起钟薛高，人们能想起的绝对是瓦片形状的雪糕。钟薛高以新品见长，其主要有两种推新模式：一种是与第三方进行跨界 IP 合作；另一种是节日卡点，结合节日或节气推出特色新品。

由此，产品成为钟薛高社交营销的直接媒介，拥有“一眼种草”的超强能力。钟薛高的联名经典不少：与娃哈哈推出的联名款“未成年雪糕”，一经发售好评如潮；与泸州老窖联名推出的“断片”雪糕，雪糕＋白酒的碰撞成为社交网络上的话题爆款，话题微博阅读量突破1亿；与小米手机联名，推出青春版西柚芝士雪糕。

产品之外，钟薛高也不遗余力地改造自身的产品链，在底层逻辑上不断下功夫。2018年第一次拿到融资，钟薛高就几乎把一半的钱都投在了供应链上。据悉，物流成本就要占钟薛高总成本的近50%。包裹层层，还有干冰护航。钟薛高做出了一个承诺，如果雪糕在运输途中融化了，那么可以获得赔偿。体验优势上的全新升级，也得以在产品触点层面加深品牌的高端印象。

常规而言，雪糕具有很强的时令性，淡旺季区隔非常明显。面对季节性痛点，钟薛高做了针对性的差异化处理，在家庭场景下，消暑解渴功能弱化，更多是表达情感、促进交流、舒缓情绪、凸显价值感。

确定了以冰箱为中心的经营思路，钟薛高借势推出高端水饺品牌——“理象国”，开辟新的品类战场。其瞄准了家庭消费者、年轻一代、都市白领等对生活品质有要求的人群，力求为人们提供自然、健康、品质的简餐美食。

思考： 你有没有购买过钟薛高系列产品？你如何看待钟薛高的定价策略？

2. 渗透定价策略

渗透定价策略是一种低价策略，即在新产品上市之初将产品价格定得较低，利用物美价廉的产品迅速占领市场，取得较高的市场占有率，以获得较大利润。当产品市场占有率达到理想状态时，企业将选择合适时机提高产品价格。

采用渗透定价策略的条件是：商品的市场规模较大，存在强大的竞争潜力；商品的需求价格弹性较大，稍微降低价格，需求量会大大增加，通过大批量生产能降低生产成本。

渗透定价策略的优点：可以占有比较大的市场份额，通过提高销售量来获得企业利润，也较容易得到销售渠道成员的支持，同时，低价、低利对阻止竞争对手的介入有很大的作用。其缺点：定价过低，一旦市场占有率扩展缓慢，收回成本的速度也会很慢；有时低价还容易使消费者怀疑商品的质量。

案例

冰露低价瓶装饮用水

冰露瓶装饮用水从推出以来就未曾涨价，一直都是“一元”饮用水。冰露依靠低价策略在我国瓶装饮用水市场获得了一席之地，在市场中以第六名的姿态站稳脚跟。虽然不涨价给冰露带来了市场，但是也让它受到很多非议。毕竟，我国很多消费者在买东西时最重视的不是价格，而是产品质量。而瓶子一捏就软的冰露，自然也在消费者心中留下了不太友好的印象。

包装寒酸实际上也是冰露控制成本的方式之一，坚持只卖一元的冰露自然要在一些不必要的成本上进行削减，这点也正是它能够稳稳占据市场的主要因素。与农夫山泉等其他品牌瓶装饮用水不同的是，冰露的低价策略与成本控制堪称一绝，它利用这种方法来拓展市场和保留消费者。

冰露也从不吹嘘水源，没有高科技的灌瓶工艺，有的只是低廉的价格以及冰露宣传的轻量化环保瓶。它用对手嗤之以鼻的方法，悄悄地占领了饮用水市场。

下沉的低端市场一直是我国市场中的一块"大蛋糕"。因为在不少人眼里，一块钱的水和两块钱的水其实差距并不大。甚至还有人调侃道："一直喝冰露，我都要长胖了，省下的钱都用来买肉吃了。"要知道冰露每年的销量高达几十亿瓶，比很多高端饮用水的销量要高出不少。

思考：你有没有购买过冰露瓶装水？你如何看待冰露的低价入市的定价策略？

3. 满意定价策略

满意定价策略是一种介于撇脂定价策略和渗透定价策略之间的折中定价策略，利用其定价的新产品的价格水平适中，同时兼顾生产企业、购买者和中间商的利益，能使各方面都满意。

这种价格策略的优点在于：满意定价策略对企业和顾客都是较为合理公平的，由于价格比较稳定，在正常情况下盈利目标可按期实现。缺点是：价格比较保守，不适于竞争激烈或复杂多变的市场环境。这一策略适用于需求价格弹性较小的商品，包括重要的生产资料和生活必需品。

（二）产品组合定价策略

微课：产品组合策划

1. 产品线定价

企业通常开发出来的是系列产品，而不是单一产品。产品线内的不同产品，根据不同的质量和档次，结合消费者的不同需求和竞争者的产品情况来确定不同的价格。首先要确定产品线中最低价格的产品，使其充当吸引消费者购买的角色，然后再确定某种产品的价格为最高价格，使其代表企业的品牌质量，并实现企业盈利的目的；其他产品分别依据它在产品线中的角色不同而制定不同的价格。例如：男士服装店可能经营三种价格档次的男士衬衫，分别是180元、280元和380元。顾客会从三个价格点上联系到低、中、高三种质量水平，即使三种价格同时提高，顾客可能仍会按自己偏爱的价格点购买。营销者的任务就是确定认知质量差别，促使价格合理化。

2. 选择品定价

许多企业在提供主要产品的同时，还会提供与主要产品密切相关但又可独立使用的产品。如汽车用户可订购电子开窗控制器、除雾器和减光器等。但是对于选择品的定价，企业必须确定价格中应当包括哪些，又有哪些可作为选择对象。选择品定价有两种主要策略：一是将选择品的价格定得较高，使其成为企业盈利的一个来源；二是将选择品价格定得较低或免费提供，以此吸引顾客。

3. 补充产品定价

补充产品定价是指有连带互补关系，必须配套使用的产品的定价。同时生产两种互补产品的企业，一般将主体产品定低价来吸引消费者，而将附属产品定高价，以获取长期利益，如剃须刀架与刀片、照相机与胶卷、打印机与墨盒。

4. 分级定价

许多服务型企业使用两部分定价法，即价格由一定的固定费用加上可变的使用费用组成。例如：固定电话使用者每月需要支付一定的最低费用，再加上优惠条件之外打电话的费用。这种定价方法需要确定对基本服务和可变服务分别收取多少费用。一般来说，固定费用应足够低，以便吸引消费者，而利润可以通过收取较高的使用费用来弥补。

5. 产品束定价

企业将一些在使用上密切相关、功能上互补或者有其他方面联系的一组产品捆绑在一起，形成一个产品束，然后制定一个价格。在组合捆绑方式下，销售者同时提供产品束和单个产品，但是产品束的价格低于产品单独销售时的定价。由于顾客可能并不打算购买产品束中所有的产品，因此产品束提供的优惠必须足够大，才能起到刺激顾客购买的作用。这种定价策略主要是为了吸引顾客购买某些并不特别想买的商品，减少库存积压。

（三）折扣定价策略

折扣定价策略是指对基本价格做出一定的让步，通过一定形式的折扣，直接或间接降低价格，以争取顾客、扩大销售。

1. 数量折扣

数量折扣是指按顾客购买数量的多少给予不同的价格折扣，也是企业运用最多的一种折扣策略。一般来说，顾客购买的数量越多，或数额越大，折扣率越高，以鼓励顾客大量购买或一次性购买多种商品，并吸引顾客长期购买本企业的商品。

数量折扣分为累计数量折扣和非累计数量折扣。累积数量折扣是指在一定时期内累计购买超过规定数量或金额给予的价格折扣，其优点在于鼓励消费者成为企业的长期顾客。非累计数量折扣是指按照每次购买产品的数量或金额确定折扣率，其目的在于吸引买主大量购买，有利于企业组织大批量销售，以节约流通费用。企业采用数量折扣有助于降低生产、销售、储运和记账等各环节的成本费用。

2. 现金折扣

现金折扣是企业给那些按约定日期付款或提前付款的顾客一定的折扣。这一策略可以促使顾客提前付款，加速资金周转，减少利率风险，操作时要考虑折扣期限、折扣率以及付清全部货款的时间。

3．季节折扣

季节折扣是指企业对生产经营的季节性产品，为鼓励买主提早采购，或在淡季采购而给予的一种价格折让。在季节性商品销售淡季，资金占用时间长，这时如果能扩大产品销售量，便可加快资金周转，节约流通费用。在这种情况下，卖方以价格折扣来鼓励买方在淡季购买商品，并向其转让部分因节约流通费用带来的利润，这对买卖双方都具有积极意义。厂家和中间商之间采用季节性折扣，可以促使中间商提早进货，保证企业生产能够正常进行。而零售企业在销售活动中实行季节折扣，能促进消费者在淡季提前购买商品，减少过季商品库存，加速资金周转。

4．功能折扣

功能折扣也称业务折扣，是生产企业给予批发企业或零售企业的折扣，折扣的大小根据企业在商品流通中的不同功能而异。对批发商来场进货给予的折扣一般要大一些，零售商从厂家进货的折扣低于批发企业。

5．价格折让

价格折让是为了促使经销商参与某个特殊活动而设计的额外优惠政策。价格折让包括两种形式：抵换折让和促销折让。抵换折让是指在购买新产品时，把旧的产品交回厂商换取新产品的减价；促销折让是针对愿意配合企业做产品促销活动的经销商所给予的一种价格折让或酬劳。

（四）心理定价策略

1．声望定价

声望定价是指根据产品在顾客心中的声望、信任度和社会地位来确定价格的一种定价策略。如一些名牌产品，企业往往可以利用消费者仰慕名牌的心理而制定大大高于其他同类产品的价格，如国际著名的欧米茄手表，在我国市场上的售价从一万元到几十万元不等。消费者在购买这些名牌产品时，往往关注其品牌、标价所体现出的炫耀价值，目的是通过消费获得极大的心理满足。声望定价的目的：可以满足某些顾客的特殊欲望，如彰显地位、身份、财富、名望等；可以通过高价显示名贵优质。声望定价适用于一些知名度高、具有较大的市场影响力、深受市场欢迎的驰名产品。

2．尾数定价

尾数定价是指保留价格尾数，采用零头标价，给人以便宜感和信赖感，从而带来大量需求。如一件商品的价格是 998 元而不是 1 000 元，使人感觉标价精确且经济实惠。

3．整数定价

整数定价与尾数定价相反，是指企业有意将产品价格定位为整数，以显示产品具有一定质量和档次。这种方法易使消费者产生“一分钱一分货”“高价是好货”的感觉，从而提升商品形象，一般多用于价格较贵的耐用品或礼品。

4. 招徕定价

招徕定价是指零售商利用部分消费者求廉或好奇的心理，特意将某几种商品的价格定得非常高或非常低，以吸引消费者，从而带动其他商品销售的定价策略。

招徕定价运用得较多的是将少数产品价格定得较低，吸引顾客在购买“便宜货”的同时，购买其他价格比较正常的商品。在实践中，也有故意定高价以吸引顾客的。如珠海九洲城出售 30 000 元一只的打火机，引起了人们的广泛兴趣。许多人都去看这只“昂贵”的打火机，结果发现这只高价打火机样子极其平常，现场当然无人问津，但这只打火机边上 30 元一只的打火机却销路大畅。

（五）差别定价策略

差别定价策略是指企业按照两种或两种以上不反映成本费用比例差异的价格销售产品或服务。

1. 顾客差别定价

企业按照不同的价格把同一种产品或服务卖给不同的顾客。例如：公园、博物馆的门票对某些顾客群（学生、军人、残疾人等）给予优惠；有些企业对新老顾客实行不同的价格等。

2. 产品形式差异需求定价

企业对质量和成本相同而花色不同、品种不同、款式不同的产品定价不同。

3. 产品部位差异需求定价

企业对处于不同位置的产品或服务分别制定不同的价格。如体育比赛或演唱会，不同座位的票价都有所不同。

4. 销售时间差异需求定价

企业对于不同季节、不同时期甚至不同时点的产品或服务分别制定不同的价格。如旅游产品在淡旺季定价不同。

（六）数字化产品的免费定价策略

数字化产品在互联网推广过程中，除了一些常见的定价策略外，还热衷于采用免费定价策略。

1. 限时免费定价

数字化产品被免费下载后，消费者可使用其全部功能，但受到一定限制（主要为使用期限和使用次数），超过使用限制就要付费。这种策略实际上是让顾客先得到产品，依据使用效果决定是否购买。

2. 部分免费定价

数字化产品被免费下载后，消费者可以免费使用其中一种或几种功能，想要获得全部功能则必须付费购买正式产品。这类产品定价一般都具有体验性增值服务，使核心产品更具个性化。

3. 捆绑式免费定价

这种策略是指购买某数字化产品或服务时，免费赠送其他产品和服务。数字产品的捆绑策略有两种：一是“软硬捆绑”，即把软件安装在指定设备上出售，二是“软软捆绑”，即把一些软件捆绑在消费者所购产品上打包出售。

4. 完全免费定价

数字化产品从购买、使用到售后服务所有环节均免费。

任务三 产品调价策略

营销者在定价之后，由于宏观环境和市场供求关系发生变动，企业必须主动地调整价格，以适应激烈的市场竞争。

一、降价策略

降价策略是指企业为了适应市场环境和自身内部条件的变化把原有价格降低。

(1) 企业生产能力过剩时，需要扩大销售额，但又不能通过加强销售力度或其他方式完成。在这种情况下，企业就需要考虑降价。

(2) 市场竞争加剧，企业市场占有率下降，一些企业不得不降价竞销。在国内市场上，1996 年彩电行业的降价风潮也说明了类似问题，当时，长虹降价高达 30%，TCL 曾试图以保持原有价格、提高产品质量、加大宣传力度、扩大与竞争者的差异来应对，但因产品价格弹性较强未能奏效。为保持市场占有率，TCL 被迫采取降价策略。

(3) 企业为争取通过低成本在市场上占据支配地位，也会发动降价。企业要么是最初的成本费用比竞争者低，要么是希望通过降价来扩大市场份额，从而降低成本。

二、提价策略

（一）通货膨胀导致成本费用提高

企业为应付通货膨胀，往往运用各种方式来调整价格：一是推迟报价定价，即企业决定暂时不规定最后价格，等到产品制成或交货时才给出最后价格；二是在合同上规定价格调整条款，即企业在合同上规定在一定时期内可按某种价格指数来调整价格；三是在价格中不包括某些商品和服务，即企业决定产品价格不变，但产品价格中原来包括的某些商品或服务要另行计价；四是减少价格折扣，即企业决定削减正常的现金和量折扣，并限制销售人员以低于价目表的价格吸引顾客；五是停止生产供应微利产品。六是降低产品质量或减少产品特色。

（二）产品供不应求，因而不能满足所有顾客的需要

在这种情况下提价的方式包括：取消价格折扣，直接提高产品或服务的价格，在产品大类中增加价格较高的项目等。应注意的是，企业采取的某些变相提价措施（如降低产品质量等），尽管可以减少企业的价格压力，但会损害企业的声誉和市场形象，给企业的长远发展带来不利影响。企业采取任何提价措施，总会引起消费者、经销商和企业推销人员的不满。为了减少有关方面的不满及不利的影响，企业提价时应尽可能向有关方面说明提价的原因。

三、顾客对价格变动的反应

企业提价或削价会对购买者发生影响。了解购买者对变价的反应方式、反应程度及可能的影响，有利于企业适当地安排与调整营销活动。

（一）购买者对价格变动的反应方式

购买者可能把一种产品的削价行为理解为：(1) 这种产品已经老化或将被新型产品替代；(2) 这种产品有缺点因而销售不畅；(3) 企业财务困难无法继续经营下去；(4) 价格还要进一步下跌；(5) 这种产品的质量下降了。

购买者可能把一种产品的提价行为理解为：(1) 这种产品畅销，很快就买不到了；(2) 这种产品很有价值；(3) 卖主想取得更多利润。

购买者对企业削价或提价行为的不同理解，或对企业产生有利的影响，或对企业产生不利的影响。为了确保营销活动的有效性，企业应注意对购买者的认识加以引导。

（二）购买者对价格变动的反应程度

一般地说，购买者对价值不同的产品的价格变动会做出不同的反应。购买者对价值

高、经常购买的产品的价格变动较为敏感、反应较强，对于价值低、不经常购买的产品的价格变动不太注意、反应较弱。此外，购买者虽然关心产品价格变动，但是更关心取得、使用和维修产品的总费用。因此，企业如果能使购买者相信某种产品取得、使用和维修的总费用比竞争者的产品低，就可以把这种产品的价格定得高一些，从而提高这种产品的市场竞争力并取得较高的利润。

四、竞争者对企业价格变动的反应

企业改变价格时，不仅要考虑购买者的反应，还必须考虑竞争者的反应。竞争者的反应方式在很大程度上取决于行业市场的类型。在行业市场为无区别的寡头垄断市场的条件下，由于行业中企业数目很少，提供同质的产品也很少，购买者越是具有充分的知识和辨别力，竞争者的反应就越重要。

（一）单一竞争者的情况

企业在估计竞争者可能的反应时，首先可以假设面临一家大的竞争者，一种情况是该竞争者有一组对付价格变化的政策，另一种情况是该竞争者把对手的每一次价格变动都当作单一挑战并随机地制定对付价格变化的政策。

当竞争者对有一组对付价格变化的政策，采取老一套的办法来对付本企业的价格变动时，竞争者反应是能够预测的。企业可以通过获取该竞争者内部资料的方式来掌握其可能的反应，也可以从与该竞争者接触较多的顾客、供应商、代理商、金融机构等方面获取信息。

当竞争者把对手的每一次价格变动都当作单一的、新的挑战，并随机地制定对付价格变化的政策时，企业必须深入调查研究竞争者目前的财务状况、销售与生产能力情况、顾客的忠诚情况、企业目标，以及竞争对手的利益所在，以便对竞争对手的反应做出较为准确的预测。例如：如果竞争者的目标是提高市场占有率，它就可能随着本企业产品价格变动而调整价格；如果竞争者的目标是取得最大利润，它就会采取其他对策，如增加广告预算，加强广告促销或提高产品质量等。

（二）多个竞争者的情况

如果面对几个竞争者，企业在改变价格时就必须估计每个竞争者的可能反应。如果所有的竞争者反应大体相同，企业就可以集中力量分析典型的竞争者，因为典型的竞争者的反应可以代表其他竞争者的反应。如果各个竞争者在规模、市场占有率及政策等这样一些较为重要的方面有所不同，那么它们的反应也会有所不同，在这种情况下企业就必须分别分析各个竞争者。

总之，企业在改变价格时，应善于利用内部和外部的信息来源推测竞争者可能的反应，以便采用适当的营销对策。

五、企业对竞争者价格变动的反应

在现代市场经济条件下，企业经常面临竞争者变价的挑战。如何对竞争者的变价做出及时、正确的反应，是企业定价策略的一项重要内容。为了避免被竞争者打个措手不及，企业不仅应该密切关注竞争者的行为，而且还应当在平时就计划好对竞争者价格变动做出的反应，以便在受到价格攻击时尽快做出决策。

在做出调价反应时，企业应该考虑以下问题：竞争者调价的目的是什么；竞争者调价是长期行为，还是短期行为；竞争者调价将对本企业的市场占有率、销售量、利润、声誉等方面有何影响；同行业的企业对竞争者调价行为会有何反应；企业有哪几种反应方案，竞争者对企业每个可能的反应又会有何反应。

在回答以上问题的基础上，企业还必须结合所经营的产品特性确定对策。一般来说，在同质产品市场上，如果竞争者削价，企业也必须随之降价，否则必然会失去大部分顾客；如果竞争者提价，企业既可以跟进，也可以暂且观望。如果大多数企业都维持原价，就会迫使竞争者把价格降低，使竞争者涨价失败。

在异质产品市场上，由于各企业的产品在质量、品牌、包装、消费者偏好等方面有着明显的不同，因此面对竞争者的调价策略，企业有较大的选择余地。对于竞争者的涨价行为，企业可以根据具体情况采取跟进或观望措施，而对于竞争者的降价行为，还可以选择以下行为：

（1）不采取任何行为，维持原价不变。企业可能由于自身产品具有较大的差异性而使得消费者对本企业产品的需求价格弹性较弱，此时企业完全可以利用差异化优势来维持原价不变。这样既不会过多影响企业的市场份额，也不会减少企业利润。

（2）价格不变，加强非价格竞争手段的投入。例如：提高产品质量、强化售后服务、追加广告投入、增加销售网点，或者在包装、功能、用途等方面对产品进行改进。有些企业会在保持原品牌价格不变的同时专门推出一个低价品牌与竞争对手抗争。

（3）降低原来的价格。企业往往为了维持原有的市场份额，不得不跟随竞争者降价甚至降价幅度超过竞争者，尽管这一行为可能会引发价格战而导致两败俱伤，但在市场竞争中屡见不鲜。

（4）在跟随竞争者降低价格的同时，积极采取一些非价格竞争手段。企业经常使用价格手段与非价格手段相结合的方式进行竞争，非价格手段的投入可以增加企业产品的差异性，以避免产品过度降价。

项目小结

从狭义的角度来看，价格是对一种产品或服务的标价；从广义的角度来看，价格是消费者在交换中所获得的产品或服务的价值。价格的构成一般包括生产成本、流通费用、税金和利润。企业的定价目标主要有维持企业生存目标、利润最大化目标、市场扩大目标、稳定价格的目标、竞争目标。影响产品定价的因素很多，大体上有市场需求、产品成本、竞争者的产品和价格、市场竞争状况和其他因素。

定价方法是企业在特定的定价目标指导下，对成本、需求及竞争状况等进行研究，运用价格决策理论，对产品价格进行计算的具体方法。定价方法主要包括成本导向定价法、需求导向定价法和竞争导向定价法。产品组合定价策略主要有：产品线定价、选择品定价、补充产品定价、分级定价、产品束定价。折扣定价策略常见的有：数量折扣、现金折扣、季节折扣、功能折扣、价格折让。企业在采取降价策略或提价策略进行价格调整时，必须考虑购买者及竞争者对调价的反应。

项目测评

一、简答题

1. 企业的定价目标有哪些？
2. 企业定价的程序包含哪些步骤？
3. 企业制定产品价格常用的方法有哪些？
4. 折扣定价策略有哪些常见的形式？
5. 简述企业主动提价和降价的原因及影响。

二、案例分析题

迪士尼乐园为何“急着”涨价?

发布堪称“史上最好成绩”的年报后不久，迪士尼就提前宣布了美国乐园涨价的消息。紧接着，高于往年水平的涨幅叠加、缩短的涨价周期让不少人担心，国内的迪士尼是否也会应声而涨。在业内看来，由于迪士尼乐园每年都保持着较快的更新、扩张速度，通过定期涨价摊薄成本无可厚非，从目前具有“标杆性”意义的美国园区涨价态势和2018年财报情况来看，未来全球迪士尼继续上调门票价格仍有空间。

1. 摊薄成本压力

迪士尼连年涨价甚至越涨幅度越大，首先是基于旺盛的市场需求。只有游客人数不断增长，迪士尼才有提高门票售价的底气，这是很正常的经营思路。更重要的是，“永远建不完”是迪士尼乐园的一大特点。因此，每年都会新增大量修缮、更新、扩建投入的迪士尼，确实需要通过涨价来摊薄成本。

其实，这一分析与部分迪士尼园区的考虑不谋而合。有知情人士说，上海迪士尼每年新增的成本投入是其考虑是否涨价的重要因素。在2017年香港迪士尼进行票价调整时，业内就有消息称，迪士尼官方表示，涨价主要是考虑到乐园娱乐项目的价值和乐园发展所需资金等一系列因素。与此同时，东京迪士尼乐园运营公司——东方乐园株式会社也在2016年调价后接受媒体问询时表示，调价主要考虑对乐园设备设施及娱乐项目进行整改翻新。

有业内人士分析，迪士尼的连年涨价与迪士尼保持的“三三制”经营原则有着密切的联系。根据这一原则，迪士尼乐园每年淘汰1/3的硬件设备、建设1/3的新概念项目。还有迪士尼相关负责人曾表示，价格调整的决定是基于游客人数屡创新高做出的，迪士尼要保证每一位顾客都能玩得尽兴，并为此增加了很多游乐项目。

2. 涨价与业绩的“间接关系”

在业内看来，门票涨价势必会促进迪士尼乐园营收增加，大量游客基数推高的门票收入势必还是十分可观的。近期刚刚扭亏为盈的香港迪士尼，自2015年起，其实是经历了销售利润连续三年下滑的。据统计，2017年香港迪士尼亏损已经达到3.4亿港元。然而，在此期间，香港迪士尼乐园还是维持了连年涨价的动作。2017年12月15日，香港迪士尼宣布即日起上调门票价格，平均涨幅为5.8%，这是香港迪士尼乐园连续5年实施门票涨价策略。

然而，令人意外的是，业绩出现“转机”的香港迪士尼，却出现了罕见的全年零涨价情况，且至今也仍无门票调价的计划。从目前的情况来看，香港迪士尼这一次的调价区间已经拉长至一年以上。

对于此前被业界诟病的香港迪士尼乐园相对较小、设施老旧等导致香港迪士尼游客吸引度下降、利润下滑的问题，香港迪士尼相关负责人明确表示，香港迪士尼将开启全新的“蚁人与黄蜂女：击战特攻”主题园区，而且香港迪士尼乐园正在筹划第三个漫威主题的游乐设施。

就此有专家认为，从香港迪士尼的经营经验可以看出，整体来看，门票涨价对于迪士尼乐园收入增长有贡献；但从长久来看，让迪士尼能够实现收入、利润可持续增长的还是不断翻新的内容与项目，增加“回头客”的游园比例。

3. 涨价并无传导效应

虽然上海和香港迪士尼方都明确表示，不会受到美国园区涨价的影响而进行调整，但部分专家还是表示，作为世界迪士尼“标杆”的美国园区，多多少少会产生一定的带动效应，“迪士尼除了需要靠上调票价覆盖一部分成本支出外，也需要通过涨价更合理地分散客流，并进一步刺激游客人均消费增加，减少服务和设施损耗成本”。从目前国内迪士尼的主要目标顾客群来看，上海和香港迪士尼乐团还是有涨价空间的，而上海迪士尼在开业不久后的那次涨价很可能就是一次试探性的调整，为未来继续或常规性的涨价铺路。

北京外国语大学文创产业研究中心研究员认为，迪士尼在主题公园市场的高品牌价值使其像手机行业中的苹果一样，具有较强的不可替代性。两者不同之处在于，苹果手机的定价通过一步到位并且延续高价，而迪士尼的价格则是通过与其设施及项目的更新频率相匹配的速度以及市场反馈稳步提升。

问题：

1. 迪士尼采用何种定价策略？其价格组成包括哪几个方面？
2. 迪士尼为什么要定期涨价？有何利弊？

项目六　产品渠道策划

学习目标

知识目标

1. 了解分销渠道的含义、功能及主要类型。
2. 熟悉批发商和零售商的主要类型。
3. 了解分销渠道设计的主要影响因素和基本步骤。

能力目标

1. 掌握分销渠道的功能。
2. 掌握分销渠道设计的基本步骤。
3. 掌握分销渠道管理的主要内容。

素养目标

1. 能够根据企业的经营状况，提出符合企业实际的网络分销渠道决策建议。
2. 能够运用渠道设计和渠道管理的相关理论，提出相应的渠道策略建议。
3. 重视客户体验，具备全渠道创新决策意识，营造整体运营的大局观。

案例导入

小米的全渠道建设

1. 小米早期的互联网电商

小米早期通过米聊积累用户，100 个梦想赞助商均来自 MIUI 用户。小米通过线上（小米社区、新媒体、小米商城促销）方式发展粉丝，发展到百万粉丝后，通过小米家宴达到了粉丝黏合的高潮。

2. 小米电商平台

小米电商平台建设，线上第三方代理，在国内主要与京东、苏宁合作，在世界其他地区，主要通过 Flipkart、亚马逊等第三方电商销售。代理商直接购买小米的产品后向终端用户分销。小米线上直营通过小米商城，主打小米手机、平板等科技数码产品，也涉及周边生活商品。同时，小米开设天猫旗舰店，进行自营。2017 年，小米推出小米有品，打造精品生活电商平台。小米有品采用多品牌合作的模式，除了卖小米和米家的产品，也有第三方独立品牌。

3. 小米线下布局

小米线下布局主要有几种类型：(1) 小米之家，自建自营，以线下直营为主，主要分布在一二线城市，进驻大型商场，旗舰店面积为 1 000～2 000 平方米，一般店面积为 250～300 平方米，集形象展示、产品体验咨询和销售功能为一体。(2) 小米专卖店，以他建自营为主，主要分布在三四线城市，店铺面积为 150～200 平方米，小米与各地优秀服务商、零售商合作，小米直供产品、直接管理运营。(3) 小米体验店，以他建他营为主，小米指导，类似代理商模式，在四线城市以下主推，在产品 SKU 选取上因地制宜，对城市中心店和郊区店做出了区隔。(4) 小米直供店，以个体经营为主，店主在线申请即可获得销售资质，直接从小米小规模订货，店主可通过微信、电商、抖音等方式推广。

4. 小米社交电商

自 2017 年小米有品上市以来，小米便着力打造精品生活电商平台，推广社交电商，在全国范围内招募合伙人，通过平台赋能模式，发展小米渠道的外部合作力量，开始大规模发展社交电商。

小米有品、小米商城、小米之家是小米着重推广的社交电商。小米有品是小米精品购物开放平台，依托小米生态链体系，借助小米模式主打生活消费品。它们共同组成小米自营全渠道的三层结构。小米平台为优质商家提供物流、客服、品控等全方位的支撑。小米与 400 余家行业头部企业达成了合作。小米有品同时打造会员模式“有品推手”，有品推手采用邀请制注册，新用户通过邀请码注册开通成为推手会员，推手会员享有自购省钱，推广赚钱的权益。

5. 小米物流

物流是全渠道策略成功实施的保障，小米在物流方面也不断建设。2019 年小米宣布与中国邮政建立战略合作，双方在北京小米科技园举行了战略合作签约仪式，签署战略合作协议。在快递物流方面，小米与中国邮政开展了更广泛的业务交流与合作，中国邮政将为小米集团提供仓储、物流及快递配送和行政办公类文件、物品寄递等服务。中国商标局信息显示，“小米快递”商标已经通过审核。小米快递方面可以提供的服务内容如下：包裹投递、快递服务（信件或商品）、运载工具故障牵引服务、船运货物、旅行陪伴、贵重物品的保护运输、司机服务、运输、商品包装、导航、货物贮存等。小米快递的成功注册为小米全渠道的建设增添了助益。

任务一 分销渠道策划

一、分销渠道的含义与功能

微课：渠道策略

（一）分销渠道的含义

在市场营销理论中，有两个与渠道有关的术语经常不加区分地交替使用，这就是市场营销渠道和分销渠道。

市场营销渠道是指配合起来生产、分销和消费某生产者的产品和服务的所有企业和个人。也就是说，市场营销渠道包括某种产品供产销过程中的所有相关企业和个人，如供应商、生产者、商人中间商、代理中间商、辅助商（如支持分销活动的仓储、运输、金融、广告代理等机构）以及最终消费者或用户等。

分销渠道是指某种产品或服务在从生产商向消费者转移的过程中，取得这种产品或服务的所有权或帮助所有权转移的所有企业和个人。分销渠道主要包括经销商（取得所有权）和代理商（帮助转移所有权），实体分销渠道和互联网分销渠道。此外，分销渠道还包括处于渠道起点和终点的生产商、最终消费者或用户。分销渠道成员如图 6－1 所示。

分销渠道是产品从生产领域经中间商转移到消费领域的市场营销活动，存在以下特点：

（1）分销渠道的起点是生产者，终点是个人消费者或用户。这反映了某一特定产品价值实现的全过程。

（2）分销渠道是一组线路，其参与者是由商品流通过程中各种类型的组织或个人所组成的。这些组织或个人共同为解决产品价值实现问题而发挥作用，或为共同的利益而结成共生伙伴关系。这些成员通常包括生产者、批发商、代理商、零售商和消费者，其中各种类型的中间商是分销渠道中最积极、最活跃的因素。

（3）在分销渠道中，产品或服务从生产领域转移到消费者领域的前提是所有权的转移，并且所有权至少转移一次。

（4）在分销渠道中，除商品所有权转移方式外，在生产者与消费者之间还隐含着其他物

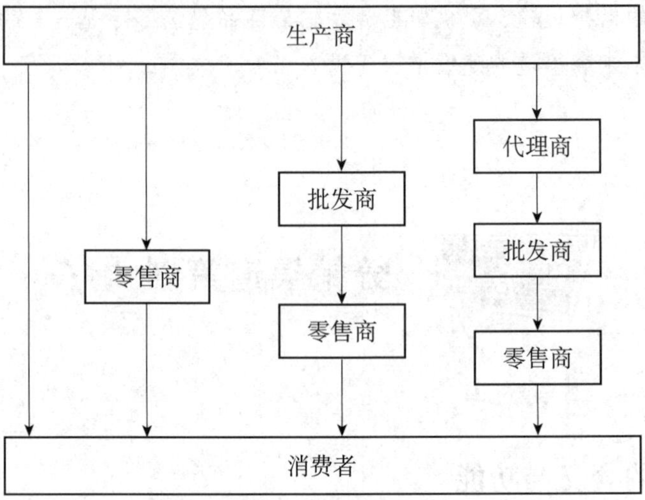

图 6-1 分销渠道成员

质流动形式，如物流、信息流、货币流等。它们相辅相成，但在时间和空间上并非完全一致。

（二）分销渠道的功能

分销渠道的作用是把产品从生产领域转移到消费领域，通过对这一过程的有效组织，目的在于调和产品、服务与其使用者之间的差异，包括时间差异、地点差异和所有权差异等。分销渠道的主要功能如下：

（1）研究：收集、传播和反馈各类制订计划和进行交换过程中所必需的信息。

（2）促销：为了吸引和说服消费者购买产品或服务而进行的沟通活动。

（3）谈判：达成有关产品的价格和其他条件的最终协议，以实现所有权的转移。

（4）接洽：寻找可能的购买者并与其进行沟通。

（5）融资：收集和分配资金，供分销渠道的不同层次工作之所需。

（6）风险：承担与渠道工作有关的风险。

（7）物流：从事商品实体的运输和储存。

（8）配合：使所供应的货物符合购买者需要，包括制造、包装等活动。

通过以上功能，分销渠道将为目标顾客提供他们所需要的产品组合。

二、分销渠道的类型

在不同的渠道理论发展阶段，分销渠道分为传统渠道与网络分销渠道。

（一）传统渠道

传统渠道是指各自独立的生产者、中间商（批发商和零售商）和消费者组成的分销渠道。

1. 传统渠道中中间商的分类

中间商是指介于生产者与消费者（或用户）之间，专门从事商品流通活动的经济组织或个人，或者说，中间商是生产者向消费者或用户出售产品时的中间环节。中间商可以从不同角度进行分类，这里主要从两个角度加以区分：一是按是否拥有商品所有权，可分为经销商和代理商。二是按其在商品流通过程中所起的作用不同，分为批发商和零售商。下面主要介绍代理商、批发商、零售商。

（1）代理商。代理商是指为委托人服务的批发机构。代理商不拥有商品的所有权，只代表委托人与对方洽商，主要功能是促进买卖。产品销售后，委托方按销售量向代理商给付一定的佣金。代理商的优势是熟悉行情，有专业知识，推销努力且收费较低。代理商主要有以下类型：

1）制造商的代理商。它也称为制造商代表，受制造商委托，在一定区域内出售制造商的产品。通常，制造商在特定区域可以同时利用几个代理商销售产品，代理商也可代理几个制造商的产品，但经营的产品应是相互关联的而不是相互竞争的。这种代理商主要起着补充制造商推销人员的作用。

2）销售代理商。销售代理商是在签订合同的基础上，为委托人销售某些特定商品或全部商品的代理商，它不受地区限制，并对定价、销售条件、广告、产品设计等有权处理。这种代理商在纺织、木材、某些金属产品、服装业及部分食品业中常见。每个制造商只能对全部产品或某个产品类别使用一个销售代理商，而不得再委托其他代理商代销产品，也不能再雇用推销员去推销。销售代理商则不受地区限制，同时在定价及其他销售条件方面有较大的权力。可见，销售代理商并不像制造商的代理商那样只起补充作用，事实上，它是委托人的独家全权销售代理。

3）采购代理商。采购代理商一般与顾客有长期关系，代其采购，负责收货、验货、储存并将货物运交买主。采购代理商消息灵通，可向客户提供有用的市场信息，并能以最低的价格买到最好的货物。

4）佣金商。佣金商又称佣金行，是指对商品实体具有控制力，并参与商品销售协商的代理商。大多数佣金商从事农产品代销业务，与委托人之间一般没有长期关系。其用卡车将农副产品运送到中心市场，以最好的价格出售，然后扣除佣金和各项开支，将余款汇给委托人。

5）经纪人代理商。经纪人对产品没有所有权，也不参与融资，也没有其他风险。经纪人的作用是为买卖双方牵线搭桥，协助双方进行谈判，促成交易。交易完成后，由委托方付给佣金。

（2）批发商。从事批发业务的中间商被称为批发商。批发商主要有商人批发商、制造商自设的销售机构。

1）商人批发商。商人批发商也叫独立批发商，指自己进货，取得商品所有权后再批发出售的商业企业。商人批发商是批发商的主要类型。商人批发商按职能和提供的服务是否完全来分类，可分为两种类型。一是完全服务批发商。这类批发商执行批发商的全部职能，其提供的服务主要有：保持存货、雇用固定的销售人员、提供存货、送货和协助管理等。其又分为批发商人和工业分销商两种。批发商人主要是向零售商销售，工业分销商主要是向制造商销售。二是有限服务批发商。这类批发商为了减少成本费用、降低批发价格，只执行一部分服务，主要有现购自运批发商、承销批发商、货车批发商、托售批发商、邮购批发商等。

2）制造商自设的销售机构。

制造商自设的销售机构是指由买方或卖方自行经营批发业务，而不通过独立的批发商进行。这种批发业务有两种类型。

第一，销售分店和销售办事处。生产者往往设立自己的销售分店和销售办事处，以改进其存货控制、销售和促销业务。销售分店持有自己的存货，多在木材和自动设备零件等行业中经营。销售分店不持有存货，在织物制品和针线杂活业最为突出。

第二。采购办事处。许多零售商在大城市设立采购办事处。这些办事处的作用类似于经纪人或代理商，但属于买方组织的一个组成部分。

（3）零售商。从事零售活动的中间商就叫零售商。零售商是商业流通的最终环节，它们为最终消费者提供服务，将购入的产品拆零出售。通常，我们把零售商分成三种类型。

1）商店零售商。商店零售商又分为若干种类型：

第一，食杂店。食杂店位于居民区内或传统商业区内，以经营香烟、饮料、酒、休闲食品为主，顾客以相对固定的居民为主。

第二，便利店。便利店设在商业中心区、交通要道以及车站、医院、学校、娱乐场所、办公楼、加油站等公共活动区，以即食食品、日用小百货为主，顾客以附近居民、单身者、年轻人为主。

第三，折扣店。折扣店设在居民区、交通要道等租金相对便宜的地区，商品价格低于市场平均价格，顾客以商圈内居民为主。

第四，超市。超市根据经营面积及所在区域不同，划分为便利超市、社区超市、综合超市、大型超市，服务于日常生活消费。

第五，仓储会员店。仓储会员店设在城乡接合部的交通要道，以大众化衣、食、用品为主，实行低价、批量销售，顾客以中小零售店、餐饮店、集团购买和流动顾客为主。

第六，百货店。百货店设在市、区级商业中心商业聚集地，分为高档百货店、市场百货店和大众百货店，注重服务，设有餐饮、娱乐等服务项目和设施。

第七，专业店。专业店以经营某一类别的商品（如服装、家电、五金、图书、家居等）为主，分为专业市场和专业超市，顾客以有目的的选购某类商品的流动顾客为主。

第八，专卖店。专卖店以销售某一系列的商品为主，顾客以中高档消费者和追求市场的年轻人为主。

第九，购物中心。购物中心分为社区、市区、城郊三种类型，是由大商店和小店铺组成的商场，内部设有不同行业的店铺，经营各种各样的商品和服务，有停车场、餐饮服务、大型娱乐场所，商品品种齐全，服务多样，满足一次购买所需商品和购物、餐饮、休闲、娱乐的需要。

第十，厂家直销中心。厂家直销中心为品牌商店生产商直接设立，商品均为本企业的品牌，采用自选式售货方式。

2）无店铺零售商。无店铺零售商一般指不设门市、无店铺销售的零售商。其主要包括以下几种：

第一，电视购物：通过电视向顾客传递商品信息并获取订单，以送货到指定地点或自提的方式提供服务。

第二，邮购：通过邮寄商品目录向消费者进行商品宣传展示，取得订单，并送货到指定地点。

第三，网上商店：通过企业网站或特定网页向顾客推荐和介绍商品，利用电话和电子邮件接受顾客订货，大多派人送货上门。

第四，自动售货机：使用售货机自动售货，以便捷性商品为主，主要服务流动顾客。

第五，直销：以推销人员上门推销为主来销售商品，多以某类商品（如保健品、化妆品）为主。

第六，电话营销：通过电话完成销售或购买活动，以某类商品（如保险、装修）为主。

3）零售组织。零售组织是指以多个店铺联盟的组织形式来开展零售活动。通过店铺之间的联合，可以避免过度竞争，提高零售的规模经济、节约成本。零售组织有以下几类：

第一，连锁店，是在共同所有和共同管理之下，分设两个或两个以上统一店名的商店组织形式。其管理制度实行标准化和统一化，组织各家分店集中采购和销售，在定价、促销及售货方法上都有统一规定，甚至连建筑风格都相似，以便统一形象。连锁店作为一种团体零售形式，由各分店统一管理，可以扩大销售量、扩大影响，从而形成一种规模的经济性，比起独立商店，享有价格优势。连锁店是目前零售业中最主要的组织形式。

第二，零售联合大企业，是指多个零售机构自愿组合而成的企业集团；通常是若干个不同所有者的不同类型商店组合在一起，实行协调统一的销售促进和经营管理。

第三，消费者合作社，是一种以消费者自己出资、管理和拥有的零售企业，大多设在社区各个居民点内，为住在周围的居民提供商品和服务；一般售价较低，或以正常价格出售，进行分工。

2. 传统渠道的分类

(1) 直接渠道和间接渠道。

直接渠道也称零级渠道，是指生产商将产品直接销售给消费者，不经过中间环节。直接渠道的主要方式是上门推销、展示会、电子通信营销、电视直销和制造商自设商店等形式。直接渠道是工业品分销的主要类型，主要用于绝大多数机器设备、原材料和零部件的销售。在消费品市场上，许多保健产品、化妆品也采用直接渠道销售产品。

间接渠道是指生产企业与消费者和用户之间有中间商的加入，商品销售要经过一个或多个中间商环节。间接渠道是消费品营销途径的主要类型，大多数消费品从生产者流向最后消费者的过程中都是经过若干中间商转手的。有些生产资料（如单价较低的次要设备、零件、原材料等）也采用间接渠道。间接渠道可以细分为一级渠道、二级渠道、三级渠道等，如图 6-2 所示。

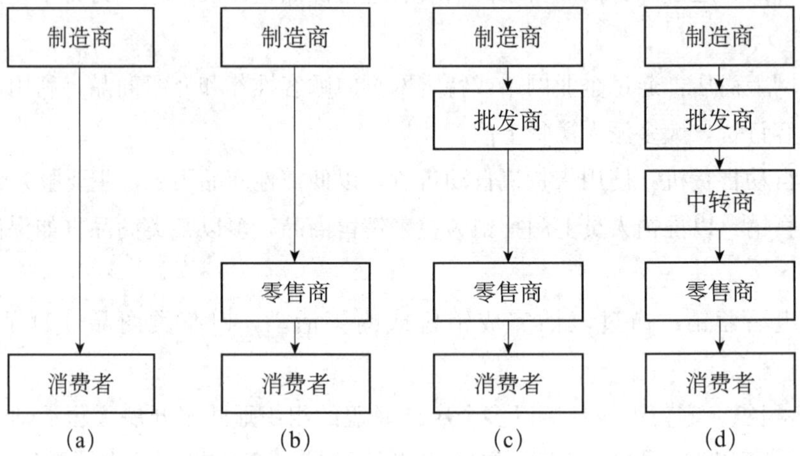

图 6-2　从零级渠道到三级渠道

(a) 零级渠道；(b) 一级渠道；(c) 二级渠道；(d) 三级渠道

一级渠道含有一层中间环节，如在消费者市场，通常是零售商；在产业市场，则通常是销售代理商和佣金商。

二级渠道含有两层中间环节，在消费者市场，通常是批发商和零售商；在产业市场，则通常是销售代理商和批发商。

三级渠道含有三层中间环节，以此类推。渠道越长，生产者控制分销过程和获得市场信息的难度越大，并可能导致流通过程中加价过高。

(2) 长渠道和短渠道。

经过两个或者两个以上中间商环节，叫长渠道；经过一个中间商环节，叫短渠道。分销渠道长短的选择，无绝对好坏之分，要适合商品的特点，权衡利弊，取长补短。

长渠道能有效地覆盖市场，扩大商品的销售，能充分利用中间商的职能作用，市场风险小。但其同时也存在一定劣势：使生产者市场信息迟滞；生产者与中间商和消费者之间关系复杂，难以协调；商品价格一般较高，不利于市场竞争。

短渠道能减少流通环节，节省流通费用和时间；产品最终价格较低，能增强市场竞争力；信息传播和反馈速度快，同时由于环节少，有利于与中间商建立直接、密切的关系。但是短渠道迫使生产者承担更多的商业职能，不利于集中精力抓生产。

（3）宽渠道和窄渠道。

分销渠道的宽窄取决于渠道的每个层次中使用同类型中间商数目的多少。如果生产商利用许多批发商和零售商来分销产品，这种渠道即为宽渠道；反之，如果只通过很少的专业批发商推销产品，甚至在某一地区只授权给一家中间商总经销，这种渠道即为窄渠道。按照宽度的不同，有三种渠道形式。

1）密集性分销。密集性分销是指制造商尽可能地通过许多负责任的、适当的批发商、零售商推销其产品，即运用尽可能多的分销点，使渠道尽可能加宽。这种渠道形式可以使产品在更广阔的市场上广泛销售，使消费者随时随地能买到产品。通常，消费品中的便利品和工业品中的标准件或易耗品适于采用这种渠道形式。

2）选择性分销。选择性分销即生产企业在某一地区仅通过少数几家经过精心挑选的、比较合适的中间商来经营其产品。这种渠道形式理论上适合于任何产品，是消费品中的选购品、工业品中的零配件更适宜采取选择性渠道形式。

3）独家分销。独家分销是指制造商在某一地区只选定一家中间商经销或代销，实行独家经营。独家分销是最极端的形式，通常只针对消费品中的特殊品和产业用品中技术要求高、价值高、售后服务要求高的产品。

（4）单渠道和多渠道。

单渠道是指生产商只通过单一分销渠道销售产品。多渠道是指企业对同一或不同细分市场，同时采用多条渠道的分销体系，并对每条渠道或至少对其中一条渠道采用较大控制权。

（二）网络分销渠道

网络分销是以互联网为基础、以电子商务平台为支撑，将产品从生产者转移到消费者的中间环节，涉及信息沟通、资金转移和产品转移等。

一般来说，企业有以下四种基本的网络分销渠道可供选择。

1. 企业网站直销

企业网站直销是指企业通过自己的网站直接向客户发订单。企业网站直销面对的客户包括公司或政府客户、互联网中间商、线下中间商、重点消费者等，即企业网站直销的商务模式，可以是 B2B、B2C、O2O 等。

2. 店中店直销

店中店直销是企业利用第三方销售平台开设网络店铺，直接向客户发订单。企业可选择 B2B、B2C 分销平台或是二者兼具的平台，面对的客户可能有公司或政府客户、互联网中间商、线下中间商、终端消费者等，其商务模式可以是 B2B、B2C、O2O 等。

3. 网络间接分销

网络间接分销是指企业通过互联网中间商进行销售。企业面对的是互联网中间商，或者大型电子商务网站，或者第三方销售平台拥有店中店的代理商。

4. 复合型网络分销

复合型网络分销是指企业同时采用企业网站直销、店中店直销、网络间接分销三种形式，取长补短。

（三）网络分销渠道与传统分销渠道的比较

（1）从渠道的构成角度，网络分销也分为直接分销渠道和间接分销渠道，但是传统渠道中“批发商”和“零售商”的概念，在网络分销的渠道中由商务中介网站所取代。

（2）从渠道的功能角度，网络分销渠道主要承担谈判（在线洽谈、咨询、谈判等）、订货、物流配送等功能。

（3）从渠道的作用角度，网络分销渠道具备传统渠道所不具备的大量信息传递、快捷的产品销售与理想的售后服务“场所”（网络客服）等特点。

（4）从渠道的成本角度，网络分销流通环节的减少带来了渠道成本的降低，同时还能节约客户管理成本。

案例

智慧门店＋大数据：良品铺子的全渠道共振

2017 年，良品铺子将 3 700 万会员信息匹配到了 2 000 多家“智慧门店”系统，通过大数据平台实现单店单客的用户群体精准分析与消费需求挖掘，一举在 2017 年“双 11”和“双 12”的狂欢购物日拔得头筹，与 30 多个线上平台“共振”，用全渠道数字化形成新零售核心驱动力。

打造零食王国

良品铺子的零食全部都是在消费者研究和大数据分析中获取精确的会员画像后开发的。为了捕捉变化多端的消费趋势，良品铺子以周为单位研究消费大数据，平均每月抓取超过 200 万条顾客评论，通过反馈数据来洞察消费者的行为和偏好。一方面，分析用户最新的喜好，研发新产品，最新的下午茶系列和孕妇零食就是这样诞生的；另一方面，对已上线的产品，根据消费者的反馈来调整口味。

重塑数字化体系

良品铺子还推出了“线上虚拟 AR 年俗街”活动，消费者通过扫描特定的二维码，就能开始一场媲美线下实体购物体验的线上购物之旅。从 AR 年货街吸引注意力，再到产品定制，良品铺子打通数据银行，通过精准的数据分析，比消费者更“懂”消费者。

通过数字化打通线上线下，实现完整的消费者行为轨迹的跟踪研究，就能够无限逼近了解消费者内心需求，从而围绕消费者需求，重构人货场，最终实现“以消费者体验为中心”的企业运营效率提升。认识到这一点的良品铺子对于数字化的投入非常迅速，并在全国 2 000 多家门店安装自动补货系统。每天早上，店员进入店铺、打开电脑时，自动补货系统会发送补货单，提醒门店补充已断货或临近断货的产品。

实施智慧化门店建设

对于做实体零售的良品铺子来说，智慧门店最大的意义，不仅是带来了销售额的增长，更是将全渠道的 3 700 万会员数据进一步打通。线下店可以支持手淘，也可以支持二维码交易，这使得消费者在线下能够获得更便捷的购物体验。在手淘出示 taobao passport，门店 POS 进行扫码，一键完成支付和会员识别、积分累计和权益核销。同时，由于打通了品牌的会员体系，消费者在 taobao passport 里面可以集中管理名下所有品牌的会员卡，并获得线上线下积分的通存通兑。与门店、导购员的连接打通，消费者也可以获得更佳的购后关怀。

未来，良品铺子将更深度地实施智慧门店项目，运用用户大数据形成更精准的营销策略。根据计划，良品铺子将与阿里巴巴品牌数据银行、策略中心等多部门形成战略层合作，运用大数据共创项目，为品牌战略、消费者洞察、产品研发、供应链优化、门店开发提供强有力的决策依据。

良品铺子在新零售的布局和步伐越来越清晰，依据强大的数据应用能力和完善的全渠道系统平台，全面开放对外数据应用合作与对接。

思考： 良品铺子“智慧门店＋大数据”的营销策略给你提供了哪些启示？

（四）中国互联网企业对传统零售业的影响

中国互联网企业对传统零售业的影响大致可以划分为三个阶段：

第一个阶段（2000—2010 年）：众多电商企业相继诞生，如淘宝、京东、当当、美团等，对传统零售实体企业产生了巨大的冲击。

第二个阶段（2011—2015 年）：传统零售企业面对危机，纷纷开展线上电商平台建设。苏宁电器是其中的典范，2013 年，苏宁电器更名为苏宁云商，大力发展线上平台苏宁易购，并由电器销售迅速走向全品类销售。

第三个阶段（2016 年开始）：传统零售企业往线上走的势头开始转向，互联网企业开始往线下走，不断整合实体零售。最典型的是阿里巴巴在 2016 年年底收购联华，在 2017 年收购银泰百货 74％的股份，同年又入股百联，投资苏宁，积极布局线下。

(五)新零售现状及未来发展趋势

新零售是指企业以互联网为依托，通过运用大数据、云计算、移动通信、物联网、人工智能等技术手段，对产品的生产、流通与销售过程进行升级改造，并对线上服务、线下体验以及现代物流进行深度融合。简言之，新零售就是以大数据为驱动，改造零售业形态，以发展和提升用户体验。

1. 新零售现状

自新零售的概念提出后，阿里巴巴、腾讯、百度、京东、小米、网易等企业便开始了探索之路，如阿里巴巴的“盒马鲜生”、永辉的“超级物种”、小米的“小米之家”和网易的“网易严选”等。它们的共同特性是：以大数据、人工智能等核心技术为基础，营造场景，迎合新一代消费群体的消费升级需求；布局线上线下，打通二者之间的数据链接；自建物流或者合作物流，追求极高的物流销量，提升消费者体验。

2. 新零售的未来发展趋势

新零售的未来发展主要有以下几个趋势。第一，更加以消费者为中心。如何用特色产品、服务、体验打动消费者，触动消费者的心智已经成为经营的关键。第二，精准与场景零售。竞争取胜的重要基础是精准定位目标消费者，聚焦目标的需求场景。第三，流量销售。如何找到顾客、建立连接、产生影响、增强黏性、提升价值，顾客是零售经营的主线。第四，社交与社群零售。围绕目标顾客，打造生活场景，通过社群产生黏性，逐步丰富顾客价值，以产生更大、更有效的传播。第五，智能化零售。无人零售、自助零售未来可能成为一种零售形式，或重要的零售补充形式。

任务二 分销渠道管理

一、影响分销渠道设计的因素

分销渠道类型的选择是渠道决策中的一个重要内容，对企业营销的成败影响重大。影响分销渠道设计的主要因素有以下几个。

(一)市场因素

市场因素直接影响产品销售，主要涉及目标市场范围、顾客集中程度、顾客购买习惯、购买频率、需求的季节性、购买行为，以及市场竞争状况。

（二）产品因素

一般情况下，产品的体积、重量、单位价值、新颖性、工艺性和非工艺特点以及产品耐用性、经久性都是影响渠道选择的变量。易腐烂的产品为了避免拖延时间及重复处理增加的风险，通常需要直接营销。那些与其价值相比体积较大的产品（如建筑材料、软性材料等），需要通过从生产者到最终用户搬运距离最短、搬运次数最少的渠道来分销。非标准化产品（如顾客订制的机器和专业化商业表格），通常由企业推销员直接销售，这主要是由于不易找到具有该类知识的中间商。需要安装、维修的产品经常由企业自己或授权独家专卖特许商来负责销售和保养。单位价值高的产品则应由企业营销人员而不通过中间商销售。

（三）企业自身因素

企业的总体规模、财务能力、产品组合、渠道经验等都会影响分销渠道决策。

1. 总体规模

企业的总体规模决定了市场范围、较大客户的规模以及与中间商合作的能力。

2. 财务能力

企业的财务能力决定了哪些市场营销职能可由自己执行，哪些应交给中间商执行。财务薄弱的企业，一般都采用“佣金制”的分销方法，并且利用一些能够吸收部分储存、运输以及融资等成本费用的中间商。

3. 产品组合

企业的产品组合也会影响其渠道选择。企业产品组合的宽度越大，与顾客直接交易的能力越强；产品组合的深度越大，则使用独家专售或选择性代理商就越有利；产品组合的关联性越强，则越应使用性质相同或相似的市场营销渠道。

4. 渠道经验

企业过去的渠道经验也会影响渠道的设计。曾通过某种特定类型的中间商销售产品的企业，会逐渐形成渠道偏好。如许多过去直接将产品销售给零售食品加工店的老式厨房用具制造商，就拒绝将控制权交给批发商。

（四）中间商因素

设计渠道时，企业还必须考虑执行不同任务的中间商的优缺点。一般来讲，中间商在执行运输、广告、储运及接纳顾客等方面，以及在信用条件、退货特权、人员训练和送货频率等方面，都有不同的特点和要求。

（五）竞争特性

生产企业的渠道设计，还受到竞争者所使用的渠道的影响，因为某些行业的生产者希望在与竞争者相同或相近的经销处和竞争者的产品相抗衡。例如：食品生产企业希望其品牌和竞争者品牌摆放在一起销售。

（六）国家有关的政策、法律法规

国家有关的政策、法律法规对渠道模式的选择也有重要影响。企业在选择分销渠道时，要严格遵守国家的有关政策、法律法规，使用合法的中间商，采用合法的销售手段。

以上是企业在选择分销渠道模式时应考虑的几个主要因素。除此之外，企业还应考虑宏观经济环境特征的情况。当经济繁荣，需求上升时，企业会考虑增加环节和网点，使用长而宽的渠道；当经济萧条时，企业则应减少流通环节，以降低成本。

二、分销渠道设计的步骤

（一）分析顾客需要的服务产出水平

设计渠道的第一步是理解其所选择目标市场的潜在客户需要的服务水平。企业应该充分了解消费者习惯购买的产品种类及其购买的时间、地点、原因、方式，从而明确渠道应对消费者购买商品提供何种解决方案。通常，渠道服务产出水平主要包含：

1. 批量大小

批量大小是指市场营销渠道在购买过程中提供给典型客户的单位数量。一般而言，批量越小，由渠道所提供的服务供应水平越高。

2. 等候时间

等候时间是指渠道客户等待收到货物的平均时间。客户总是喜欢能快速交货的渠道，但快速交货要求较高的服务水平。

3. 便利程度

便利程度是指客户能够在其需要的时候方便地获得商品的程度。

4. 产品齐全

一般来说，渠道成员提供的产品花色品种越多，使客户满足需要的机会就越多。

5. 服务支持

服务支持是指渠道提供的诸如信贷、交货、安装、修理等附加服务的程度。渠道成员提供的附加服务越多，要求的服务支持就越大。

（二）明确渠道目标与限制

渠道设计问题的中心环节，是确定达到目标市场的最佳途径。每个生产者都必须在消费者、产品、中间商、竞争者、企业政策和环境等限制条件下确定其渠道目标。渠道目标是企业预期达到的顾客服务水平（何时、何地、如何为目标顾客提供产品和实现服务）以及中间商应执行的职能等。

（三）明确各种渠道备选方案

明确渠道设计的目标和限制因素后，企业要明确各种可能的渠道设计方案。渠道设计方案一般涉及两个问题：一是中间商类型与数目，二是渠道成员的特定任务。

1. 中间商类型与数目

企业要明确能够完成渠道工作的各种中间商的类型，明确如何以有效的方式将特定的产品送达用户市场，并确定每个渠道层次使用中间商的数目。

2. 渠道成员的特定任务

产品在由生产者转移到目标市场的过程中，需要完成运输（将产品运送至目标市场）、广告（通过广告媒介通知并影响购买者）、储存（准备接受订货的货物存储）和接触（寻找购买者并与购买者协商交易条件的推销工作）等主要任务。

（四）评估各种渠道备选方案

企业对以上各种可能的渠道方案进行评估，做出对渠道任务能够合理分配、满足企业长期目标的方案。评估标准有三个：经济性标准、控制性标准和适应性标准。

1. 经济性标准

在三个评估标准中，经济性标准最重要。因为企业是追求利润而不是追求渠道的控制性与适应性。假设某企业希望其产品在某一地区取得大批零售商的支持，现有两种方案可供选择：一是向该地区的营业处派出 10 名销售人员，除了付给他们基本工资外，还采取根据推销业绩付给佣金的鼓励措施；二是利用该地区制造商的销售代理商，该代理商已和零售店建立起密切的联系，并可派出 30 名推销员，推销员的报酬按佣金制支付。这两种方案可导致不同的销售收入和成本。判别一个方案好坏的标准，不应是其能否取得较高的销售额和较低的成本费用，而是能否取得最大利润。

2. 控制性标准

使用代理商无疑会增加控制上的问题。一个不容忽视的事实是，代理商是一个独立的企业，关心的是自己如何取得最大利润。代理商可能不愿与相邻地区同一委托人的代理商合作，可能只注重访问那些与其推销产品有关的消费者，而忽略对委托人来说很重要的消费者。因此，代理商的推销员可能不去了解与委托人产品相关的技术细节，也很难认真对待委托人的促销数据和相关资料。

3. 适应性标准

在评估各渠道选择方案时，还有一个需要考虑的标准，那就是企业是否具有适应环境变化的能力，即应变力。每个渠道方案都会因某些固定期间的承诺而失去弹性。当某一制造商决定利用销售代理商推销产品时，可能要签订5年的合同。在这段时间内，即使采用其他销售方式会更有效，制造商也不得任意取消销售代理商。所以，一个涉及长期承诺的渠道方案，只有在经济性和控制性方面都很适宜的条件下才可以考虑。

三、分销渠道的管理

分销渠道建立之后，企业必须对渠道进行有效的管理，以提高渠道的分销效率。

（一）选择分销渠道成员

1. 选择分销渠道成员的步骤

（1）确定候选中间商；（2）根据企业营销目标确定中间商评分项目及权重；（3）根据候选中间商的实际情况给出每一项的得分，计算出加权分；（4）计算出每个候选中间商的加权总分；（5）根据企业分销渠道策略，选择最终得分较高的中间商。

2. 评价分销渠道成员的标准

（1）经营的范围与市场；（2）区位优势；（3）产品组合情况；（4）销售能力；（5）合作意愿；（6）财务实力；（7）储运条件；（8）信誉；（9）历史经验等。

（二）激励分销渠道成员

生产者不仅要选择中间商，而且要经常激励中间商，使之尽职。虽然促使中间商进入渠道的因素和条件已构成部分激励因素，但仍需生产者不断监督、指导与鼓励。

1. 经济性激励

经济性激励是指生产商对中间商实施各种费用补贴和实物奖励，以换取支持和合作。其主要包括：（1）费用补贴，如广告补贴、陈列展示补贴、示范表演及咨询活动补贴、特定促销期间的存货补贴、恢复存货补贴等。（2）实物奖励，如货品附赠、陈列设备奖励（如货架、大阳伞冰柜等）、其他实物奖励（如赠品票、抵扣券和抽奖券等）等。

2. 政策性激励

政策性激励是指给予长期合作的企业一定的政策性支持。其主要包括：（1）销售专营权奖励。授予某个特定中间商在一定区域里的销售专营权是一种有效的激励手段。销售专营权主要涉及期限限制、区域限制和分销指标限定等。(2) 返利奖励。返利通常包括一般返利和年终返利两种。返利奖励政策主要涉及返利时间(月、季、半年或一年等)、返利标准(返利品牌、返利数量、返还额度等)、返利形式(现金返还、货物返还或二者结合)、返利条件等。(3) 价格折扣。价格折扣是指生产商对部分销售业绩良好的经销商在原来价格的基础上再给予优惠。价格折扣的常见形式有订货数量折扣、季节折扣、协作力度折扣、进货搭配折扣、货款回收快慢决定的价格折扣等。(4) 货款政策。货款政策是指生产商为鼓励中间商积极进货而给予的延期付款和分期付款的政策。

3. 服务性激励

服务性激励是指生产商给予中间商在经营过程中的服务性支持。其主要包括:(1) 人员培训;(2) 运营管理咨询服务;(3) 技术援助和支持;(4) 促销援助和支持。

案例

美的家电产品营销渠道激励

美的产品在初期时主要销售给总经销商和批发大户，再通过它们发展二三级分销渠道。2012 年，美的致力于打造扁平化敏捷型组织。这使得美的对渠道的控制能力更强，对突发情况的反应速度加快，同时也使得美的产品有了更多机会出现在消费者面前。美的的具体做法如下。

一、对渠道成员的激励

(1) 回款奖励。对销售分公司来说，最关键的无非是中间商的回款。雄厚的资金支持不仅能够给旺季的销售做好准备，而且能够为公司淡季家电销售做足货源储备。美的通过奖励措施来提高中间商的回款。

(2) 进货奖励。美的根据中间商进货的数量、提货的机型不同而采取不同的奖励措施。若中间商主推美的产品给顾客，则给予其优惠的进货条件。

(3) 促销支持。根据销售计划的不同时期，对渠道经销商给予不同程度的支持。美的帮助中间商掌握主要技术、开展技术服务、加强广告宣传等，这一系列操作使得消费者对产品的印象升级。这样不仅中间商能从促销活动中获得利润，而且也可以提高其品牌知名度。

(4) 销售奖励。奖励额度与中间商业绩直接挂钩，这样可以提高中间商的销售积极性，比如美的一些分公司每年会根据销售业绩对中间商进行返利。

(5) 合作奖励。美的奖励那些积极主推美的家电产品的中间商，对销售进度完成较好的中间商给予支持，奖励那些能达到销售目标的中间商。

(6) 补贴。美的对一些大卖场给予政策性的补贴，这样那些滞销、难销、卖场获利较低的产品也能够获得较好的销售储备，能够提高卖场的积极性。

在多种激励政策的推动下，美的实现了企业及渠道成员的双赢。

二、渠道成员的调整

为了使市场的覆盖率更高，美的通常会增加渠道成员的数量；反之，如果渠道成员超出市场需求数量，则要进行替换，甚至淘汰。

思考：美的家电产品营销渠道激励主要采用了哪些方法？给你提供了哪些启示？

（三）评价分销渠道成员

生产者除了选择和激励渠道成员外，还必须定期评估它们的绩效。通常的评估指标主要有销售配额的完成情况、平均存货水平、向顾客交货时间、对损坏或遗失商品的处理情况、与企业促销和培训的合作情况等。如果某渠道成员的绩效得分低于既定标准，生产者须找出主要原因，同时还应考虑可能的补救方法。

1. 契约约束与销售配额

如果一开始生产者与中间商就签订了有关绩效标准与奖惩条件的契约，就可避免种种不愉快。生产者在契约中应明确经销商的责任，如销售强度、平均存货水平、送货时间、次品与遗失品的处理方法、中间商必须提供的顾客服务等。

除了针对中间商绩效责任签订契约外，生产者还应定期发布销售配额，以确定目前的预期绩效。生产者可以在一定时期内列出各中间商的销售额，并依销售额大小排出先后名次。这样可促使后进中间商为了自己的荣誉而奋力上进，也可促使先进的中间商努力保持已有的荣誉。

需要注意的是，在排列名次时，生产者不仅要看各中间商销售水平的绝对值，而且要考虑到它们各自面临的各种不同的环境变化，考虑生产者的产品大类在各中间商的全部产品中的相对重要程度。

2. 测量中间商绩效的主要方法

（1）纵向分析。纵向分析将每个中间商的销售绩效与上期绩效进行比较，并以整个群体的升降百分比作为评价标准。对低于该群体平均水平的中间商，生产者必须加强评估与激励措施。如对后进中间商的环境因素加以调查，看是否存在客观原因，如当地经济衰退、主力推销员退休或“跳槽”等，并明确哪些因素可以弥补。

（2）潜量分析。潜量分析是将各中间商的绩效与该地区基于销售潜量分析所设立的配额相比较。在销售期过后，生产者根据中间商的实际销售额与其潜在销售额的比率，将各中间商按先后名次排列。这样，生产者的调整与激励措施可以集中用于那些未达既定比率的中间商。

（四）处理分销渠道冲突

渠道冲突是指渠道成员发现其他渠道成员从事的活动阻碍或者不利于本组织实现自身

的目标，从而发生种种矛盾和纠纷。在评估渠道成员的过程中，还要充分注意防止渠道成员发生渠道冲突。

1. 渠道冲突的类型

（1）垂直渠道冲突，是指同一分销渠道中不同层次的渠道成员之间的冲突。如生产商与批发商/经销商之间、批发商与零售商之间等发生权利及相关利益的冲突。

（2）横向渠道冲突，是指分销渠道中同一层次的渠道成员之间发生的冲突。如同一城市有多家批发商，或同一大型批发市场中有多家批发商或零售商，它们为争夺下游客户或最终顾客而发生冲突。如国美电器与百货大楼、大型超市在家电产品销售中就存在潜在的冲突，百货商场会抱怨国美电器的家电售价太低，使得它们无法吸引顾客。

（3）多渠道冲突，是指当厂商在同一地域使用两种及以上分销渠道时发生的冲突。这种冲突主要表现为新兴渠道对传统渠道的冲击。如在一些市场上，厂商可能会越过原有的独家代理商，向大型连锁零售商直接供货，从而引发原渠道成员的强烈不满；或某些渠道成员不执行价格政策而擅自降价，争夺其他分销商的顾客等。

2. 渠道冲突的预防和解决

主要方式有：（1）良好沟通；（2）科学有效的激励；（3）构建长期合作的良好关系；（4）建立产销一体化联盟。

一旦发生渠道冲突，则可利用谈判、调解、仲裁、诉诸法律、清除不良冲突成员等方式予以解决。

（五）调整分销渠道

分销渠道的调整是企业根据分销渠道的适应性、灵活性的要求，在利润的驱使下，或企业预测调整分销渠道会带来更大利润时，对中间商或者整个分销系统进行的调整，一般包括增减渠道中间商、增减某一分销渠道、调整整个分销渠道。

1. 增减渠道中间商

企业在做出这种调整决定时，需要做具体分析，如增加或减少某个中间商，将会对企业的利润带来何种影响。一般来说，在某销售区域增加一家中间商，不仅要考虑这样做将有多大的直接收益，如销售量、销售额、利润增加额，而且还要考虑新增的中间商对其他中间商的销售量、情绪等会带来什么影响。

2. 增减某一分销渠道

当某些市场的营销环境、市场需求或顾客的购买能力发生较大变化时，原有的分销渠道不能有效地将产品送达目标顾客或只靠原有的分销渠道不能满足目标顾客需求时，企业应考虑对某些分销渠道进行改进和调整。

3. 调整整个分销渠道

调整整个分销渠道是对以往的分销渠道做通盘调整。这类调整是难度最大的，因为要改变企业的整个分销渠道，而不是在原有基础上进行修补。分销渠道的通盘调整，不仅是改变渠道，而且会带来其他营销策略的一系列变动。因此，这类调整通常由企业的最高管理层来决策。如汽车制造厂放弃原来的直销模式，而采用代理商来销售产品。

上述调整方法，前一种属于结构调整，它立足于增加或减少原有分销渠道的某些层次。后两种属于功能性调整，它立足于将一条或多条渠道的分销工作在渠道成员中重新分配。企业的分销渠道是否需要调整、调整到什么程度，取决于市场营销渠道的整体分销效率。如果矛盾突出且无法协商解决，一般就应当进行调整。

案例

李宁：重塑渠道管理

2020 年，作为中国领先的体育品牌企业之一，李宁有限公司（简称李宁）逆势获得营收、净利润双线增长。在业绩增长的背后，李宁正在带领其庞大的供应链管理体系以及分销和零售网络进行深度转型。

李宁有限公司为中国领先的体育用品企业之一，主要提供专业及休闲运动鞋、服装、器材和配件产品。公司总部位于北京，拥有品牌营销、研发、设计、制造、经销及零售能力，已在国内建立起庞大的供应链管理体系以及零售分销网络。

如何让渠道管理适应新零售业务是李宁需要直面的问题。为此，李宁制定的方向是以用户消费行为为中心，通过渠道管理的数字化及流程化，提升整体运营效率。

1. 渠道管理的数字化及流程化

新渠道 CRM 采用中台架构，建立渠道中心和店铺中心，并将两大中心作为能力共享中心服务于各业务应用系统，包括商圈系统、VI 系统、BI 系统、MDM 系统、OA 系统。

中台架构的优势主要为提升系统运行能力、容灾水平，同时打通数据收集通道，作为统一输出口支撑业务需求。

基于渠道中心的渠道客户管理，包括开户、关系变更、认证、等级管理、关户、经销商客户拓展、经营指标测算、档案服务。借助系统升级，李宁取消经销商、分销商称谓，统一作为零售商管理。子公司对应自营、分销、代销，零售商对应关联直营、分销，满足实际管理需求。

基于店铺中心，李宁对渠道经营的终端进行直接管控，包含店铺新开、续约、整改、产权关系变更、认证、关闭、费用支持、费用扣回、考核服务等。

基于空白市场管理，李宁制定了从潜在意向到签约合作的标准化客户开发过程管理。针对空白市场的数量、区域、位置、相似商圈开店情况等信息进行自动化数据管理，在此基础上有的放矢地进行区域布局。

此外，庞大渠道网络包含销售代表、区域经理、大区经理、总部等各种角色。业务呈现多节点、跨系统、跨区域的特点。李宁新增“审批邮件自动提醒”“企业微信状态同步”，确保多节点能够对业务快速响应。

2. 更接近零售终端

保持对市场及顾客的高度触达是品牌生命力延续的关键。以往的经销模式下，总部很难对非直营门店产生的销售进行洞察，缺失了很大一部分真实的反馈。此次新渠道CRM对渠道网络的信息触达进行了更全面的补充。

基于与BI系统的对接，渠道CRM系统同步获取BI中各门店的指标数据，分析商品维度及店铺维度的销售数据。真实畅销情况有助于商品部门进行快速补货与快速反应产品的生产。通过全国横向比较店铺数据，总部可以给零售商更富有指导性的订货建议。

同时，总部直接对终端的运营损益进行评估，通过店铺月度的流水，计算实际评效，并进行横向/纵向自动评价。目前，李宁全线5 000余家门店均通过以上方式自动监测，对效益一般的1 500余家门店实行闭店，动态优化渠道结构。

从20世纪90年代的横空出世，到2018年新国潮的崛起，李宁不断书写着国产品牌的历史。如何提升渠道运营力是品牌不变的课题。

思考：李宁以用户消费行为为中心，通过渠道管理的数字化及流程化，提升整体运营效率给你提供了哪些启示？

任务三　分销渠道创新

一、分销渠道创新的动力

经济的发展必然带来分销渠道的变革。市场竞争的激烈性和对抗性日趋增强，要求企业经营更加深入化和细致化，要求企业提高对市场资源的可控程度。面对市场经营从粗放型向集约型转变的新环境，传统渠道模式在效率、成本及可控性等方面的劣势日益突出。分销渠道作为企业最重要的资源之一，其“自我意识”和不稳定性对企业的经营效率、竞争力和经营安全形成的局限与威胁也逐渐显现，因而对分销渠道的重新整合成为企业关注的话题。概括起来，分销渠道创新的主要动力来自以下几方面。

（一）旧的渠道结构无法满足市场发展的需求

我国市场分销渠道发展最终进入重视消费者阶段的过程，其表现特征是一切围着消费者转，一切以消费者满意为目标。这就要求产品以最方便的途径让消费者购买，要求厂家以最快捷的速度对消费者的购买需求和评价做出反应。然而，松散的、间接型的传统渠道模式制约了厂家与消费者的直接沟通，影响了渠道效率。

（二）分销渠道成本控制成为渠道管理的重点

竞争愈发激烈，企业利润变薄，渠道成本的控制举足轻重。许多领域供大于求，商品价格日趋下降，企业利润越来越低，渠道利润空间也相应越来越小。这些因素促使渠道成本的控制和经销利润的集中成为必然。

（三）对分销渠道的辐射力和控制力要求更高

当企业规模、品牌影响力越来越大时，为了规避渠道风险并为后续产品奠定渠道基础，企业对渠道辐射力和控制力的要求更高。一些企业甚至可以凭借自身的财力和市场管理经验组建自己的分销网络，如联想对其经销商实行特许经营，把渠道成员纳入自己的规范控制之下。从市场竞争的需要和企业长远的利益来看，掌握渠道主动权具有十分重要的意义。

（四）新技术的出现和广泛运用

随着新技术和新经济模式的出现，新的销售模式也得到了广泛的应用。随着互联网在全球范围内的普及和物流运输业的发展，网购正为越来越多的人特别是年轻一族所追捧。这也不断催生新的分销渠道模式。

二、分销渠道发展趋势

随着市场竞争的加剧，渠道市场迅速发展，渠道创新的速度越来越快，营销渠道出现了许多新的发展趋势。

（一）大型化趋势

批发商、零售商作为营销渠道中的主要环节，正日趋大型化和规模化，众多“巨无霸”式的超大型企业、连锁企业，在各国都发挥着越来越重要的作用，在激烈的市场竞争中有了更大的优势。

（二）多渠道组合

多渠道组合的概念最早是由两位英国渠道专家提出来的。其核心思想是企业建立两个或更多的营销渠道以到达一个或多个市场目标的做法。

多渠道组合的原则有：利润目标、渠道覆盖面与满足重点目标的统一、化解渠道冲突。

多渠道组合的类型有：集中型组合方式、选择型组合方式、混合型组合方式。

（三）网络分销

网络分销是指企业以电子信息技术为基础，以计算机网络为媒介和手段而进行的各种分销活动的总称。网络作为一种全新的生产力，在控制成本、提高利润等方面具有明显优势。网络分销是具有极大经济潜力和使用价值的全新领域，必将成为国际营销的发展趋势。

（四）以终端市场建设为中心

以终端市场建设为中心的表现就是直销。按世界直销协会联盟（WFDSA）的定义，直销是指以面对面且非定点的方式销售商品或服务，直销者绕过传统批发商或零售通路，直接让顾客接收订单。

（五）渠道结构扁平化

渠道结构扁平化就是尽量减少流通环节，由此来实现成本优势，还可以避免中间环节过多导致的信息失真。渠道结构扁平化有利于更好地满足消费者的需求，了解市场真实信息，有利于管理和服务经销商，控制和驾驭经销商，有利于加大对消费者的宣传力度，有利于开展终端促销活动、消化库存，做到真正提高市场占有率。

项目小结

分销渠道是指某种产品或服务在从生产商向消费者转移的过程中，取得这种产品或服务的所有权或帮助所有权转移的所有企业和个人。其功能主要包括研究、促销、谈判、接洽、融资、风险、物流、配合等。

按照分销渠道的长度，即在产品向最终消费者转移过程中所经过的中间环节数目，可以将分销渠道划分为长渠道、短渠道；按分销渠道的宽度，即商品流通过程中的每个层次使用的同种类型中间商的数目，可以将分销渠道划分为宽渠道和窄渠道。

分销渠道的设计首先需要分析顾客需要的服务产出水平，其次要明确渠道目标与限制，再次要明确各种渠道备选方案，最后要评估各种渠道备选方案。分销渠道的管理包括选择分销渠道成员、激励分销渠道成员、评价分销渠道成员、处理渠道冲突、调整分销渠道。

分销渠道的发展趋势包括：大型化趋势、多渠道组合、网络分销、以终端市场建设为中心、渠道结构扁平化。

项目测评

一、简答题

1. 分销渠道的基本类型有哪些？

2. 分销渠道设计的影响因素有哪些?

3. 分销渠道管理的主要内容有哪些?

二、案例分析题

北京日化一厂生产的“洗必汰”药物牙膏曾经在市场上红极一时，十分畅销，然而几年之后却慢慢在市场上消失了。什么原因使“洗必汰”药物牙膏由盛转衰?

起初，该牙膏批量生产，不久就成为市场上为数不多的几个牙膏畅销品牌之一，求购者络绎不绝。在此情况下，企业应该扩大生产规模。然而，由于决策者对此缺乏足够的认识，三年之后才开始扩大生产规模，从产品的投入期到成熟期，用了长达三年多的时间。此时，其他药物牙膏异军突起，该牙膏在市场上只维持了约三年便出现滞销，过早地进入了衰退期。北京日化一厂试图以相对低廉的价格赢得市场，可是原料价格上涨，企业难以承受，市场容量下降又使企业难以发挥规模优势。到后期，每一万支“洗必汰”牙膏由盈利三四百元，变成亏损一百多元。

问题:

“洗必汰”牙膏在产品开发的具体实施过程中出现了哪些失误?

项目七　产品促销策划

学习目标

知识目标

1. 掌握营业推广的概念及特征。
2. 掌握营业推广的方式。
3. 掌握广告设计的主要内容。
4. 熟悉企业公共关系策略的主要方式。
5. 掌握营业推广方案的制定程序。

能力目标

1. 能够根据企业的经营环境制定科学合理的促销组合策略。
2. 能够运用人员推销的相关知识开展基本的营销活动。
3. 能够运用广告策略的相关知识制定规范的广告计划书。
4. 能够根据企业经营实际情况提出相应的公共关系活动方案。
5. 能够根据营销活动的具体需要制定销售促进计划并予以实施。

素养目标

1. 以客户为本，提升沟通能力。
2. 培养爱岗敬业、诚信友善的职业素养。
3. 在促销活动中，合理合法利用新媒体。

案例导入

小罐茶成功的秘诀

“小罐茶，大师做”，小罐茶成立两年来销售额突破10亿元。很多人把小罐茶的成功归于营销的传播。小罐茶能在短时间内取得如此成就，其背后有着怎样的秘诀呢？

1. 基于洞察，寻找好茶

在世界人民的普遍认知中，咖啡是欧洲的，茶是中国的。因此，“做中国好茶，做好中国茶”成为小罐茶的使命。2012年6月，小罐茶创始人及其团队带着对茶的诸多疑问开启了一段长达四年、累计行程达数十万公里的“寻茶之旅”。其间，他们访遍国内所有核心茶产区、茶农、茶企、茶商、茶专家和当地大学茶学院，只为弄清茶是什么，问题在哪儿，需求在哪儿。

他们经过调查发现，目前行业内没有真正的茶品牌，消费者对品牌的认知仅限于产地+品类的品牌，比如西湖龙井、云南普洱。茶叶市场过于分散，品牌集中度低，对于一个有着3 600亿份额的茶市场，没有一家茶企的销售额超过行业的1%。最大的茶企——天福茗茶年销售额15亿元，不足茶市场份额的0.5%，前100家茶企的份额不到茶市场份额的10%。反观中国烟草行业第一品牌“中华”拥有近10%的市场份额，中国白酒行业第一品牌“茅台”也拥有将近10%的市场份额。从烟、酒、茶这三个品类里看，茶行业理论上也有机会出现一个占有10%市场份额的品牌，茶行业充满机会。因此，“打造世界级的中国茶品牌”成为小罐茶的企业愿景。

2. 科学思维，制定核心策略

如何解决用户的痛点呢？小罐茶的一个核心观点就是做减法，还原茶叶真相。让用户离真相更近，而不是让用户离真相更远。简单留给用户，复杂交给企业。

茶叶面对的是众多不懂茶的用户，给他更多的选择就是没有选择。小罐茶认为，茶文化一定要与时俱进，太多传统的东西要变得现代一些，要把茶具变得现代一些，把茶文化变得更接地气一些，让它与人们的生活场景、生活方式做一个充分的结合。因此，小罐茶将其品牌定位为现代派中国茶。其核心策略是：物质的茶标准化、文化的茶生活化、商业的茶品牌化。

中国茶叶有上千种，主流只有八大名茶。小罐茶把份额比较高的品种做了筛选，最终选出普洱茶、大红袍、西湖龙井、铁观音、黄毛峰、茉莉花茶、福鼎白茶、滇红八个具有代表性的茶品种，并用产地、工艺、包装、体验四大标准，缔造现代用茶。

一小罐一泡，手不再沾茶，喝起来方便卫生，也容易保存，既有颜值，体验感还更好。小罐茶非常注重用户体验，统一的小罐、统一的重量、统一的品级、统一的大师、统一的价格，让用户闭着眼睛就能买到好茶。

3. 终端标准形象打造

在终端方面，小罐茶聘请曾经设计苹果体验店的著名设计师Tim Kobe进行店面设计，在提升店面形象的同时也给消费者带来良好体验，提升了品牌形象。

过去，茶企对用户是不了解的，它们只是站在茶的视角、专家的视角来做茶，没有去考虑用户在哪里，用户在选择时会有怎样的困惑。小罐茶的成功主要在于用专业能力替用户做思考、做选择，通过洞察茶叶本质洞悉用户的痛点，以产品+品牌+体验的方式，让文化与现代生活方式充分融合，突出茶的仪式感、现代感、时尚感，打造世界级的中国茶品牌。

任务一 产品广告策划

一、广告的含义和作用

（一）广告的含义

广告一词源于拉丁语，有注意、诱导、传播之意。通俗地说，广告就是广而告之，即广泛地告知公众某事的宣传活动。

市场营销学中探讨的广告，是广告发起人以促进销售为目的，付出一定的费用，通过大众媒体传播品牌、理念、商品或劳务等有关信息的宣传活动。因此，无论是建立品牌知名度，还是对产品进行宣传，广告都是具有成本效益的传播方法，即广告是须付费并进行效果评价的宣传方式。另外，广告是借助大众媒体进行信息推介的，取代了销售人员与潜在顾客进行单独洽谈的形式，属于非人员的沟通形式。

广告有广义和狭义之分。广义的广告是指将某件事情广泛地告诉公众，使公众能够知晓所进行的信息传播活动。如政府发布的公告、布告，单位或个人发布的通知、启示等。

狭义的广告又称为商业广告，是指广告主以付费的方式，通过一定的媒体有计划地向公众传递有关商品、劳务等信息，借以影响受众的态度，进而诱发或说服其采购行为的一种大众传播活动。

一般来说，广告就是指商业广告。商业广告由以下五大要素组成。

（1）广告主。广告主是指发布广告的主体，即为推销商品或服务，自行或者委托他人设计、制作、发布广告的经济组织或个人。

（2）广告受众。广告受众是指广告信息的接收者，包括目标顾客和一般公众。目标顾客又分为现实顾客和潜在顾客。

（3）广告信息。广告信息是指广告的具体内容，包括商品信息（商品的质量、性能、价格、地点等）、服务信息（交通、住宿、旅游等）、观念信息（健康观念、休闲观念等）等。

（4）广告媒体。广告媒体又称广告媒介，是指信息传递的中介，主要包括传统媒体（电视、报纸、杂志、广播、路牌等）和新媒体（社交网站、微信、微博、视频平台）等。

（5）广告费用。广告费用是指从事广告活动要支付的费用，如市场调查费用、广告策划费用、制作费用、发布费用、效果测定费用、代理费用等。

（二）广告的作用

在市场经济社会里，广告的地位和作用日益增强。发展到现代，人们已无法回避广告无处不在的影响。人们无时无刻不在接触各种各样的广告，广告已成为人们生活中不可缺少的部分。广告正在影响着人们的消费观念和购买行为，甚至影响着人们的学习、工作和生活。

广告的作用具体表现在以下几个方面：

1. 传递信息，沟通产销

现代化企业的产品数量大、流通领域广，生产者和消费者远隔千山万水，广告信息传输就成为联系产、供、销的纽带。通过广告及时把产品、服务信息传递给消费者，能帮助消费者认识和了解各种商品的商标、性能、用途、使用和保养方法、购买地点和购买方法、价格等，从而起到传递信息、沟通产销的作用，可使物尽其用、货畅其流，从而加速流通，促进生产和经济发展。

成功的广告是通过简洁明快而又富于艺术和哲理的诉求，实事求是地宣传，能增进消费者对有关产品的优点、用途及使用方法等多种信息的了解，协助消费者通过所接收的信息，去选择适合自己需要的产品。同时，广告的教化和舆论导向功能，对培养新的消费需求和消费方式有一定的积极作用，在指导消费方面具有重要意义。

2. 激发需求，增加销售

丘吉尔说过这样一段话："广告充实了人类的消费能力，也创造了追求较好生活水平的欲望。它为我们及家人建立了一个改善衣食住行的目标，也促进了个人奋发向上的意志和更努力地生产。广告使这些极丰硕的成果同时实现。没有一种活动能有这样的神奇力量。"这段话从侧面反映出广告对消费需求的引导、刺激和创造作用。广告刺激着消费，也创造着消费需求。因此，出售化妆品，实质上出售的是美的希望；出售柑橘，实质上出售的是生命力；出售房产，实质上出售的是舒适的生活；出售衣服，实质上出售的是个性。一则好的广告能激发消费者的兴趣和感情，引起消费者购买该商品的欲望，直至促使消费者采取购买行动。

广告是进行市场渗透的有力武器。企业要发展壮大，就需要扩大市场，拓展产品销路。广告由于能广泛、经常地接近消费者，因此能在扩大销售方面起到开路先锋的作用，是人员推销的有力助手和支持。借助广告宣传，企业一方面可以尽快把生产的产品销售出去，另一方面也可以了解市场需求的各种信息，使产销双方互通信息。

3. 促进竞争，开拓市场

大规模的广告是企业的一项重要竞争策略。当一种新产品上市后，如果消费者不了解它的名称、用途、购买地点、购买方法，就很难打开销路，特别是在市场竞争激烈、产品更新换代大大加快的情况下，企业通过大规模的广告宣传，能使本企业的产品对消费者产生吸引力，这对于企业开拓市场是十分有利的。

4. 宣传文化，树立形象

广告本身是一种销售服务，它把企业、产品和销售信息告诉消费者，即明示了企业的承诺与接受市场监督的信心。此时，企业名称和产品品牌是消费者购买商品时进行选择的重要依据。企业和品牌形象的好坏，直接关系着企业产品的销售。通过精心设计的广告，宣传企业的产品、企业的价值观与企业文化，能使企业形象深入消费者心中，给消费者留下清晰而长久的记忆，博得消费者的好感，有利于提高企业及产品的社会知名度，使企业产品销售获得长期稳定发展的基础，保持企业在市场竞争中的优势地位。所以，当今的广告大战，从本质上说是不同的企业文化之间的竞争和较量。

5. 美化环境，教育众人

广告也是一种艺术，好的广告能给人以美的享受，能美化市容，美化环境。同时，广告内容设计得当，有利于消费者树立正确的道德观、人生观及营造良好的社会风尚。

二、广告的类型

微课：促销策略之海报设计应用

根据不同的需求和标准，广告可划分为不同的类型。常见的有以下几种：

（一）按照广告的对象分类

1. 商品广告

商品广告以教育性、知识性、趣味性的文字、声音、图像等向消费者介绍产品，使消费者了解商品的性能、用途、价格等情况，并对产品产生初步需求。

2. 企业广告

企业广告又称商誉广告。这类广告一般不直接介绍商品，而是通过公益宣传介绍企业的概况、企业精神、企业文化等有关信息，提高企业的社会声誉，在消费者心目中树立良好的企业形象。这种广告为企业的长期销售目标服务，具有长期性效果。根据《中华人民共和国广告法》的规定，烟草产品在公共媒体上不允许发布商品广告，只能发布企业形象广告。

3. 公益广告

公益广告是指用来宣传公益事业或公共道德的广告。公益广告能够实现企业自身目标与社会目标的融合，有利于树立并强化企业形象。

（二）按照广告媒体的使用分类

1. 印刷媒体广告

印刷媒体广告也称平面媒体广告，即刊登于报纸、杂志、招贴、海报、宣传单、包装等媒体上的广告。

2. 电子媒体广告

电子媒体广告是指以传统电子媒体，如广播、电视、电影等为传播载体的广告。

3. 户外媒体广告

户外媒体广告是指利用路牌、交通工具、霓虹灯、热气球等户外媒体展示的广告。

4. 直邮广告

直邮广告是指将传单、商品目录、订购单、产品信息等通过邮寄形式发布的广告。

5. 销售现场广告

销售现场广告又称 POP 广告，即在商场或展销会等场所，通过橱窗、商品陈列、彩旗、条幅、展板等形式进行广告信息的传播。

6. 数字互联媒体广告

数字互联媒体广告又称网络广告，是利用互联网以及智能移动终端作为传播载体的一种新兴广告，具有针对性、互动性强、传播范围广、反馈迅捷等特点，发展前景广阔。

（三）按照广告诉求方式分类

1. 理性诉求广告

理性诉求广告采用摆事实、讲道理的方式，通过向广告受众提供信息，展示或介绍有关产品或服务，有理有据地论证该广告信息给受众带来的好处，使受众理性思考，最终采取购买行动。家庭耐用品、汽车、房地产等产品较多采用理性诉求广告。

2. 感性诉求广告

感性诉求广告采用感性的广告表现形式，以亲情、友情、爱情等情感为基础，向受众诉之以情，激发人们对真、善、美的向往，并使受众对广告物产生好感。日用品广告、食品广告、公益广告等较多采用感性诉求广告。

3. 道义诉求广告

道义诉求广告引导广告受众对正确或错误、公益或公害等事物或行为采取正确态度。道义诉求在公益广告或者企业希望淡化商业广告气息的传播活动中采用较多。

其中，公益广告作为社会文明与进步的缩影和象征、社会良知与责任的表现和实践，将中华民族的优良传统——“仁义礼智信”高度浓缩，为社会营造了和谐的人文环境和积极向上的社会氛围，也为企业树立了有担当的社会形象。

（四）按照产品的不同生命周期和不同广告目标分类

1. 告知性广告

告知性广告亦称报道性广告，主要是在产品刚进入开拓期时，用于向市场推销新产品，介绍产品的新用途和新功能，宣传产品的价格变动，推广企业新增的服务，以促使新产品进入目标市场。其主要目标是激发消费者对产品产生初始需求。

2. 劝说性广告

劝说性广告又叫竞争性广告，主要是在产品进入成长期和成熟前期，在市场竞争较为激烈时，促使消费者对本企业产品产生偏好。如劝说消费者购买自己的产品，鼓动竞争对手的消费者转向自己，改变消费者对产品属性的认识等。

3. 提示性广告

提示性广告也叫备忘性广告，是指已进入成熟后期或衰退期的产品进行的广告宣传，目的在于提醒消费者，使其产生惯性需求。如提醒消费者购买本产品的地点，提醒消费者在面对众多新产品时要继续购买本产品等。

三、广告的设计原则及内容

（一）广告的设计原则

1. 真实性原则

真实性原则是广告设计的首要原则和根本原则。我国广告法规定："广告应该真实合法。""广告不得含有虚假的内容，不得欺骗和误导消费者。""广告主、广告经营者、广告发布者从事广告活动，应该遵守法律、行政法规，遵循公平、诚实信用的原则。"广告的真实性原则体现在广告宣传的内容要真实，必须与宣传的产品和服务相一致，不能虚夸，更不能伪造虚构；广告的宣传手法和艺术处理手段要真实，不能歪曲夸大或矫揉造作。广告应给消费者展示产品最真实、最客观的一面，表现的感情也应该是真情实感。

2. 思想性原则

广告要注意作品的思想性，内容要健康，情趣要高尚，要符合国家的政策，不能以色情、颓废的内容吸引消费者的注意。

3. 宣传指导性原则

广告是一种消费指南，以各种形式、各种媒体，从时间或空间多层面宣传商品性能、特点、功用等，或把服务范围、项目、方法、对象告诉消费者，诱发消费者的消费行为。

4. 效益性原则

广告通过宣传向消费者推销商品或介绍服务，促进销售，提高经济效益。广告投入应有计划、有目的地安排，以取得最大的经济效益和社会效益。

5. 艺术性原则

广告具有强烈的审美价值，它通过运用各种艺术技巧来突出商品的特点，吸引公众的注意力，在美的享受中接受商品知识，以引起消费兴趣。

6. 简明性原则

简洁明快既是时代对广告的要求，也是广告的特点。在有限的时间、空间内，要取得最佳的传播效果，广告必须简洁明快、重点突出，否则就会使消费者厌倦或者反感。

7. 科学性原则

广告是一门科学，从制作到发布、管理，每个流程都应该与现代科学技术手段相结合，坚持一定的创新性，最终达到理想的广告效果。

（二）广告的设计内容

1. 广告主题的确定

广告主题是广告要表达的重点和中心思想，是广告创意的主要素材。只有主题鲜明、诉求突出，才能称得上是优秀的广告设计作品。一般而言，广告主题的设定应遵循广告主题和广告诉求的统一性、诉求焦点的稳定性、易于受众理解的通俗性和给受众留下深刻印象的独特性原则。为了实现良好的广告效果，留给受众深刻的印象，广告主题的确定可以依据三个要素：一是从产品本身的优点和企业独特的形象确定广告主题；二是在分析消费者心理需求的基础上确定广告主题；三是从其他市场要素中，如渠道建设和促销方式等方面确定广告主题。无论广告主题如何确定，其涉及的核心问题仍旧是市场，只有建立在市场调查和科学分析的基础上，才能实现良好的广告促销效果。

2. 广告创意的执行

广告创意是介于广告策划和广告表现制作之间的艺术构思活动，即根据广告主题，经过精心的思考和策划，运用艺术手段，把所掌握的材料进行创造性的组合，以塑造一个意象的过程。简而言之，广告创意是广告主题意念的意象化。广告创意关注创意过程，即提出与众不同的活动方案、制订出奇制胜的措施，创意的结果往往是某种点子、主意。

3. 广告创作的手段

广告创作是对广告中的文字、图像和声音进行构思组合，目的在于有效地展示和传达广告内容，便于受众理解和接受。广告创作的手段极为丰富，有根据广告创意向公众传达产品或服务信息的广告文案，有通过绘画、色彩和布局装饰显示广告主题的图像符号，也有传递直接信息和间接信息的声音要素。

4. 广告效果的测定

广告效果是指企业通过媒体传播广告后，广告目的的实现程度、对目标受众的消费影响，是广告信息在传播过程中引起的直接或间接变化的总和。具体的测定方法有广告销售效果的测定和广告本身效果的测定。广告销售效果的测定涉及广告的投放对企业的品牌提升和产品销量增加幅度的影响，便于企业根据测评结果调整促销策略或者广告策略。企业选择广告就是希望通过媒体将自己的产品推荐给社会大众，从而达到刺激消费、增加企业利润的目的。所以，广告是否将信息传递给了目标受众并确实产生了刺激消费的效果，是评价广告效果的重要指标。常见的销售效果评定方法主要包括历史资料分析法和实验设计分析法。广告的本身效果是指广告对目标消费者引起的心理效应，包括对产品信息和品牌的注意、兴趣、记忆、理解和动机，等等。

任务二　营业推广策划

一、营业推广的概念和特征

（一）营业推广的概念

营业推广又称销售促进，是指企业运用广告、人员推销、公共关系以外的各种短期工具，在特定的市场范围内鼓励消费者和中间商购买、经销或代理企业产品或服务的促销手段。营业推广包括消费者销售促进（样品、优惠券、现金返还、奖品、顾客使用、顾客回馈）、中间商销售促进（购买折扣、免费赠品、展览会和研讨会）和销售人员销售促进（提成、推销竞赛、特别推销金）。

（二）营业推广的特征

营业推广作为企业的一种重要的营销手段，具备以下特征：

1. 灵活多样，适应性强

营业推广是一种短期的促销工具，促销方式多种多样，所以适应性强，可用于完成不同的销售目标。如企业可采用赠送样品的方式来吸引消费者进行新品试用，也可采用现金返还的方式鼓励忠诚度高的消费者持续购买，还可利用优惠券或者降价方式增加不经常使用者的购买频率。因此，营业推广在品牌相似度很高的市场上能够达到在短期内提高销售量的效果，但不能持久地增加品牌的市场份额。

2. 属于辅助型的促销方式

与广告、人员推销、公共关系不同，营业推广属于辅助型的促销方式，虽然能在短期内提高销量，但是不能在长时期内增加产品的市场份额和市场竞争力。因此，营业推广一般不单独使用，需要搭配其他几种促销方式一并进行。有数据显示，忠诚的品牌购买者不会因为营业推广方式而改变自己的购买模式。市场份额较小的竞争者往往会采用营业推广方式，因为它们无法匹敌市场份额较大的竞争者所支出的巨额广告预算，只有通过营业推广才能争取到上架机会或消费者试用机会。

3. 有贬低产品之嫌

营业推广若频繁使用，会使消费者误认为产品的质量和价格有问题，怀疑企业在抛售产品，有贬低产品之嫌。因此，企业在开展销售促进时，必须注意使用时机和方式。

二、营业推广的方式

（一）对消费者的营业推广

以消费者为目标进行营业推广，就是为了鼓励老客户继续购买、使用本企业产品，激发新顾客使用本企业产品。

1. 赠送样品

企业通过向消费者赠送小包装的新产品或附赠其他便宜的商品，来介绍产品的性能、特点、功效或企业的有关信息，既可以使顾客得到实惠，又可以刺激顾客的购买行为。企业向消费者赠送样品的渠道灵活多样，可以挨户赠送、在商店或闹市区散发、在其他商品中附送，也可以公开广告赠送。赠送样品是介绍一种新商品最有效的方法，费用也最高。

2. 发放优惠券

推销人员事先通过多种方式将优惠券发放到消费者手中，持有此优惠券的消费者在购买本企业的商品时，可以得到一定的价格折扣。其实这种方式的本质是减价，但比减价要灵活。减价给人以处理滞销产品的感觉，而且减价后就难以再提价。而发放优惠券，得到优惠券的人有一种优越感，因为不是人人都可以得到优惠券，而且只要不发放优惠券，价格就可以又提上来。

3. 赠券或印花

当消费者购买某一商品时，企业给予一定数量的交易赠券或印花，购买者将赠券或印花积累到一定数额时，可到指定地点换取赠品。该方式特别适用于购买频率较高的商品。

4. 提供信用

常发生在消费信贷的销售活动中，一般采取赊销、分期付款等形式。

5. 商品展销

企业通过展销会的形式，使消费者了解商品，增加销售的机会。常用的商品展销形式有为适应消费者季节性购买的特点而举办的“季节性商品展销”、以名优产品为龙头的“名优产品展销”、为新产品打开销路的“新产品展销”等。

6. 现场演示

“耳听为虚，眼见为实。”企业在销售现场为顾客演示产品的使用方法，使顾客亲身感受到产品的效果，甚至让顾客亲自操作、使用，促使其当场购买。企业对一些技术性较强的产品效果更加明显。

7. “俱乐部”制或“金卡”制

“俱乐部”制是指顾客向组织者交纳一定数量的会费后，即可享受多种服务优惠的促销方式。“金卡”制是指顾客交纳一定数量的现金后，即可取得有期限的“金卡”，从而可享受价格折扣的促销方式。

8. 推出廉价包装

在产品质量不变的前提下，使用简单、廉价的包装，对售价进行削减，为长期使用本产品的消费者所欢迎。

（二）对中间商的营业推广

制造商策划与掀起的促销活动，如果没有中间商的响应、参与和支持，是难以取得促销效果的。针对中间商的营业推广，常见的方式如下：

1. 购买折让

这是最有代表性的一种方法。具体形式有批量折扣、季节折扣、现金折扣等，以鼓励经销商多购、付现金和非季节性进货。

2. 支付推广津贴

企业为促使中间商购进企业产品并帮助企业推销产品，为其提供商品陈列设计资料，付给经销商陈列津贴、广告津贴、经销新产品津贴，以鼓励经销商开展促销活动和积极经销本企业的产品。

3. 开展销售竞赛

企业组织所有经销本企业产品的中间商进行销售竞赛，根据各中间商销售本企业产品的实绩，分别给优胜者以不同的奖励，如现金奖、实物奖、免费旅游、度假奖等。

4. 代销

代销是指中间商受生产厂家的委托，代其销售商品，中间商不必付款买下商品，而是根据销售额来收取佣金，商品要是销售不出去，则将其返还生产厂家。代销既可以解决中间商资金不足的困难，还可以避免产品销售不出去的风险，因此很受中间商的欢迎。

5. 给予批发回扣

企业为争取批发商或零售商多购进自己的产品，在某一时期内可给予购买一定数量本企业产品的批发商一定的回扣。

（三）对销售人员的营业推广

企业可以通过推销竞赛、推销红利、推销回扣等方式来奖励推销人员，鼓励他们把企业的各种产品推荐给消费者，并积极地开拓潜在市场。以下是几种具体方法：

1. 红利提成或超额提成

具体做法有：(1) 从企业的销售利润中提取一定比例的金额作为奖励发给推销人员；(2) 推销人员按销售利润的多少提取一定比例的金额，销售利润越大，提取的百分率越高。

2. 开展推销竞赛

推销竞赛的内容包括推销数额、推销费用、市场渗透、推销服务等。企业规定奖励的级别、比例与奖金（品）的数额，用以鼓励推销人员；对成绩优异、贡献突出者，给予现金、旅游、奖品、休假、晋升、精神鼓励等奖励。

3. 特别推销金

企业给予推销人员一定的奖励，以鼓励其努力工作。

案例

小李大学毕业以后，立志继承父母的事业，继续经营杂货店。但他认为不能像父母那样进行传统的经营，应变“坐商”为“行商”，引进某些现代的经营理念，如积极主动地寻找顾客、提供良好的售后服务、进行有效的市场定位等，将杂货店做大。小李碰到的第一个困难是：根本不知道从哪里能够找到更多的顾客，不知道有哪些较好的寻找顾客的方式。

思考：假如你是小李的朋友，你会给他哪些有建设性的意见帮助他寻找潜在顾客？

三、制定营业推广方案的程序

企业实施营业推广时，应重点做好以下几个方面的工作：

（一）确定推广对象和目标

企业在进行营业推广活动前，必须确定推广对象和目标。

(1) 以消费者为对象，营业推广的目标包括：鼓励老客户更多地购买和消费这种产品，吸引新客户试用这种产品，争夺使用其他品牌的顾客等。

(2) 以中间商为对象，营业推广的目标包括：鼓励中间商经销本企业的产品，大量进货增加库存，非季节性采购，进一步调动中间商经销产品的积极性，巩固中间商对本企业的忠诚度，同中间商建立长期固定的产销关系等。

（3）以推销人员为对象，营业推广的目标包括：激发推销人员的推销热情，鼓励推销人员大力推销新产品，开拓新市场，寻找更多的潜在顾客，大力推销过时积压的产品等。

（二）选择恰当的营业推广方式

选择恰当的营业推广方式是促销获得成功的关键。企业可以根据产品的特点、消费者的类型、营业推广目标、竞争情况、预算、不同方式的促销成本及效益以及国家政策等因素灵活选择营业推广方式。

（三）制定合理的营业推广方案

营业推广方案主要包括以下内容：（1）诱因的大小；（2）参与者的条件；（3）推广媒体的选择；（4）推广时机的选择；（5）确定营业推广期限；（6）确定营业推广预算。

（四）测试营业推广方案

为了保证营业推广的效果，企业在正式实施营业推广方案之前，必须对方案进行测试。测试的内容主要是营业推广诱因对消费者的效力、选用的促销方式、媒体是否恰当、顾客反应是否足够等。发现不恰当的部分要及时调整。

（五）执行和控制营业推广方案

企业必须制定具体的实施方案，方案中应明确规定准备时间和实施时间。

（六）评估营业推广的效果

企业必须高度重视对营业推广效果的评价。一般可以采用比较法（比较营业推广前后销售额的变动情况）、顾客调查法和实验法等方法。

任务三　公共关系策划

一、公共关系的含义

公共关系是指企业与社会公众的关系。在市场营销活动中，公共关系是一种以长期目标为主的间接促销手段。尽管公共关系不能在短时期带来明显的直接促销效果，但它对于企业的意义在于通过媒介向公众传播企业的使命和价值观，增加公众对企业的产品或服务的公信度，从而在整体上塑造良好的企业形象。企业形象的提升将有助于企业的目标达成、利润提高。

公共关系的构成要素分别是社会组织、传播和公众，它们分别作为公共关系的主体、媒介和客体相互依存。公共活动的主体是一定的社会组织，如企业、机关、团体等。公共活动的客体既包括企业外部的顾客、竞争者、新闻界、金融界、政府有关部门及其他社会公众，又包括企业内部的员工、股东。公共活动的媒介是各种信息沟通工具和大众传播渠道。

二、公共关系的对象与关系维护

公共关系的对象主要是企业所面临的各种社会关系。企业必须科学地分析、处理和维护各种社会关系，为企业的发展创造最佳的社会环境。为此，企业需要从以下七个方面来考虑。

（一）消费者

消费者满意是企业一切活动的中心。企业首先要使目标消费者或潜在消费者对本企业产生良好的印象，以良好的企业形象和信誉吸引消费者。企业应从三个方面做好工作：第一，为消费者提供优质产品和服务，这是建立良好公共关系的首要条件和根本保证。第二，与消费者定期进行有效的沟通，收集消费者信息。目前比较流行的是开展“消费者教育”活动，即通过包装、免费杂志、讲座、组建消费者俱乐部、培训班等方式，对目标或潜在消费者进行引导和教育，以此来促进产品的销售和树立良好的企业形象。第三，正确处理与消费者的纠纷，避免与消费者正面争吵。对待问题消费者应耐心、诚恳。如果消费者的投诉合理，企业在确认后应及时处理，使消费者感觉受到尊重。即使出现一些不能解决的问题，企业也应耐心向消费者解释，争取消费者的谅解，化解矛盾。

（二）供销商

为了保障企业正常的生产和销售，企业要与供应商及销售商建立良好的关系。企业要时刻关注供应商和销售商，通过一系列公关活动保持与双方的信息互换和友好关系，从而在生产、销售环节保持优势地位。

（三）新闻媒体

新闻媒体是企业最特殊的公众，企业的公共关系活动通常要借助一定的宣传媒体向外界发布，以扩大活动影响力。因此，企业要与各新闻媒体单位保持密切的关系。一方面，企业要积极与新闻媒体接触，提供可供选择的新闻素材，并欢迎媒体单位的采访报道。另一方面，对待媒体的负面报道，企业要冷静、谨慎，首先要认真核实新闻报道内容，迅速查清事实真相。如果是自身的问题，企业要尽快改正，并将改进后的情况及时通报新闻媒体，争取挽回不良影响。如果新闻报道有失偏颇，与事实不符，企业要立即通过新闻媒体说明真相，或举办新闻发布会澄清事实，并要求发布不实报道的新闻媒体做出公开更正，以免影响企业形象。

（四）政府部门

政府及相关职能部门同样是企业的公众之一。企业的生存和发展离不开政府的支持和帮助。政府及相关职能部门通过一系列的法律、法规直接或间接地对企业的经营活动产生影响。因此，企业必须经常与政府部门沟通，及时了解相关的政策、规定，并使之尽量有利于本企业的发展。

（五）社区

社区是指企业所在地的区域范围。因为企业要与所在地的其他企业、学校、医院、团体、居民等发生各种各样的联系，所以企业应与社区保持友好关系，积极支持社区公益活动和经济建设，促使社区为企业发展提供多方面的便利条件。

（六）竞争者

处理好与竞争者的关系也是企业公共关系工作的重要环节。那种“同行是冤家”的狭隘思想已经无法在现代市场经济环境中通行。双方的殊死拼争，其结果往往是两败俱伤，不如携手共进，实现双赢。

（七）企业内部员工

在企业内部，做好员工的思想工作，增强员工的凝聚力和团队精神是至关重要的。企业可以通过一系列手段，处理好企业内部的公共关系：第一，建立内部渠道的信息沟通通道，如建立内部网络、交流平台，发行内部刊物等，宣传企业优秀文化，培养员工的自豪感、归属感；第二，定期举办各类集体活动，如旅游、团建、聚餐等，融洽员工之间的关系。

三、公共关系的主要内容及时机选择

（一）公共关系的主要内容

公共关系的主要任务是协调、处理企业和公众间的关系。其主要内容有：

（1）正确处理与消费者的关系。

（2）正确处理与新闻界的关系。

（3）正确处理企业、员工和股东间的关系。

（4）正确处理与相关企业的关系。相关企业包括原材料供应商、产品经销商、同行业竞争者、辅助商等。

（二）公共关系的时机选择

企业开展公共关系活动，必须选择合适的时机，发挥公共关系活动的有力促销效果。开展公共关系活动可选择的时机有：

（1）企业买进新技术、新设备，开发新工艺，或产品质量改进、花色品种与功能增加时。

（2）企业举办重要的专项活动（如高层领导变动、新闻发布会、项目奠基、开业、庆典等）时。

（3）企业产品在市场上的反应、产值、销售额和纳税等方面出现重大突破，以及企业或产品获得某项荣誉时。

（4）企业参与社会公益事业（包括赞助运动会、捐助希望工程、抗灾救险等）时。

（5）企业处于经营困难或营销意图被误解时。此时开展公关活动，以争取公众的同情与支持，有利于企业渡过难关。

（6）企业出现严重事故对产品造成不良后果时。此时开展“危机公关”活动，向新闻界、消费者、政府有关部门解释事故原因和处理方法，能够显示企业做出的努力和承担责任的诚意，重塑良好的企业形象。

四、公共关系策略的主要方式

按照公共关系的功能不同，公共关系策略实施的主要方式有以下几种：

（一）宣传性公关

宣传性公关是指企业运用报纸、杂志、广播、电视等各种传播媒介，通过撰写新闻稿、演讲稿、报告等形式，向社会各界传播企业有关信息，以形成有利的社会舆论，创造良好的气氛。

（二）征询性公关

征询性公关是指企业通过开办各种咨询业务、制定调查问卷、进行民意测验、设立热线电话、聘请兼职信息人员、举办信息交流会等形式，逐步形成效果良好的信息网络，再将获取的信息进行分析研究，为经营管理决策提供依据，为社会公众服务。

（三）交际性公关

交际性公关是指企业采用座谈会、招待会、谈判、专访、慰问、电话、信函等形式，通过语言、文字的沟通，为广结良缘，巩固传播效果。

（四）服务性公关

服务性公关是指企业通过消费指导、消费培训、免费修理等实惠性服务，获取公众的了解、信任和好评，以实现既有利于促销又有利于树立和维护企业形象与声誉。

（五）社会性公关

社会性公关是指企业通过赞助文化、教育、体育、卫生、福利等事业，参与国家、社区重大社会活动等来塑造企业的社会形象，提高企业的社会知名度和美誉度。

（六）危机性公关

危机性公关是指企业遇到如消费者投诉、产品事故、对企业不利的信息传播以及造谣中伤等事件时进行的挽救性公关活动。企业公关人员应迅速行动、查清原因、及时处理，以使企业遭受的损失降到最低。

五、公共关系策略实施的程序

（一）公共关系调查

公共关系调查是指通过调查了解和掌握社会公众对企业决策与行为的意见，确定企业基本的形象和地位，为企业制定合理决策提供科学依据。

（二）公共关系计划制订

公共关系计划制订的内容有：(1) 确定目标；(2) 明确公共关系主体；(3) 确定目标公众；(4) 设计公共关系项目方案；(5) 选择公关策略的实施时机；(6) 进行公关宣传整合；(7) 经费预算。

（三）公共关系实施

为确保公共关系实施的效果最佳，正确地选择公共关系媒介和确定公共关系的活动方式十分必要。公关媒介应依据公共关系工作的目标、要求、对象和传播内容以及经济条件来选择；确定公关的活动方式宜根据企业的自身特点、不同发展阶段、不同的公众对象和不同的公关任务来选择。

（四）公共关系检测

公关计划实施效果的检测，主要依据社会公众的评价。公共关系检测能够检测能衡量和评估公关活动的效果，肯定成绩、发现问题，为制定和不断调整企业的公关目标、公关策略提供重要依据，也使企业的公共关系为有计划地持续性工作提供必要的保证。

任务四 人员推销策划

微课：推销促销实战

一、人员推销的含义和优缺点

（一）人员推销的含义

人员推销是指企业通过派遣人员与一个或一个以上的潜在消费者进行交谈，做口头陈述，从而达到推销产品的目的。推销人员、推销对象和推销品构成推销活动的三个基本要素。其中前两者是推销活动的主体，推销品是推销活动的客体。

（二）人员推销的优缺点

1. 人员推销的优点

人员推销与非人员推销相比最大的特点是具有直接性。无论是采取推销人员面对面地与顾客交谈的形式，还是采取推销人员通过电话访问顾客的形式，推销人员都在通过自己的语言、动作或拥有的样品、宣传照片等直接向顾客展示、操作和说明，直接发生双向交流。人员推销的优点有以下四个方面：

（1）信息传递双向性。人员推销作为一种信息传递形式，具有双向性。在人员推销过程中，一方面，推销人员通过向顾客宣传介绍推销品的有关信息，如产品的质量、功能、使用、安装、维修、技术服务以及同类竞争产品的有关情况等，达到招徕顾客、促进产品销售的目的；另一方面，推销人员通过与顾客接触，能及时了解顾客对本企业产品或推销品的评价。通过观察和有意识地调查研究，企业能掌握推销品的市场生命周期及市场占有率等情况，这样不断地收集信息、反馈信息，为企业制定合理的营销策略提供依据。

（2）推销目的双重性。一个目的是激发需求与市场调研相结合，另一个目的是推销商品与提供服务相结合。就后者而言，一方面，推销人员实施各种推销技巧，目的是推销商品；另一方面，推销人员与顾客直接接触，向顾客提供各种服务，是为了帮助顾客解决问题、满足需求。双重目的相互联系、相辅相成，推销人员只有做好顾客的参谋，更好地实现满足顾客需求这一目的，才有利于诱发顾客的购买欲望，促成购买，使商品推销效果达到最大化。

（3）推销过程灵活性。由于推销人员与顾客直接联系，当面洽谈，可以通过交谈与观察了解顾客，进而根据不同顾客的特点和反应，有针对性地调整自己的工作方法，引导顾客购买；而且，推销人员还可以及时发现、答复和解决顾客提出的问题，消除顾客的疑虑和不满。

（4）友谊、协作长期性。推销人员与顾客直接见面、长期接触，可以促使买卖双方建立友谊，密切企业与顾客之间的关系，易于使顾客对企业产品产生偏爱。如此，在长期保持友谊的基础上开展促销活动，有助于建立长期的买卖协作关系，稳定地销售产品。

2. 人员推销的缺点

（1）支出较大，成本较高。由于每个推销人员直接接触的顾客有限，销售面窄，特别是在市场范围较大的情况下，人员推销的开支较多，这增加了产品的销售成本，一定程度上减弱了产品的竞争力。

（2）对推销人员要求较高。人员推销的效果直接取决于推销人员的素质，并且，随着科学技术的发展，新产品层出不穷，对推销人员的素质要求越来越高。这要求推销人员必须熟悉新产品的特点、功能、使用、保养和维修等知识与技术。要培养和选择出理想的推销人员比较困难，而且耗费也大。

二、人员推销的形式与策略

（一）人员推销的形式

人员推销的对象主要有个人消费者、生产用户和中间商三类。对于不同的推销对象，企业应采用不同的推销形式。人员推销有以下三种基本形式：

1. 上门推销

上门推销是最常见的人员推销形式。它是由推销人员携带产品的样品、说明书和订单等走访顾客，推销产品。这种推销形式可以针对顾客的需要提供有效的服务，方便顾客，故为顾客所广泛认可和接受。这种形式是一种积极主动的、名副其实的“正宗”推销形式。

2. 柜台推销

柜台推销又称门市推销，是指企业在适当的地点设置固定的门市，由营业员接待进入门市的顾客，推销产品。门市的营业员是广义的推销人员。柜台推销与上门推销正好相反，它是等客上门式的推销方式。由于门市里的产品种类齐全，能满足顾客多方面的购买要求，为顾客提供较多的购买便利，并且可以保证商品安全无损，因此，顾客比较乐于接受这种方式。柜台推销适合于零星小商品、贵重商品和容易损坏的商品。

3. 会议推销

会议推销指的是利用各种会议向与会人员宣传和介绍产品，开展推销活动。例如：在订货会、交易会、展览会、物资交流会等会议上推销产品均属会议推销。这种推销形式接触面广、推销集中，可以同时向多个推销对象推销产品，成交额较大，推销效果较好。

（二）人员推销的策略

在推销过程中，推销人员应审时度势，巧妙地运用推销策略促成交易。人员推销主要有以下策略：

1. 试探性策略

试探性策略也称为“刺激—反应”策略。这种策略是在不了解顾客的情况下，推销人员运用刺激性手段引发顾客产生购买行为的策略。推销人员事先设计好能引起顾客兴趣、刺激顾客购买欲望的推销语言，通过渗透性交谈进行刺激，在交谈中观察顾客的反应；然后根据其反应采取相应的对策，并选用得体的语言，再对顾客进行刺激，进一步观察顾客的反应，以了解顾客的真实需要，引发购买动机，引导产生购买行为。

2. 针对性策略

针对性策略是指推销人员在基本了解顾客某些情况的前提下，有针对性地对顾客进行宣传、介绍，以引起顾客的兴趣和好感，从而达到成交的目的。因推销人员常常在事前已根据顾客的有关情况设计好推销语言，这与医生对患者诊断后开处方类似，故称针对性策略为“配方—成交”策略。

3. 诱导性策略

诱导性策略是指推销人员运用能激起顾客某种需求的说服方法，引导顾客产生购买行为。这种策略是一种创造性推销策略，它对推销人员要求较高，要求推销人员能因势利导，诱发、唤起顾客的需求；并能不失时机地宣传介绍和推荐所推销的产品，以满足顾客对产品的需求。因此，从这个意义上说，诱导性策略也可称为“诱发—满足”策略。

三、人员推销的主要程序

人员推销工作不是一蹴而就的，它需要推销人员精心策划，按照先后顺序，一步一步实现。人员推销一般包括以下步骤：

（一）寻找潜在顾客

任何一种商品都有其目标顾客，寻找潜在顾客是一个推销人员销售活动的开端。推销人员必须首先寻找到自己所推销商品的目标顾客，才能进行有效的推销。如果目标顾客没有找准，只是盲目地推销，那么，无论是多么优秀的推销人员，也只能是事倍功半。

（二）约见潜在顾客

找到目标顾客之后，推销人员在见到他们之前，应该为正式接近顾客做好准备，因为大多数顾客和推销人员并不熟悉，有时候想见到他们都不是一件容易的事情。特别是当推销的目标是一个单位、企业或者组织的时候，能够决定购买的决策者一般都是该单位、企业或者组织的主要人物之一，他们事务繁多，经历过类似的推销，甚至有些人还有上当受骗的经历，一旦推销人员贸然登门，很可能会吃闭门羹。因此，推销人员有必要提前进行约见，以诚恳的态度、巧妙的技巧打动对方，从而为自己争取更多的机会。

（三）主动接近顾客

成功地约见了顾客，只是推销工作成功的第一步。只有见到了顾客才能加深对顾客的了解，以便进一步推销。

在正式见到顾客之前，推销人员需要再次重温已经获得的顾客的信息，包括个人信息、家庭信息、性格特征、个人喜好等。推销人员也需要做好充分的准备工作，包括仪表、心态、推销物品、辅助材料的准备等。

推销人员应该准确、及时地到达约定的地点，这是一个基本的素质；在第一次和顾客接触的时候，一定要注意礼仪、礼节，热情真诚地与顾客交流，给顾客留下良好的第一印象；同时注意在言辞上不要过分自夸，不要诋毁竞争对手的产品，在谈话的过程中为以后的接触留下余地。

（四）推销洽谈

在市场营销中，推销是一个说服的过程。洽谈阶段是整个推销过程的中心，在这个阶段，推销人员根据掌握的资料，针对顾客的需求介绍推销产品。

推销洽谈可以有两种方式：一种是通过直接或间接、积极或消极的提示，将顾客的需求和产品的某些特性联系起来，以此刺激顾客的购买欲望，促成购买；另一种是通过展示产品、图像、说明书等资料以及自己的产品如何优于竞争者的产品，让顾客切实感受到产品能够带来的利益，甚至可以指出产品的不足之处或可能出现的问题以及该如何防范。推销人员通过这些方式说服顾客促成购买。

（五）合理处理异议

有经验的推销人员都相信一句话："挑剔的才是买货人。"一般来说，当顾客有了购买的打算时，其就会对产品格外地关注，提出各种异议和问题。如果顾客对产品没有任何异议，那就说明其对产品毫不关心，最终很难产生购买的行为。

所以，顾客的异议其实是一次机会。顾客异议一般可分为两种：一种是在交易前能够解决的；另一种是需要进一步沟通的。推销人员应该及时把握，消除那些可能影响销售的反对意见，进一步指出产品的优势及企业可以提供的特别服务，消除顾客的顾虑，促成交易。

（六）最终促成交易

一般来说，当顾客的异议和问题都得到了解决，得到了满意的答复时，他们就会做出购买的行为。但也有些顾客是要等推销人员主动提出成交的。在这个阶段，推销人员必须注意观察，捕捉各种成交信号，抓住机会，促成交易。顾客发出的成交信号有轻松愉快的表情、询问付款方式、准备付款的动作、拿笔准备签字等。

（七）跟踪服务

达成交易不是推销的结束，而是下一轮推销的起点。如果推销人员希望顾客满意并重复购买，希望他们传播良好形象，则必须做好以下客户维护工作：（1）提供更多优惠措施（如数量折扣、赠品、赊销等）；（2）深入满足个性化需求；（3）抓住重点顾客；（4）提供系统化解决方案；（5）建立顾客数据库，和客户建立长久关系；（6）及时沟通，防止出现失误；（7）制造客户离开障碍；（8）培养忠诚员工，保留客户资源。

四、人员推销管理

人员推销管理是指企业根据环境要求和资源条件对人员推销进项的设计和管理。它主要包括以下几个方面。

（一）确定推销团队的形式与组织结构

企业开展人员推销活动所需要的推销团队有以下两种形式：（1）自建销售队伍；（2）使用合同推销人员。

企业自建销售队伍时，为保证人员推销工作有效进行，应根据实际需要设计人员推销组织结构。可供选择的人员推销组织结构主要有地区式结构、产品式结构、市场式结构和复合式结构四种类型。

（二）建立推销团队

（1）明确推销团队的工作定位和任务。这主要包括：设计推销工作岗位，对工作岗位职责、权力及不同岗位在整个推销工作中所处位置和上下游关系进行描述和分析；确定每个工作岗位的工作范围、工作内容等；确定每个工作岗位的具体工作目标。

（2）确定推销团队的规模。推销团队的规模与销售量和成本具有密切关系。推销团队的规模可采用分解法、销售百分比法和工作量法来确定。

(3) 推销团队人员的甄选。优秀的推销人员必须有良好的素质和条件，具体包括：较高的职业道德；较强的责任心、良好的服务精神和协作精神；丰富的专业知识与熟练的专业技能；较好的洞察力、判断力、创造力、说服力及自我管理与社会活动的能力；其他良好的综合素质（如健康的身体、良好的气质，仪表端庄、热情大方、谦虚有礼等）。

(4) 推销团队人员的培训。企业可以采用短期集中培训、专项实习、岗位传授和委托代培等方式培训推销人员。培训的内容主要有：企业情况介绍；产品和技术知识讲解；市场情况介绍；消费者购买心理和行为分析；市场营销和推销的基本理论与技能传授；推销人员必备的其他业务知识。

（三）推销团队人员的激励

企业必须建立完善的激励制度，通过日常工作考核和销售竞赛等形式，提高推销人员工作的积极性和主动性，取得较好的推销效果。

1. *物质激励*

企业可根据推销人员的表现给予物质方面的激励，包括薪酬增长、奖金、培训金、旅游度假金等。其中薪酬发放有以下几种：

(1) 薪金制度。推销人员获得固定薪金，开展业务所需费用由企业支付。优点是给推销人员很高的安全感，易于管理。缺点是缺少激励，难以激发推销人员的进取心。

(2) 佣金制度。企业根据销售额或利润额的大小给予推销人员一定比率的报酬。优点是能鼓励推销人员努力工作，并使销售费用与现期收益紧密结合。缺点是管理费用较高，容易导致推销人员流动性大等。

(3) 薪金佣金混合制。企业可采用薪金和佣金混合的制度。推销人员的报酬由相对固定的薪金和灵活的佣金两部分组成，以期保留两者各自的优点而又避免其缺点。

除以上薪酬外，企业还会发放各种福利，常见的有节日福利、生日福利、生育福利等。

2. *精神激励*

企业可根据推销人员的工作表现给予精神奖励。主要方式有提升职位、表彰、传播典型事迹等。

3. *逆向激励*

逆向激励即惩罚性措施，主要是对于业绩长期不合格的推销人员进行必要的惩罚。主要方式有自动淘汰、罚款、降薪、辞退甚至除名等。

（四）推销团队人员的评价

推销团队人员的评价是企业对推销人员工作业绩考核与评估的反馈过程，是企业分配报酬、调整促销战略、改善推销工作的重要依据。

1. 评价推销人员的依据

（1）掌握和分析有关的考核资料。考核资料主要从推销人员销售工作报告、企业销售记录、顾客和社会公众的评价以及企业内部员工的意见等途径获得。

（2）建立评估指标。常见的评估指标主要有：销售增长率、定额百分比、毛利；每天平均访问次数、每次访问的平均时长、每次访问的平均费用、每次访问收到订单的百分比、销售费用及其占总销售额的百分比；平均顾客数、新增顾客数、失去的顾客数等。

2. 评价推销人员的方式

评价推销人员的方式主要有：

（1）横向比较，即比较不同推销人员在一定时期的销售量和销售效率。

（2）纵向比较，即比较同一推销人员现在和过去的工作实绩。

（3）工作评价，包括对企业、产品、顾客、竞争者、本身职责的了解程度，也包括推销人员的言谈举止、修养等个性特征。

项目小结

广告作为一种传递信息的活动，是企业在促销中普遍使用的方式。广告的目的是促进商品销售，进而获得较好的经济效益。

营业推广是指企业为刺激顾客的需求，吸引消费者购买而采取的某种促销手段。营业推广是对广告和人员推销的一种辅助。

公共关系是指企业在市场营销活动中正确处理企业与社会公众的关系，以便树立企业的良好形象，从而促进产品销售的一种活动。

项目测评

一、简答题

1. 人员推销的程序有哪些？

2. 推销人员应该具备什么素质？

3. 什么是营业推广？营业推广的方式有哪些？

4. 什么是公共关系？

5. 企业对消费者、中间商、推销人员可采用的销售促进方式分别有哪些？

二、案例分析题

综艺节目广告植入变迁史：从简单粗暴到融合内容营销

前段时间，“洞察”发布了2018年内容植入年度盘点报告。报告显示，2018年内容合作市场综艺节目为主要输出媒介，其中电视综艺整体内容合作品牌数最多，电视综艺内容植入以真人秀和综艺晚会为主，合作品牌数有 1 000 多个，总植入时长 1 700 多万秒，总植入频次达 150 多万次；网络综艺内容植入以真人秀、脱口秀、娱乐选秀为主，合作品牌数 400 多个，总植入时长 420 多万秒，总植入频次 40 多万次。

从以上数据可以看到，不论是一线卫视还是视频网站制作的综艺节目，都是广告植入的重要领域。如今，在综艺节目出现的广告内容改变了过去生硬、突兀的形象，植入形式多变且有趣，部分节目制作团队与冠名商携手玩转内容营销。

1. 广告从冠名到产品植入：在特写镜头中寻找创意

早在 1990 年，植入式广告就出现在了电视节目中，譬如 CCTV－1 出品的老牌节目《正大综艺》，该节目是央视播出时间最长、播出数量最多的大型电视综艺益智栏目之一，而冠名赞助的正大集团更是在短时间内成了家喻户晓的品牌。

而央视推出的另一档益智互动性节目——《幸运 52》，以智力竞猜和趣味竞赛的方式进行智力比拼，获胜选手会获得丰厚的实物奖品，知识性、游戏性与竞赛性并存。在广告植入方面，该节目充分运用游戏的竞猜环节，将选手的成绩与商标进行挂钩，可谓早年内容植入的优秀案例。

2004—2006 年，选秀节目《超级女声》爆红，冠名商蒙牛乳业通过角标、节目背景画面等出现方式让品牌得到了有力宣传，而综艺节目的冠名费也在此后节节攀升，部分大热节目的冠名费高达亿元。

2. 广告植入新玩法：小剧场、金句插播，笑料不断

近年来，综艺节目广告植入的方式可分为三类：

（1）台词植入（口播广告）。

当年《中国好声音》开播后，除来自五湖四海的选手们身上的故事和唱功外，备受关注的还有主持人的逆天语速口播。他在保证吐字清楚的前提下用几十秒说完一长串的广告词，被誉为“中国好舌头”。这是电视节目开场前插播广告的经典案例。

网络综艺方面，比如在辩论节目《奇葩说》里，主持人一脸正经地打起广告——“有型、有款、有车、有房也不如有范”；点评辩手表现时，会在台词里“见缝插针”地打广告——“这是一个好的辩题，大家给了那么多好的角度，然后我们都跟喝了雅哈咖啡似的在一起好好聊天，当然我们也承认有的人满嘴废话，就像头皮屑，送你一瓶海飞丝，因为我们这个现场是需要节奏的，是需要像 vivo 手机一样，快得让你飞起来”，短短一段话就植入了三个品牌，不仅做到了与节目内容紧密结合，也让观众感到自然舒服，节目与品牌方达成了双赢。其他网络综艺诸如《吐槽大会》《举杯呵呵喝》《火星情报局》等节目在广告植入上都玩出了新花样，并且颇受观众肯定。

（2）场景植入。

以部分真人秀为例，譬如《奔跑吧兄弟》中的安慕希，在传播策略上打出组合拳，不仅出现在广告频段，还将产品放在节目的游戏场域中，与艺人嘉宾展开互动，大大提高了

产品的知名度。

黑黑乳携手《极速前进》第四季，以IP营销模式和“轻脂轻体喝黑黑乳”的理念成功打开了市场。而在任务比拼环节和赛段终点站，黑黑乳多次以补充能量的形象出现，成为观众观看节目时不可忽略的一大存在。

在经营类节目《中餐厅》中，立白、舒肤佳可谓贯穿整个节目，与忙碌的厨房景象和谐相应，灵活性的植入让观众更容易接受。

(3) 剧情式植入。

以偶像类/竞演类综艺为例，譬如《演员的品格》中，新人演员以小剧场的形式推广品牌“麦吉丽素颜三部曲”。“剧情式植入”着实考验表演嘉宾的功底，一不小心就会导致场面尴尬，广告效果适得其反，但如果小剧场足够出彩，比起前面的植入形式，效果会更加显著。

3. 锁定目标人群，玩出创意成关键

纵观广告植入的发展变迁，可以看出品牌商和节目组越来越重视将品牌与内容深度融合，让产品实现精准投放并广泛覆盖，做到好玩又有趣，化有形于无形。

对于品牌商而言，在投放过程中要充分考虑目标人群，根据品牌或产品自身的特点进行有效投放；对于节目组而言，要避免盲目植入多种品牌的广告，应与节目的风格气质相吻合并进行有效搭建，思考如何与产品进行创意互动，才能在进一步强化品牌形象的同时不影响节目的口碑。

总而言之，适度的广告植入能够为节目减少资金成本的压力，倘若反响热烈还能在一定程度上助推节目，真正做到出色的广告植入需要让情怀、产品、节目、观众多方达成深度链接。

问题：

1. 综艺节目的广告植入有哪些类型？在广告植入时应该注意哪些问题？
2. 选取一期最新的网络综艺节目，针对其中的广告植入情况进行分析。

项目八 客户管理

学习目标

知识目标

1. 理解服务质量的概念及服务质量评价标准。

2. 掌握提高服务质量的策略。

3. 理解信用管理的目标，掌握信用标准、信用条件、信用额度的概念。

4. 掌握分销商的概念以及选择分销商时应考虑的因素。

能力目标

1. 准确建立服务质量评价标准，找寻提升企业服务质量的途径与方法。

2. 基于客户的不同情况，制定合理的信用政策。

3. 正确使用选择分销商的方法。

4. 准确分析窜货现象的成因，合理选择解决的对策。

素养目标

1. 树立全面服务意识，服务好客户。

2. 培养服务至上的现代经营理念，以客户需求为导向。

3. 树立以人为本的观念，做好客户管理。

案例导入

宜家重视顾客让渡价值

一、顾客总价值最大

（一）提高产品价值

1. 产品设计重视顾客需求

家具的平板包装是宜家的首创。绝大部分的宜家产品都被设计成可分拆运输的结构，外包装是平板式，这样可以充分利用运输工具的空间。

2. 设计简约、人性化

宜家除木制家具外，还有陶土、金属、玻璃、硬纸等制品，其产品简约、精美、时尚、温馨，色彩丰富，不矫揉造作。

3. 产品设计引领时代潮流

宜家有一种“四季被”，属三被合一，一层是温凉舒适的夏季被，一层是中暖度的春秋被，也可以把两层放在一起，那就是温暖的冬季被。

4. 产品系列广泛

宜家共有10 000多种产品供顾客选择。基本上任何品位的顾客都可以在宜家买到满意的家居产品。

另外，通过适当协调，可同时实现广泛的功能和风格。例如：无论顾客喜欢哪种风格，都会有一款扶手椅与书柜相配，有一款书柜与新的折叠桌相配，有一款新的折叠桌与扶手椅相配。因此，宜家的“系列广泛”有着多层含义。

（二）提高服务价值

1. 精心入微的商品导购信息

宜家的商店没有销售人员，只有服务人员。他们不允许主动向顾客推销某件产品，不会像其他家具店的店员一样，顾客一进门就喋喋不休地推销。

宜家精心为每件商品制定导购信息，有关产品的价格、功能、使用规则、购买程序等一应俱全。宜家将每个细节都考虑进去，来指导消费者快速做出购买决定。如果你仍不放心，那不要紧，宜家的《商场指南》里写着：“请放心，您有14天的时间可以考虑是否退换。”

2. 信息透明化

在厨房用品区，宜家出售的厨柜从摆进卖场的第一天就开始接受测试器的测试，厨柜的柜门和抽屉不停地开、关着，数码计数器显示了门及抽屉可承受开关的次数。如果你不懂怎样挑选，宜家会用漫画的形式告诉你。对于组装比较复杂的家具，宜家则在卖场里反复放映录像和使用挂图解释如何组装该家具。

3. 客户服务

送货上门：送货服务只收取合理的费用。

付款方式：接受现金、转账及有银联、VISA和MasterCard标记的储蓄卡、借记卡及信用卡支付。

组装服务：采用平板包装，内含指示说明和宜家的特殊工具，所以顾客可以放心自行组装。如果顾客需要帮忙，宜家会提供上门服务。

退换货政策：只要包装和货品没有损坏，并保持出售时的状态，顾客可在60天内带上原始发票或收银条及信用卡收据和完整的货品，前往购物商场更换等值货品或退款。

儿童服务：车库近在咫尺，为带着全家人驾车来商场的顾客提供了方便。宜家开设了由专人看护的儿童乐园。宜家餐厅和咖啡厅为孩子们准备了儿童餐、高脚凳和奶瓶加温设备。卫生间内还设有婴儿尿布更换设施。

布料加工服务：提供指定样式的窗帘、靠垫套和桌布的布料加工服务。

（三）提高企业形象价值

宜家的营销策略之一是通过对于环保的重视来提升企业形象。

大约30年前，宜家集团开始有计划地参与环境保护事宜，涉及材料和产品、供货商、运输、商场环境等。1990年，宜家制定第一个环境保护政策；1991年，宜家开始履行关于热带林木使用的严格规定……以上这些措施为宜家赢得了良好的社会声誉，树立了良好的品牌形象。

二、顾客总成本最低

（一）降低货币成本

在宜家创始人倡导的节俭企业文化里，浪费被认为是致命的罪过。所以，宜家一切以降低成本为核心，从设计、生产、运输到销售的每个环节都不遗余力地降低生产成本。

1. 模块式设计

宜家用“简单”来降低顾客让渡成本，用“美”来提高顾客让渡价值，采用以“模块”为导向的研发设计体系，把低成本与高效率融为一体。这样，设计的成本和产品的成本都能得到降低。

2. 与顾客合作打造低价格

宜家把顾客看作合作伙伴：顾客翻看产品目录，光顾宜家自选商场，挑选家具并自己在自选仓库提货。大多数货品采用平板包装，方便顾客将其运送回家并独立进行组装。

3. 平板包装策略降低成本

在储运方面，宜家采用平板包装，以降低家具在储运过程中的损坏率及占用仓库的空间；更主要的是，平板包装大大降低了产品的运输成本，使其在全世界范围内进行的规模化布局生产成为可能。

4. 不断采用新材料、新技术来提高产品性能并降低价格

以奥格拉椅子为例。起初，奥格拉椅子用木材生产，随着市场变化，其价格变得太高，宜家遂采用平板包装降低成本；当平板包装也不能满足低成本要求时，宜家改用复合塑料替代木材；后来，宜家更将一种新技术引入了家具行业——通过将气体注入复合塑料，节省材料并降低重量，并且能够更快地生产产品。

（二）降低精神成本——为顾客创建温馨、愉快的购物体验

1. 卖场的人性化布局

宜家的卖场设计有其标准规范，进入商场后，地板上有箭头指引顾客按最佳顺序逛完整个商场。主通道旁边为展示区，展示区的深度不超过4米，以保证顾客不会走太长的距离。展示区按照客厅、饭厅、工作室、卧室、厨房、儿童用品和餐厅的顺序排列。这种顺序是从顾客习惯出发制定的。客厅最重要，饭厅是人们处理日常事务的地方，家

庭工作室紧随其后，卧室是最后一个大型家具区。这种展示方法有利于给客户一个装饰效果的整体展示，还有利于连带购买，同时又为顾客降低了购物时间成本。在宜家的展示区中，有一个个分隔开来的展示单元，分别展示了在不同功能区中如何搭配不同的家具。在宜家的饭厅示范室，你会看到一张餐桌、几把竹椅，餐桌上摆放着高脚玻璃杯、咖啡壶、闪闪发亮的刀叉、精美的瓷盘，以及鲜花和果蔬；而在卧室示范室，在大床上展示着被子、床单、枕头和抱枕，灯光也和家中一样柔和、浪漫……这些示范室内往往集中了宜家所售卖的大部分商品品种，就像一个真“家”那样设施齐全、温馨迷人。

2. 鼓励顾客体验

生动化的展示不仅是给人看的，宜家还鼓励、引导顾客进行随意体验，比如拉开抽屉、打开柜门、在地毯上走走、试一试床和沙发是否坚固等。在宜家，所有能坐的商品，顾客无一不可坐上去试试感觉。宜家出售的一些沙发、餐椅的展示处还特意提示顾客：“请坐上去！感觉一下它是多么的舒服！”宜家告诉你，质量是经得起考验的，同时还向你销售一种消费观念：一定要体验过，做出的决策才是最好的。

3. 卖场人性化服务

顾客在宜家逛累时，可以在床上或者沙发上休息，饿了可以去宜家餐厅品尝美味实惠的瑞典食品和中国食品。宜家洗手间的水一年四季都是舒适的温度。这样的购物体验使每个顾客都不会感到疲惫或者厌烦，顾客就会经常光顾宜家。

4. 独具特色的DIY

宜家倡导“我们做一些，你来做一些，宜家为你省一些”的理念。所以，宜家采用自选方式，以减少商店的服务人员。而且服务人员不主动向顾客推销，除非顾客要求店员帮助，否则宜家店员不会打扰，以便让顾客静心浏览、体验。顾客可以选择付费送货，但一般是自己搬回家。另外，家具运送到家后，顾客还可以自己花费数小时动手组装，因为宜家销售的多是散件。

任务一 客户服务管理

一、客户服务管理概述

服务是企业联系市场的基础，而服务质量则是企业营销策划的核心与关键。无论是生产有形产品的制造业还是生产无形产品的服务业，服务质量都是企业在竞争中制胜的法宝。消费者对服务质量的评价不仅要考虑服务的结果，还要关注服务的整个过程。服务质量应被消费者识别、认可才是营销的关键所在。

（一）服务质量的概念

微课：名片的递接

服务质量是指服务能够满足客户需求和潜在需求的特征和特性的总和，是指服务工作能够满足被服务者需求的程度，是企业为使目标顾客满意而提供的最低服务水平，也是企业保持这一预定服务水平的连贯性程度。

鉴于服务交易过程的顾客参与性和生产与消费的不可分离性，以及服务质量发生在服务生产和交易过程中，是在服务企业与顾客交易的真实瞬间实现的，服务质量必须经顾客认可，并被顾客识别，并且要有客观方法加以制定和衡量，更多地按照顾客主观的感受加以衡量和检验。同时，服务质量的提高需要内部形成有效的管理和支持系统。服务质量的内涵应包括以下内容：

1. 服务水平

好的服务质量不一定是最高水平，管理人员首先要识别公司所要追求的服务水平。当一项服务满足其目标顾客的期望时，服务质量就可认为是达到了优良水平。

2. 目标顾客的选择与确定

目标顾客是指那些由于他们的期望或需要而要求得到一定水平服务的人。随着经济的发展和市场的日益成熟，市场的划分越来越细，每项服务都要面对不同的需求。企业应当根据产品和服务选择不同的目标顾客。

3. 连贯性

连贯性是服务质量的基本要求之一。它要求服务提供者在任何时候、任何地方都保持同样的优良服务水平。服务标准的执行是最难管理的服务质量问题之一。对于一个企业而言，服务的分销网络越分散，中间环节越多，保持服务水平的一致性就越难。服务质量越依赖于员工的行为，服务水平不一致的可能性就越大。

（二）客户服务管理的概念

客户服务管理是指企业为了建立、维护并发展顾客关系而进行的各项服务工作的总称，其目标是建立并提高顾客的满意度和忠诚度，最大限度地开发利用顾客。

客户服务是一个过程，是在合适的时间、合适的场合，以合适的价格、合适的方式向合适的客户提供合适的产品和服务，使客户的需求得到满足，价值得到提升的活动过程。基于此，客户服务管理是了解与创造客户需求，以实现客户满意为目的，企业全员、全过程参与的一种经营行为和管理方式。它包括营销服务、部门服务和产品服务等几乎所有的服务内容。

客户服务管理的核心理念是企业全部的经营活动都要从满足客户的需要出发，以提供满足客户需要的产品或服务作为企业的义务，以客户满意作为企业经营的目的。客户服务质量取决于企业创造客户价值的能力，即认识市场、了解客户现有与潜在需求的能力，并将此导入企业的经营理念和经营过程中。优质的客户服务管理能最大限度地满足客户需求，增强客户的满意度，使企业在市场竞争中赢得持续的竞争优势，获得超额利益。

二、客户服务管理的内容

客户服务管理的过程比较复杂，不仅包括跟踪监测、绩效评价，还要在分析后做出及时而准确的反馈与响应，简单来说即收集信息、捕捉偏差、分析后果和协调管理四个过程。制定适合企业现状与发展的客户服务绩效测定指标体系并不是一个简单的工作，企业需要考虑现阶段各方面的实际情况，并结合售前、售中和售后三个阶段所遇到的问题。因此，梳理与细化客户服务管理内容的重要性就显得尤为重要。客户服务管理的内容主要包括如下几个方面：

（一）服务要求管理

（1）服务要求记录，包括发生时间、要求描述、联系人、完成时间、要求人地址等。

（2）服务要求类型，包括咨询、查询、建议、请求、故障申报、投诉、走访、回访等。

（3）服务订单管理，规定服务订单各项目是否收费，适用的价格清单和折扣。其主要目的是能更好地把个性化、差异化服务有机融入客户管理中去，能推动经济效益和客户满意度的提升。服务订单内容主要包括订单的类型、优先级别和订单时间。

（4）服务要求活动计划，即根据客户具体的服务要求设计相关活动计划，包括活动时间、活动形式、活动内容等。

（5）问题解决方案管理，即着重关注与维护解决问题方案的执行状态，及时反馈与合理排除方案在执行过程中的突发状况。

（二）客户投诉建议管理

（1）受理人：对本次客户投诉建议提供服务的员工信息，以此确保客户投诉建议记录的准确度以及将对客户投诉建议的处理落实到人。

（2）服务的对象（客户）：进行投诉建议客户的个人信息，包括客户姓名、性别、联系方式、家庭住址等。

（3）投诉建议类型：客户进行投诉建议的类型。例如：

1）按投诉的原因划分：产品质量投诉、服务投诉、产品广告宣传投诉。

2）按投诉的行为类型划分：极端激进投诉、消极抱怨投诉、负面宣传型投诉、温和阐述型投诉。

3）按投诉的目的划分：控告型投诉、批评型投诉、建议型投诉。

4）按投诉客户的表现划分：谈判型投诉、质量监督型投诉、受害型投诉。

（4）投诉建议内容：客户投诉建议的详细内容。

（5）涉及部门、员工：客户投诉建议所涉及的部门、员工信息的确认。

（6）受理时间：客户投诉建议发生（收到）的时间。

（7）服务时限：对不同类型客户投诉建议处理过程的各个环节的反应时间限制，或者说是从受理客户投诉到完成投诉处理的全过程的时间总和。

（8）服务过程：客户投诉建议的处理全过程信息。

（9）服务结果：对客户投诉建议的处理反馈意见，涉及部门、员工的答复处理情况。

（10）客户满意度：客户对投诉建议的处理结果的满意程度，以及一段时间后的客户跟踪调查反馈。

（11）其他信息：客户投诉建议管理的其他信息。

（三）维修与故障处理管理

（1）受理人：受理本次故障的员工信息。

（2）服务对象：发生故障的具体客户信息。

（3）故障类型：发生故障的类型。

（4）故障紧急程度：发生故障的级别。

（5）责任部门、员工：故障维修的责任部门和员工信息。

（6）受理时间：客户报告故障的时间。

（7）故障时间：机器设备发生故障的时间。

（8）服务时限：对不同类型、不同级别的故障处理过程的各个环节的反应时间限制。

（9）修复过程：修复故障的处理过程。

（10）修复结果：故障修复的结果。

（11）其他信息：本次故障的其他相关信息。

（四）客户问题信息管理

企业应对客户的问题信息进行规范化的管理，以便对客户的各种问题进行分类处理分析，发现问题的焦点与共性，从而有针对性地改善企业的生产与服务。

客户问题信息包括：问题的编号、种类；问题申报的时间、地点、问题描述、期望获得的解决程度与结果、处理问题的时限；申报问题客户的姓名和联系方式；问题的处理跟踪以及问题处理过程与结果的信息汇总与反馈。

（五）客户咨询信息管理

客户服务管理必须对客户的咨询信息进行规范化与全程化的管理，以便对客户的咨询行为进行分类与分析，发现咨询的关键点与重复点，从而发现现有服务与产品中可能存在的共通性的问题以及新的商机。

客户的咨询信息包括咨询的编号、种类、咨询发生的时间与地点、咨询的目的、咨询人的姓名和联系方式等。

（六）客户建议信息管理

客户建议信息管理重点在于对客户的建议信息进行规范化管理，从而深度了解客户的需求，以便更好地为客户提供个性化、有重点的服务。客户的建议种类包括企业形象及文化建议、产品建议、技术建议、业务规则建议、业务发展建议和其他方面的建议等。

客户的建议信息包括建议的编号与种类、建议发生的时间、建议的内容、建议人的姓名与联系方式、对建议处理的跟踪、建议处理结果、建议处理的效果以及建议反馈等信息。

（七）客户回访信息管理

客户回访是企业用来进行产品或服务满意度调查、客户消费行为调查，进行客户维系的常用方法。客户回访由于往往会与客户进行比较多的互动沟通，因此是企业完善客户数据库、加强客户服务管理的有效补充。

客户回访信息管理的内容有：回访的客户选择、回访时间、回访的员工安排、回访方式、回访内容、回访结果与效果、回访成本等。

三、客户服务质量管理的评价

（一）客户服务质量的评价标准

由于客户服务具有无形性与差异性等特征，因此服务质量很难像有形产品质量那样进行科学而精确的测定、评价。学者贝利、帕拉休拉曼及赞瑟姆等提出了服务质量模型，并归纳得出服务质量的五个主要评价指标，分别是有形性、可靠性、响应性、安全性和移情性。

1. 有形性

有形性主要是指服务被感知的部分。由于服务的本身是一种行为过程，而不是某种实物形态，因而本身具有不可感知的特征。因此，客户直接通过服务中能被感知的有形的、可见的部分来把握服务的实质。有形的、可见的这部分提供了有关服务质量的唯一参照，同时也是直接影响客户对服务质量感知的重要依据。

2. 可靠性

可靠性主要是指服务提供者准确无误地完成所承诺的服务可能性。客户认可的可靠性是最重要的质量指标，它与核心服务密切相关。许多以优质服务著称的服务企业，正是通过强化可靠性来建立与推广自己的声誉的。可靠性要求避免服务过程中的失误。如果企业在向客户提供服务的过程中，因某种原因而造成差错，不仅会给企业带来直接的经济损失，而且还会给企业带来形象与声誉上的影响，这种损失是无法估计的。

3. 响应性

响应性主要是指反应能力，即随时准备为客户提供便捷与有效的服务。如何快速地反映顾客的需求，并做出相应的行为是体现企业服务质量的重要指标。客户对服务质量的判断主要来源于其等待企业回复的时间间隔，单纯而简单地认为等待时间短，说明服务质量好；反之则服务不佳。因此，企业应重点关注客户对服务的反馈，提升服务传递的效率，缩短解决问题的时间，提高企业的客户服务反应能力。

4. 安全性

安全性主要是指服务人员良好的服务态度以及其体现的胜任服务工作的能力。服务态度以及专业知识储备会直接影响客户的主观判断，从而直接影响客户对服务质量的评价。良好的服务态度与专业知识背景会使客户对企业以及其提供的产品产生足够的信心，对所获得的服务感到满意，反之则相反。

5. 移情性

移情性主要是指服务人员能进行角色的互换，设身处地地为客户着想，尽力满足客户的合理要求。这要求服务人员能想客户之所想、急客户之所急，充分了解客户的实际需求，使服务的过程更具人性化，充满人情味。

（二）客户服务质量的测定

学者贝利等建立服务质量模型来测量企业的服务质量，具体的测量方式主要是通过对客户进行问卷调查。该问卷包括两个部分：一部分用来测量客户对企业所提供的服务的期望，另一部分用来测量客户对实际接受的服务的感受评价。每个部分均包含有形性、可靠性、响应性、安全性和移情性五个服务质量的内容。在问卷的设计过程中，每个标准都具体化为5～10个问题。很显然，客户想获得的服务与实际感受到的服务水平往往是有差距的，而两者之间的差距就是企业服务质量的分数，用公式表示即为：

服务质量分数＝客户实际感受分数－客户期望分数

单个客户的服务质量分数的公式为：

单个客户的服务质量分数＝$\sum$ 单个问题的服务质量分数/问题的个数

评估企业的整体服务质量水平，实际上就是分别计算平均服务质量分数。假定有 N 个客户参加问卷调查，根据公式将单个客户的服务质量分数加在一起除以 N，就是企业的平均服务质量分数。

四、提升客户服务质量的策略

优质的客户服务质量是维护客户忠诚的最好的保证，服务质量的提升和服务内容的创新对保持客户的稳定性有十分重要的意义。服务质量日益成为提高企业核心竞争力的关键与保证。提升客户服务质量需要系统的规划，从多个角度与层面进行重新设计与实施。

（一）树立正确的服务理念

服务应该是企业基本经营理念的核心部分。在现代企业的整个业务流程中，服务只是产品的一部分。服务不仅作为产品的一部分销售给客户，为企业带来利润，同时也是企业与外部联系的一个接口，起到接收外部创造性意见的作用。只有树立起正确的客户服务理念，企业的客户服务工作才能有效地发挥作用，这样才能使企业有明确的发展目标与方向。企业的一切营销活动都要围绕“以顾客为中心”的核心思想，要把满足客户的个性化需求作为企业经营活动的根本出发点。如果企业只着眼于眼前的短期利益，那么即使企业考虑到了服务的重要性，并实施了服务措施，也难以获得令人满意的结果。因此，企业必须树立正确的服务理念，并将服务理念根植于日常经营活动中。

1. 客户服务就是为客户创造价值

客户所感知的价值取决于其购买产品或者服务时获得的收益与其付出的成本之间的差，差值越大，客户得到的价值就越大。其中收益是指产品或服务对客户的作用。而成本可以是现金、时间或是为购买产品或服务所付出的努力。比如说，购买衣服一方面是为了保暖，另一方面是为了满足个人对美的追求；购买电视机是为了追求享受；购买空气过滤器是为了净化空气：这些都是产品给客户带来的收益。而服务也同样对客户具有作用：软件是为了处理指定的任务；饭店的房间是为了入住休息；旅游度假区可以使人放松休闲；买保险可以防止个人收入、投资及人身安全遭到意外；理发使人显得整洁；信息帮助人们正确操作机器设备；建议帮助解决问题。如果企业的产品或服务带给客户的好处比其他同类企业的产品要多而花费相同甚至更少，那么企业的产品或服务就具有更高的价值。与收益一样，成本也是影响价值的重要方面。价格是成本的要素之一，如果企业能靠降低价格减少客户成本，同时保持或增加客户所得收益，就能确保价值的增值。总之，要为客户创造价值，首先要依据市场分解的需求来界定客户利益，确定客户为获得产品或服务所要付出的代价，通过削减企业自身成本提高客户所拥有的价值，以便在竞争上处于优势，将价值的内容以对客户的承诺表现出来，制订量化的标准解决企业和客户的冲突。

2. 客户服务要以客户需求为导向

从本质上讲，企业所做的一切服务工作都应当紧紧围绕客户的需求来开展。满足客户需求是企业开展客户服务工作的出发点，也是企业开展客户服务工作的终点。企业应从以下几个方面来把握客户服务工作的重点。

（1）对便利性的需求。生活节奏的加快和生活质量的提高，使人们对于便利的需求变得日益强烈，在不同的方面、不同的时间，企业总能感受到客户对便利性的偏好。

（2）对获取并参与价格确定过程的需求。客户购买不同产品和不同生产商的产品，可以在几分钟内知道各自的价格和是否有货。有了掌上电脑和能上网的手机，客户可以很快了解到不同网上的零售商的价格，也能了解到离其不远处真正商店中的价格。这样客户就掌握了最新的价格信息。

（3）对产品制造过程透明度的需求。客户已不愿意接受看不到的商业过程，他们希望看到每个环节的进展情况。

（4）对及时的专业信息的需求。客户总是急于知道极为专业的信息，也很容易读到经专业人士挑选并注解的信息。越来越普遍的是，专业网站都开始提供精挑细选、加注解的信息和专业指导。

3. 客户的力量是万万不可忽视的

客户是企业销售体系的重要组成部分，是企业的重要资产之一。客户管理的实质就是如何有效地运营客户这项资产，对它进行开发、维护、运用并使其增值。企业往往认为单个客户的力量是微不足道的，所以在许多细节问题上忽略了客户的利益和要求，最终酿成大错。无论什么时候企业都要牢记以下几点：客户的力量是不可忽视的；“千里之堤，溃于蚁穴”；要对客户进行准确的认识；要衡量客户的终身价值；客户的力量正日益增强；客户的要求需要回应。

（二）保持良好的服务态度

保持良好的服务态度是企业营销活动的重要保障，也是企业提高服务质量的核心手段之一。只有做好服务，企业才能赢得客户，提升企业的美誉度。一切服务的宗旨是让客户满意，目的是成功销售和延续服务。企业想要获得良好的客户服务质量，最主要的是保持良好的心态，以正确的态度看待客户、服务客户。

1. 尊敬客户

是否尊敬客户是态度的第一步。不论客户的职业、身份、性别、年龄、学识等，客户终归是企业最重要的资源，是企业市场信息的来源。客户决定了企业的商品是否符合市场需要，企业的服务能否满足市场的需求。与此同时，在销售过程中企业也必须得到客户的尊重和理解，而这一切都决定了首先要尊重客户。

2. 换位思考

客户的需求并不是统一的，企业所提供的产品和服务不是总能满足每一位客户。所以，企业在营销过程中要学会换位思考。这种方法也能让企业对于客户的一些问题和做法不再无法理解，更能预先知道客户想要什么，从而能使企业营销工作更加得心应手，更为客户所接受。

3. 关心爱心

没有人会拒绝别人的关心，企业应发自内心地去关心、帮助客户，客户可以从企业员工的言行举止中感受到企业的诚意。当客户被企业打动、感动的时候，客户对企业的回报要远远超过其购买的商品。

4. 坦诚相待

企业要与客户坦诚相待，童叟无欺。客户最受不了的就是欺骗。一切以不正当的手段或方法欺骗和诱导客户的行为都是自断后路，失去了客户的信任必会使企业付出惨痛的代价。

5. 平等待客

无论生意大小，企业都要一视同仁、平等待客，千万不能因为客户购物的数量少、总价低而冷落客户，而对那些购买商品金额大、数量多的客户过分热情。始终如一地为其提供一致的服务是企业必须坚持的准绳。

6. 宽容理解

知识再渊博的客户，也不可能对所有商品都了解，况且每天都有新商品问世。所以，客户对某些商品缺乏了解，甚至看起来有些幼稚的提问或异议都是很正常的，这就需要销售人员的耐心、宽容和理解，更需要详细地介绍。

（三）树立全程服务的观念

服务没有终点，是持续性、针对性的活动。细致、体贴式的服务植根于营销活动的全过程，缺少任何一个环节均是不完美的。从日常的点滴小事做起、做好、做实、做完，有效重复优质服务，持之以恒。通过服务到最小细节来提升企业的整体服务质量，树立全程服务的营销观念，以此促进客户满意度的提高，进而提高客户的忠诚度与贡献度，以期实现企业与客户双赢。

（四）塑造客户服务的共同愿景

共同愿景又称共同远景，是指企业员工所共同持有的意象和景象，是企业所追寻的目标，它创造出众人一体的感觉，并渗入组织的所有活动中。建立共同愿景是企业经营理念的组成部分，建立在企业员工共同价值观之上，具有凝聚力、向心力、感召力，是凝聚全体员工最有力的措施。企业想要有效地实施服务战略，提高服务质量，需要所有员工在个人愿景的基础上建立企业的共同愿景，并以此来激励员工。客户是企业的重要资源，是企业持续不断利润的来源，企业要建立“顾客至上”的服务理念必须要以在企业及全体员工中塑造客户服务的共同愿景为前提，促使员工用投入与奉献的精神对待客户，提升客户对服务的认可。

塑造客户服务的共同愿景，企业必须做到：

（1）强化客户服务的理念。

（2）对客户的服务项目描述必须简单、诚实而中肯。不能片面夸大好的方面而隐藏产品的缺陷，坚持以客户需求为中心。

（3）让员工有自由选择的权利。不要试图强迫员工去接受企业的服务理念，要让他们自由、自主地认识到服务对企业发展的重要作用。

任务二 客户信用管理

企业客户信用直接关系到货款回收的数额与速度，进而影响企业的财务状况。因此，企业的客户信用管理是企业客户管理的重要组成部分。

一、客户信用管理的概念

客户信用管理是对客户信用的管理，指在客户信用信息收集和分析的基础上对客户的信用状况进行把握，并用信用管理的专业技术，扩大信用消费、防范信用风险的行为。

二、企业信用管理的目标

（一）降低赊销风险，减少坏账准备

赊销是商业信用和企业流动资产的一个重要项目。随着市场经济的发展，赊销行为将会越来越多。虽然赊销具有增加销售、扩大市场占有率以及减少库存、降低存货风险、管理开支等功能，但是赊销也有如下弊端：虚增企业的经营成果；加速企业的现金流出；延长企业的营业周期；加大企业坏账损失的可能。赊销是一把双刃剑，如何在充分利用其扩大销售等功能的基础上，尽可能降低赊销成本、控制赊销风险是企业必须认真面对的问题，同时也是企业进行客户信用管理的目标之一。

（二）降低销售变现天数，加快流动资金周转

销售变现天数为每笔应收账款的平均回收天数，即把赊销转化为现金所需要的时间。这是企业衡量赊销工作与客户信用管理最重要的指标，可以从侧面反映企业应收账款管理的效率高低。为了鼓励客户快速回款，加快资金周转，压缩应收账款的规模，提高资金运营效率，很多企业特别注意对销售变现天数的管理，并将销售变现天数列入企业财务管理的重要对象。测量企业应收账款的运转速度的有效指标是资金积压时间，其公式表示如下：

资金积压时间＝存货转款期＋应收账款周转期－应付账款周转期

此公式表明，要加快资金周转速度，有效的途径在于减少库存，减少应收账款，增加应付账款。例如：戴尔电脑与惠普电脑相比，其存货周转期和应付账款周转期相差无几，但是由于戴尔电脑采用了直销模式，应收账款周转期为零甚至是负数，这就导致了戴尔电脑的资金积压时间大大小于惠普电脑，约为惠普电脑的1/2，在股票市场上的表现也体现出此种差距。

三、制定企业信用政策

企业要控制信用风险，管好应收账款，必须事先制定好合理的信用政策。企业的信用政策主要包括信用标准、信用条件、信用额度与收账政策等方面。

（一）信用标准

信用标准是企业同意向客户提供商业信用而提出的基本要求，通常以预期的销售变现天数和坏账损失率作为评价的标准。因为信用标准的设置直接影响对客户信用申请的审批，所以根据本企业自身的资金情况和当时的市场环境，确定适宜的信用标准也是企业制定信用政策过程中的重要一环。

企业应该制定一个合乎情况的科学的信用标准，确定信用标准的主要因素应该包括竞争对手的情况、客户分析情况、市场战略、库存水平和其他历史经验等。企业的信用标准应该是在对收入和成本认真权衡的基础上确定的，过严或过松的信用标准都不是明智之举，而且企业信用标准也需要随企业、行业、市场情况变化而不断修订。如果较为严格的信用标准会使损失的销售毛利大于企业所希望避免的应收款持有成本，那么企业就应该适当放松信用标准；反之，如果较为宽松的信用标准会使应收账款持有成本高于取得的销售毛利，那么企业就应当适当施行较为严格的信用标准。

（二）信用条件

信用条件是企业要求客户支付赊销款项的条件，它由信用期限和现金折扣两个要素组

成。在实践中，经常使用诸如 2/10、n/30 等销售专业语言来表示企业的信用条件，这些信用条件表达了不同的信用期限和现金折扣政策。例如，2/10、n/30 所表达的信用条件是：客户如果在 10 天内付款可按发票金额给予 2%的折扣，超过 10 天便不享受该折扣，但付款总期限不得超过 30 天。在这里，30 天为信用期限，10 天为折扣期限，2%为现金折扣。一般来说，企业的信用条件是遵循本行业的惯例，结合外部经济环境，在充分考虑本企业自身实力的情况下，本着提高最终效益和竞争力的指导思想确定的。给客户的信用条件直接影响甚至决定企业应收账款的持有水平和规模。

1. 信用期限

信用期限是企业为客户规定的最长付款时间。确定适宜的信用期限是企业制定政策时首先要解决的问题。它是通过对不同信用销售方案进行分析和计算所得出的结果。信用期限对应收账款发生和管理的影响是非常明显的。较长的信用期限意味着给客户以更优越的信用条件和更长的销售变现天数，自然会刺激客户的购买热情，吸引更多的客户，实现更多的销售额。应收账款水平增高，既给企业带来扩大市场份额和增加销售额的好处，也给企业带来风险，如机会成本增加、坏账风险增大。相反，较短的信用期限，虽然减少了持有应收账款相关的成本，但直接影响企业的销售规模，增加了库存压力，长此以往，如果竞争对手的信用期限比较灵活且信用管理水平较高的话，可能会使本企业在市场竞争中失去优势。合理的信用期限应当着眼于使企业的总收益达到最大，理论上的信用最低限度应该是损益平衡。

影响信用期限的主要因素包括：

（1）企业的市场营销战略；

（2）行业普遍的信用期限；

（3）客户的资信水平和信用评级；

（4）企业本身的资金状况。

在实际操作中，企业可根据行业平均销售变现天数，结合企业本身的市场竞争态势设定资金的销售变现天数目标，然后再根据客户的信用等级授予客户信用期限。企业可以利用以下公式进行计算：

客户信用期限＝行业平均销售变现天数×企业修正系数×客户信用等级系数

例如：行业的平均销售变现天数为 80 天，A 企业在行业竞争中处于强势状态，决定采用较紧的信用政策，企业修正系数定位 0.8，而客户信用等级系数可用表 8－1 作为参考。

表 8－1　客户信用期限系数表

风险等级	加权分值	风险程度	客户信用期限系数
CA1	4.1～5.0	很小	1.6～2.0
CA2	3.1～4.0	较小	1.1～1.5

续表

风险等级	加权分值	风险程度	客户信用期限系数
CA3	2.1～3.0	中等	0.5～1.0
CA4	1.1～2.0	较高	0.1～0.4
CA5	0.1～1.0	很高	0

另外，企业也可采用边际收益分析法和净现值流量法进行分析。

(1) 边际收益分析法。

边际收益分析法的基本思路是：首先按以前年度的信用期限，本行业的信用期限或假定信用期限为零设计一种基准信用期限作为分析基础；然后确定适当延长或缩短信用期限的方案并测算更改信用期限后的边际成本和边际收益；最后按照边际收益大于边际成本的原则，选择最适宜的信用期限。

例如：某企业过去一直按照行业惯例采用 30 天的信用期限，现根据有关情况变化，拟将信用期限放宽至 60 天。假设该企业投资报酬率为 10%，其他有关资料见表 8－2。

表 8－2 边际收益分析法的应用举例

项目	信用期限	
	30 天	60 天
销售额（元）	1 000 000	1 200 000
变动成本（元）	800 000	960 000
边际贡献（元）	200 000	240 000
可能发生的收账费用（元）	6 000	8 000
可能发生的坏账损失（元）	10 000	20 000

本案例中，

边际收益＝240 000－200 000＝40 000（元）

边际成本＝(1 200 000－1 000 000)×(60－30)×(10%÷365)
＋(8 000－6 000)＋(20 000－10 000)＝13 643.8（元）

由于边际收益 40 000 元大于边际成本 13 643.8 元，故应该选择 60 天的信用期限。

(2) 净现值流量法。

净现值流量法的基本思路是：以各信用期限的日营业净现值为标准来决定信用期限的决策方法。在该方法下，日营业净现值的计算公式为：

$$NPV=\frac{PQ(1-b)}{(1+k)^t-CQ}$$

公式中：NPV——日营业净现值；

P——产品单价；

Q——产品日销量；

C——产品单位成本；

b——坏账损失率；

k——日利率；

t——平均收账期。

首先，计算在不同信用期限条件下日营业净现值的大小；其次，将所得结果进行比较，选择日营业净现值大的信用期限作为适宜的信用期限。

2. 现金折扣

现金折扣是指在信用销售方式下，企业对于客户在规定的时间内付款所给予客户发票金额的折扣，以鼓励客户及早付清货款。

现金折扣是企业信用条件中另一个重要的组成部分。企业信用管理部门给予客户的现金折扣中包含两个要素：折扣期限和折扣率。折扣期限指的是在多长时间内给予客户折扣优惠；折扣率指的是在折扣期限内给予客户多少折扣。

一个企业既可以制定单一的现金折扣政策，也可以制定多种方式的现金折扣政策。例如：作为卖方的厂家在信用条件中做出 3/10、2/20、n/30 的现金折扣规定。规定表明，客户的信用期限为 30 天，如果客户能够在 10 天内付清货款，可享受整个货款 3%的折扣优惠；如果客户能在 20 天内付清货款，则可以享受整个货款 2%的优惠；如果客户在 20 天以上、30 天以内付清货款，将得不到任何折扣优惠；如果客户在 30 天以后付款，则表明客户将违约，可能会受到违约处罚。

现金折扣政策的作用是双向的。首先，给予一定的现金折扣，是吸引客户的重要方式之一，从而使企业的销售规模扩大；其次，现金的折扣越高，越能鼓励客户尽早付款，这在一定程度上减少了企业应收账款的持有规模；再次，较长的折扣期限将会扩大应收账款规模，延长收款时间；最后，推行一定的现金折扣政策要销售企业付出一定的代价。

（三）信用额度

信用额度又称信用限度，也是企业信用政策的一个组成部分。信用额度包括企业发放给客户群的总体信用额度和发放给某一具体客户的信用额度。就企业总体来说，信用额度是指企业基于自身的资金实力、销售政策、最佳生产规模、库存量等因素，以及受到外来的竞争压力而确定的可对客户发放的信用额度的规律。企业应该通过认真地计算和参考以往的经验，确定一个科学的总体信用额度，并以此指导和控制企业的信用销售的应收账款持有水平。

信用额度在一定程度上代表企业的实力，反映其资金能力，以及对客户承诺的可容忍的赊账和坏账的风险。信用额度过低将影响企业的销售规模，并相应增加客户的交易次数和交易费用。但是，信用额度过高会加大企业的收账费用和坏账风险。因此，企业信用管理部门应根据自身的情况和市场环境，合理地确定信用额度。

为客户确定信用额度的方法有很多，一般应根据客户的信用等级选择使用下列方法：

1. 根据收益和风险对等的原则确定

根据收益与风险对等的原则确定给予某一客户的信用额度，也就是根据客户的预计全年购货量和该产品的边际贡献率测算企业从该客户处获取的收益额，以该收益额作为每次该客户的赊购限额，前账不清，后账不赊。

2. 根据客户营运资本净额的一定比例确定

客户在一定的生产经营规模下，其流动资产减去流动负债后的营运资本净额也是大致稳定的。由于营运资本净额可看作新兴债务的偿付来源，因此，企业可以根据客户的营运资金规模，考虑客户从本企业购货的比重，确定以客户营运资本净额的一定比例作为该客户的信用额度。

3. 根据客户清算价值的一定比例确定

清算价值是客户因无力偿债或其他原因进行破产清算时的资金变现价值。清算价值体现了客户偿债的最后保证。如果客户的清算价值减去现有负债后尚有剩余，企业可以向该客户提供信用，信用的额度可按照清算价值的一定比例确定。

设定客户的信用额度还应满足以下条件：

（1）信用额度不应超出客户净资产，以防客户无力承担债务，而且大多数情况，信用额度应为客户净资产的一小部分。

（2）信用额度不应超出客户的流动资金，如果客户流动资金不足，必须对客户的净资产进行分析评估。

（四）收账政策

一旦应收账款无法按期收回，企业必须采用适当的措施追回货款，尽可能降低应收账款变成坏账的可能性，使企业的损失降到最低。追账的基本办法有以下几种：

1. 企业自行追账

（1）企业自行追账的基本方法。

1）函电追账。企业自身的追账员通过电话、传真、信函等方式向债务人发送付款通知。函电追账方式简便、易行，企业可以委派内部人员独立操作，无须经过仲裁司法程序，可以省去一定的时间和费用；但力度较小，不易引起重视。

2）面访追账。企业自身的追账员上门访问，直接与债务人交涉还款问题，了解拖欠原因。面访追账比较正规，是有力的追讨方式，但耗时多、费用高，异地追账不宜采用。

3）电子追账。企业利用电子邮件向债务人发送追讨函，或与其交流意见。电子追账速度快、费用低，可以双向交流。企业用电子邮件将付款通知书发给债务人，债务人再发给自己的分销商，分销商加注意见后再转发给企业。电子追账是未来追账的优先选择。

企业自行追账的特点是：及时解决债务纠纷，避免长期拖欠；气氛比较友好，有利于双方今后合作关系的发展。

（2）企业自行追账的辅助方法。

1）采用对销售商和购买商都有利的现金折扣。如果一个销售商借款的年利率为12%，那么向他提供2%的现金折扣和等待为期60天的延期付款成本相等。

2）向债务额收取惩罚利息。拖欠货款在其超过最后付款日时会发生非计划性的利息支出，将这些额外成本转嫁给债务人负担是合理的。实际中使用的利息率应带有一定的惩罚性。

3）对已发生拖欠的客户停止供货，并加以特殊管理。如果客户不能支付前一次的货款，企业还继续为其供货，表明企业宽恕了该客户的拖欠货款的行为，企业自己单方面自愿承担所有基于此的损失。

4）取消原先企业给予客户的信用额度。如果客户不能按照合同履行付款责任，企业应该及时改变、收回或取消其原有的信用额度，将其划入特殊管理客户名单。

5）处理客户开出的空头支票。客户付款的支票遭银行拒付时，应引起企业的特别注意，千万不要把遭到拒付的银行支票直接退给客户，将其留档，在之后的债务诉讼时，其将成为对债务人（客户）进行债务追讨的有力证据。

（3）企业自行追账的特殊策略。

1）长期、重要客户。这些客户是企业的主要供货对象，企业对于其出现的付款问题应重点管理和应对。企业自行追账可以采用的特殊策略是：企业财务负责人或财务主管亲自上门追账，了解企业在付款过程中出现的问题，以便及时解决，特殊问题特殊处理；在所有的欠账企业中，优先解决重要客户的争议与问题。

2）一般客户。对于一般客户的收账程序：根据其信用限额，欠款超过规定的天数停止发货。

3）高风险客户。对于多次出现违期交付货款或一次性货款较高的客户，企业应立即停止供货，密切关注其动态，并加以追讨。

2. 委托追账

债务纠纷发生后，企业将逾期账款追收的权利交给专业收账机构，由其代理完成向债务人的追收工作。目前，国际上的欠款大都是依靠各国收账机构相互代理、协助完成的，比例达到60%以上。

（1）委托追账的基本方法。

1）专业追账员进行追账。专业追账机构接受企业的委托后，首先要对账务进行调查核实，制定相关的追讨策略；然后由追账人与债务人直接接触、商洽，并通过多种途径向其施加压力。

2）律师协助非诉讼追账。律师作为法律顾问参与追账，负责与债务人律师的交涉和重要文件的起草工作。

3）诉讼追账。追账机构可以协助企业采取法律行动，一般由追账机构的长期签约律师受理案件，这些律师有着良好的信誉和丰富的工作经验，而且部分律师可以免收或事后收取调查费。

4）申请执行仲裁裁决。追账机构可以协助企业向法院申请执行仲裁裁决。

（2）委托追账的特点。

1）追收力度大。专业机构大都采用自身的专业追账员或代理机构在债务人当地进行追讨，无论是从追收形式、效果上，还是从对追账人的心理压力上，都远远高于企业自行追账的力度。

2）处理案件专业化。专业机构在处理债务问题方面具有丰富的经验和知识，对于每个拖欠案件，都会制定一套包含多种手段的追讨方案，包括对案件的分析评估，与债务人的直接接触、协商，通过多种途径对其施压；律师协助追讨、代理诉讼、申请执行仲裁裁决。

3）节约追账成本。在自行追讨无法取得实际效果时，如果直接诉诸法律，一般费用较高，程序复杂而且漫长，即使胜诉也不易执行，因此企业较少采用。而专业追账机构一般采取“不成功，不收取佣金”的政策，最大限度地为企业承担追账风险，减少损失。

4）缩短追账时间。企业自行追讨时，由于不熟悉当地的法律和有关商业惯例，往往费时、费力却收效甚微。而专业追账机构一般委托债务人当地的追账员或追账代理进行追讨。他们熟悉当地法律法规，与债务人没有语言文化的障碍，便于沟通和协调，能够提高追讨效率，较快收回欠款。

（3）委托追账的步骤。

1）选择资信状况良好的追账机构，详细了解追账机构的注册背景、注册资本、行业资格以及追账网络。

2）向追账机构提供案情介绍，包括债务人的名称、地址、目前经营状况、债务的金额、时间及案情经过。

3）听取追账机构对案件的分析评估及处理建议。追账机构根据企业提供的案情介绍，运用债务分析技术对案件进行分析评估，并向企业解释分析结果，提供适合该案件的追讨建议。如果企业对债务人的现状不了解，或欠款金额较大，可以先委托追账机构做一次债务人偿债能力的专项调查。

4）协商佣金比例。追账机构根据债务的金额、时间、地点及综合评价结果核算佣金比例，与企业协商确定佣金比例。

5）办理委托手续。委托双方签署《商账追收委托协议》和《授权委托书》，企业预付一定的立案服务费。

6）向追账机构提交债权文件。企业向追账机构提交有关债权的证明文件包括合同、发票、提单、往来函电、债务人签署的付款协议等。

7）接受追账公司的进展报告，及时给予配合。随着追讨的开展，追账机构定期向企业汇报进展、征求意见，企业及时做出追讨指示。委托双方应保持沟通、积极配合，适当调整追讨策略，以实现成功收款的目的。

8）结算。追回欠款后，委托双方应及时结算。还款直接汇到追账机构户的，追款机构扣留佣金，余款应在约定的工作日之内向企业汇出；还款直接汇到企业账户的，企业应在约定的工作日之内将佣金向追账机构汇出。

9）结案。追回欠款后，或由双方同意终止委托协议，追账机构应向企业提交正式的结案报告。

3. 仲裁追账

（1）仲裁追账的基本方法。

债权、债务双方可根据债务纠纷发生前或者债务发生后双方所达到的书面协议，自愿将争议交给双方都同意的仲裁机构，由仲裁机构根据双方协议的授权审理争议，并做出对双方均有约束力的裁决。仲裁不具有诉讼的属性，但是它也是解决经济纠纷的重要手段。

（2）仲裁追账的特点。

1）仲裁时以双方当事人的资源约定为基础，如果债权、债务双方没有仲裁协议，仲裁程序就不可能发生。

2）仲裁机构是民间性的组织，不是国家的行政机构或者司法机关，它对商务纠纷案件没有强制管辖权。

3）仲裁裁决具有终局性，对双方当事人都有约束力，任何一方不得就同一标的或事由向仲裁机构再申请仲裁。

（3）仲裁追账的具体程序。

1）仲裁的申请和受理。其包括：申请、受理、答辩和反请求、财产保全、委托代理人。

2）组成仲裁庭。其包括：仲裁庭的组成、仲裁员的回避。

3）仲裁审理与裁决。其包括：开庭审理、证据的收集和调查、证据的保全、辩论、和解、调解、裁决、仲裁笔录。

4）裁决的执行。仲裁裁决一经做出，当事人应当依照裁决规定的期限和内容自动履行。如果一方当事人逾期不履行，另一方当事人可以向被申请人住所或者财产所在地的中级人民法院申请强制执行。如果被执行的财产在国外，申请人可以委托专业追账机构或律师，向被执行财产当地的法院申请执行。我国已于 1987 年 4 月正式加入《纽约公约》，因此，我国涉外仲裁机构做出的裁决可以在世界上已加入该公约的成员国得到承认和执行，这为解决国际间的债务纠纷提供了便利。

5）仲裁裁决的司法审查。其包括：仲裁裁决的撤销、仲裁裁决的不予执行。

4. 诉讼追账

（1）诉讼追账的基本方法。

债务纠纷发生后，债权人或债务人中的一方可向法院提出诉讼请求，由法院根据诉讼程序和有关法律规定审理案件，并做出对双方具有法律强制执行力的判决。

（2）诉讼追账的特点。

1）必须是因自身的权利受到侵犯或因债权、债务关系与客户发生争议，或本案的直接利害关系人，才有资格作为案件的原告。

2）有明确的被告。

3）必须有具体的诉讼请求和事实、理由。

4）必须是属于法院受理的范围和管辖的案件。

（3）诉讼追账的具体程序。

1）起诉与受理。

2）审理前的准备。其包括：向当事人送达起诉状副本和答辩状副本；告知当事人有关诉讼权利义务和合议庭的组成人员；认真审核诉讼材料，调查收集必要的证据；追加当事人。

3）开庭审理。其包括：开庭前的准备、法庭调查、法庭辩论、评议和审判、按期限审结。

4）执行。

案例

A公司从B公司购买了100吨钢材，价值为80万元，要求6个月后付款。B公司经过调查发现A公司是信用为A类的客户，而且经过计算，80万元在其信用限度之内，便同意了A公司的要求。半年后，A公司迟迟未还款，B公司打电话询问，也没什么结果。最后，B公司派人上门讨债。结果发现，A公司受东南亚金融危机的影响，经营陷入困境，无力还款。B公司决定采取“输血”扶植手段来讨债。

思考：根据客户的信用等级，为客户确定信用额度的方法是否合理？企业追债时要注意哪些问题？

任务三 客户关系管理

客户关系管理是营销人员的重要职责与工作内容。通过参与对客户的科学而又有效的分析和管理，企业的营销人员可以了解并掌握客户的整体销售状况及其发展动态，以对市场需求做出正确的判断，并可以及时采用相应的对策，真正实现以客户为中心的经营理念，提高企业的销售业绩。对于生产型企业来说，中间商客户的选择与关系管理更为重要，是本任务的研究重点。

一、客户关系概述

（一）客户关系的含义及特征

客户关系是指企业为达到经营目标，主动与客户建立起的某种联系。这种联系可能是单纯的交易关系，也可能是通信联系，也可能是为客户提供一种特殊的接触机会，还可能是为满足双方利益而形成的某种买卖合同或联盟关系。

客户关系具有多样性、差异性、持续性、竞争性、双赢性的特征。它不仅可以为交易提供方便，节约交易成本，也可以为企业深入理解客户的需求和双方交流信息提供机会。

（二）客户关系的主要类型

1. 买卖关系

企业与其客户之间的关系维持在买卖关系水平，客户将企业作为一个普通的卖主，销售被认为是一次公平交易，交易目的简单。企业与客户之间只有低层次的人员接触，企业在客户企业中知名度低，双方较少进行交易以外的沟通，客户信息极为有限。客户只是购买企业按其自身标准所生产的产品，维护关系的成本与关系创造的价值均极低。无论是企业损失客户还是客户丧失这一供货渠道，对双方业务并无太大影响。

2. 供应关系

企业与客户的关系可以发展成优先选择关系。处于此种关系水平的企业，销售团队与客户企业中的许多关键人物都有良好的关系，企业可以获得许多优先的甚至独占的机会，与客户之间信息的共享得到扩大，在同等条件下乃至竞争对手有一定优势的情况下，客户对企业仍有偏爱。在此关系上，企业需要投入较多的资源维护客户关系，主要包括给予重点客户销售优惠政策、优先考虑其交付需求、建立团队，加强双方人员交流等。此阶段关系价值的创造主要局限于双方接触障碍的消除、交易成本的下降等“降成本”方面，企业对客户信息的利用主要表现在战术层面，企业通过对客户让渡部分价值来达到交易长期化的目的，可以说是一种通过将价值向客户倾斜来换取长期价值的模式，是一种“不平等”关系。客户由于优惠、关系友好而不愿意离开供应商，但其离开供应商并不影响其竞争能力，关系的核心是价值在供应商与客户之间的分配比例和分配方式。

3. 合作伙伴

当双方的关系存在于企业的最高管理者之间，企业与客户交易长期化，双方就产品与服务达成认知上的高度一致时，双方进入合作伙伴阶段。在此阶段，企业深刻地了解客户的需求并进行客户导向的投资，双方人员共同探讨行动计划，企业对竞争对手形成了很高的进入壁垒。在此关系水平上，价值由双方共同创造、共同分享，双方对关系的背弃均要付出巨大代价。企业对客户信息的利用表现在战略层面，关系的核心由价值的分配转变为新价值的创造。

4. 战略联盟

战略联盟是指双方有着正式或非正式的联盟关系，双方的目标和愿景高度一致，双方可能有相互的股权关系或成立合资企业。两个企业通过合作争取更大的市场份额与利润，竞争对手进入这一领域存在极大的难度。现代企业的竞争不再是企业与企业之间的竞争，而是一个供应链体系与另一个供应链体系之间的竞争，供应商与客户之间的关系是“内部关系外部化”的体现。只有企业与客户之间彼此具有重要意义且双方的谈判能力都不足以完全操控对方，互相需要，建立合作伙伴以上的关系才是恰当的。而对大部分企业与客户之间的关系来说，优先供应商级的关系就足够了。关系的建立需要资源，如果资源的付出比企业的所得还多，那么这种关系就是奢侈的。

二、客户关系管理概述

对客户关系管理应用的重视来源于企业对客户长期管理的观念，这种观念认为客户是企业最重要的资产并且企业的信息支持系统必须在给客户以信息自主权的要求下发展。成功的客户自主权将产生竞争优势并提高客户忠诚度，最终提高公司的利润率。

1999 年，Gartner Group Inc 公司提出了客户关系管理概念（Customer Relationship Management，CRM）。Gartner Group Inc 在早些提出的 ERP 概念中，强调对供应链进行整体管理。而客户作为供应链中的一环，之所以要针对它单独提出一个 CRM 概念，原因在于，在 ERP 的实际应用中，人们发现，由于 ERP 系统本身功能方面的局限性，也由于 IT 技术发展阶段的局限性，ERP 系统并没有很好地实现对供应链下游（客户端）的管理，针对 3C 因素中的客户多样性，ERP 并没有给出良好的解决办法。另一方面，到 20 世纪 90 年代末期，互联网的应用越来越普及，CTI、客户信息处理技术（如数据仓库、商业智能、知识发现等技术）得到了长足的发展。结合新经济的需求和新技术的发展，Gartner Group Inc 提出了 CRM 概念。从 90 年代末期开始，CRM 市场一直处于一种爆炸性增长的状态。

CRM 概念引入中国已有数十年，其字面意思是客户关系管理，但其深层的内涵是：

（1）体现了新态企业管理的指导思想和理念；

（2）是创新的企业管理模式和运营机制；

（3）是企业管理中信息技术、软硬件系统集成的管理方法和应用解决方案的总和。

三、客户关系管理的功能

（一）客户信息管理

企业的客户关系管理要尽量搜集大量的、完整的、全面的客户信息资料，并借用先进的管理手段与设备建立客户档案。这里的管理不仅指简单地登记客户的信息，在此之后要不断地进行动态的修改与调整。不断地登记、不断地调整、不断地整理、不断地分析，发现客户的需求，这样才是高效的客户信息管理。

（二）市场营销管理

市场营销管理主要有四项工作：市场调研、市场细分、目标市场和市场定位。

（1）市场调研。它包括企业对客户的调研。

（2）市场细分。它是指对企业的所有客户进行分类，将企业的目标客户进行锁定。

（3）目标市场。企业无法顾及整个市场份额，只能选取其中的一部分作为自己的目标市场。

（4）市场定位。它是指企业将自己定位在哪个层次，客户将企业定位在哪个层次。

（三）销售管理

客户关系管理能明确指出客户的有效需求，促进企业销售团队的建设。团结、高效的销售团队能极大地促进企业销售业绩的提升，有助于企业的良好经营。

（四）服务管理与客户关怀

客户关系管理有利于企业进行服务管理并推动客户关怀。服务管理是对客户服务进行全面、全程的跟踪，切实实施客户关怀。服务管理一般包括服务任务管理、服务跟踪管理、客户关怀管理、客户投诉与反馈管理等功能。服务管理从收到客户的服务请求开始，全程监控服务任务的执行过程，保证服务的及时性与高质量。

四、客户关系管理的作用

客户关系管理可以通过对业务流程的全面管理来优化资源配置、降低成本；还可以通过提供优质的服务来吸引与维持更多的客户，增加市场份额。通过客户关系管理，企业可以更贴近客户，获取更多的客户与市场需求，提升企业产品的性能与市场适应性。客户关系管理的具体作用如下：

（一）促使客户管理统一化

对于企业而言，客户的分布总是分散的，没有哪个部门可以全面掌握客户的整体信息。例如：销售部门掌握着企业客户的基本信息与需求信息；财务部门掌握着客户的资金信息与信用信息；生产部门和物流部门只知道根据订单生产与配送。企业的各部门如果信息沟通不顺畅、关系不协调，都会给企业客户管理带来诸多不便。客户管理的首要目的是打破部门间的信息壁垒，整合原本属于企业各部门分散管理的客户信息，将它们通过计算机技术等进行整合，为企业整体运行提供共享的全面信息资料，协调各部门的信息运用关系，同时可以为企业合作伙伴提供信息支持，保证供应、生产、销售、服务的良性运转。

（二）提升客户管理能力

客户关系管理的对象是客户，实施主体是企业。稳定现有的客户关系是企业客户关系管理的根本出发点，同时也是客户关系管理的第一目标。与客户建立良好、稳定的关系是确认企业客户类别的前提与基础。通过客户关系管理，企业能够根据客户的行为变化等在第一时间把握市场状况与客户变化情况，应时而变使企业处于客户关系管理的主动地位，稳定客户关系。因此，企业应通过客户关系管理的实施提高客户管理的能力。按管理咨询公司和技术服务供应商埃森哲的观点，企业50%的回报来自企业八项关键能力，其重点是了解客户对企业利润的价值，建立有效的客户服务管理。

（三）提高企业的市场竞争力

客户关系管理有利于企业营销合理化的实现，保持企业与客户良好的互动，可以有效整合各项资源，规避市场风险，提高企业竞争力。其主要表现为：

（1）通过与合适客户的稳定关系，确定企业的市场定位，实现企业的市场目标，从而实现企业的利润目标，提高企业受益性竞争力。

（2）通过与合作伙伴建立稳定的关系，降低运行成本，分散单个企业的竞争压力，与合伙企业紧密合作，整体规避市场风险，提高企业抵抗市场风险的能力。

（3）客户关系管理能为企业收集市场需求的变化，在产品提供给客户前就能满足市场个性化需求，通过实现客户价值来提高企业竞争力。

（四）提供协同互动的平台

从技术的角度讲，客户关系管理在电子化商务平台基础上建立了一种面向客户的融合企业管理理念、市场营销、客户服务和技术支持的自动化解决方案，能够带来如下效果：

（1）客户可以不受地域和时间限制，随时访问企业，通过企业呼叫中心或计算机网络进入客户关系管理信息库，获取相关信息或者得到服务指导。

（2）企业可以对各种营销活动进行记录与跟踪，对客户的需求变化与偏好进行分析。企业可以从市场与自己的角度获得成本、利润、生产率、风险率等产品信息，并根据客户需求变化对产品、职能、网点、物流配送等进行适时调整。

（3）企业向上可以及时了解供应商的工作进程、信用风险、环境变化等信息，规避供应链风险，保障客户利益不受影响。

五、选择分销商

建立经销渠道要选择合作伙伴，有的企业是由总部直接在各地区挑选经销商作为合作伙伴，有的则是由派往各地区的基层组织挑选合作伙伴。总部直接挑选经销商，挑选时原则性强一些，经销商的信誉好一些；而派往各地区的基层组织在挑选合作伙伴时，则易挑选同乡、同学、亲戚等有关系的经销商作为合作伙伴，这对建立正常的经销渠道是不利的。选择经销商建立经销渠道是需要长期维持的经济行为，任何经济行为要长期良好地维持下去，除了相互友好支持外，更重要的是相互约束、监督、控制，越是追求长期合作，越应加强约束、加强监督、加强控制。

（一）选择分销商时应考虑的因素

如果企业决定采用间接渠道进入市场，那下一步就应该做出选择分销商的决策。选择分销商首先要广泛搜集有关分销商的声誉、市场经验、产品知识、合作意愿、市场范围和服务水平等方面的信息，确定审核和比较的标准。选定了分销商还要努力说服对方接受你的产品，因为并不是所有的分销商都对你的商品感兴趣。实力雄厚的品牌企业要做出选择分销商的决策并不困难，但对于那些刚刚创建的中小企业来说，选择分销商并不是一件容易的事情。

一般情况下，选择分销商时应考虑以下几方面：

1. 市场覆盖范围

市场是选择分销商最关键的因素。首先，要考虑所选分销商的经营范围所包括的地区与企业产品的预期销售地区是否一致。例如：产品在华北地区，分销商的经营范围就必须包括这个地区。其次，分销商的销售对象是否是企业所希望的潜在顾客。这是最基本的条件，因为生产企业都希望所选的分销商能打入自己选定的目标市场，并最终说服消费者购买自己的产品。

分销商也并非越大越好，这里有一个适度和分销商能力的问题。情况常常是：产品在大分销商那里，不能引起足够的重视，而那些具有发展潜能的中等分销商，深知你为其提供的不仅是利润，更是美好的发展前景。选择和培养这类分销商是明智之举，因为这些人常常是你真正的合作伙伴。

2. 声誉

在目前市场游戏规则不甚完善的情况下，经销商的信誉显得尤其重要。它不仅直接影响回款情况，还直接关系到市场的网络支持。一旦经销商中途有变，企业就会欲进无力、欲退不能，不得不放弃已经开发起来的市场。而重新开发市场往往需要付出双倍的代价。多数制造商通常都会回避与当地没有良好声誉的分销商建立关系。某管理者曾说："分销商的经验和财务能力通常可以退而求其次，但是这些分销商的品质是绝对重要的和不容商量的。"

3. 中间商的历史经验

许多企业在决定某分销商是否可以承担分销商品时，常常以之前分销商品的经营状况作为一个标准。经营某种商品的历史和成功经验是分销商自身优势的另一个来源。首先，长期从事某种商品的经营，经销商通常会积累比较丰富的职业知识和经验，因而在行情变动中，能够掌控经营主动权，可以保持销售稳定或趁机扩大销售量。此外，经营历史较长的分销商已拥有稳定的客源。

许多分销商被规模巨大、有名牌产品的企业选中，往往是因为其对销售某种产品很有经验。选择对产品销售很有经验的分销商就会很快打开销路。因此，生产企业应根据产品的特征选择有经验的分销商。

4. 合作意愿

倘若分销商不愿与企业合作，或者并没有与企业合作的迫切愿望，即便其再有实力和优势，对企业而言都没有意义。所以，合作意愿是选择分销商时一定要考虑的重要因素。分销商与企业合作得好会积极主动地推销企业的产品，这对双方都有利。有些分销商希望生产企业也参与促销，以扩大市场的需求，获取更大的利润。因此，生产企业也应根据产品销售的需要，确定与分销商合作的具体方式，考察被选分销商对企业产品销售的重视程度、合作态度，然后再选择最理想的分销商进行合作。

5. 产品组合情况

在激烈竞争的市场中，产品组合或者产品线的多少，往往决定着客户数量的多少，也决定着本企业产品销售机会的多少。所以，企业必须关注自己的产品的种类与组合情况。

在选择分销商的过程中，如果分销商经销的产品与自己生产的产品是竞争对手，企业应避免选择此类分销商；此外，如果自己的产品组合与分销商经销的产品有区别，或者自己的产品的竞争优势非常明显，这样的分销商也可以是企业选择的对象。

6. 分销商的财务状况

生产企业应倾向于资金较雄厚、财务状况良好的分销商，因为这样的分销商能保证销售数量、及时付款，甚至在其他方面给予生产企业一定的帮助，如分担销售费用、提供销售预付款、直接给客户提供资金融通渠道（分期付款等），从而有助于扩大产品的销路和生产发展。

7. 经销商的区位优势

区位优势即其所在市场的位置优势。理想的分销商的市场位置优势是尽量在空间上靠近客户、尽量在数量上面对大量的客户、尽量有利于产品的流通。

8. 分销商的促销能力

分销商销售产品的方式以及运用促销手段的能力，直接影响其销售的规模。有些产品适合广告促销，有些产品适合人员推销；有些产品需要有效地储存，有些产品应快速地运输。生产企业要考虑到分销商是否愿意或主动承担一定的促销费用，是否拥有必要的物质、技术基础以及相应的人才储备。企业在选择分销商之前，必须对其所能完成某种产品销售的市场营销政策和技术的现实可能程度做全面的评价。

（二）选择分销商的方法

选择分销商的方法有很多，在此介绍几种常用的方法：

1. 强制评分选择法

强制评分选择法的基本原理是对拟选择作为合作伙伴的每个分销商就其从事商品分销的能力和条件进行打分评价。由于各个分销商之间存在分销优势与劣势的差异，因此每个项目的得分会有所区别。企业注意到不同因素对分销渠道功能建设的重要程度的差异，可以分别赋予一定的重要性系数（或者称为权数），然后计算每个中间商的总得分，从得分较高者中择优“录用”。

2. 销售量分析法

销售量分析法是指通过实地考察有关分销商的顾客流量和销售情况，并分析其近年来销售额水平及变化趋势，在此基础上，对有关分销商实际能够承担的分销能力（尤其是可能达到的销售量水平）进行估计和评价，然后选择最佳“候选人”的方法。

3. 销售费用分析法

联合分销商进行商品分销是有成本的，主要包括分担市场开拓费用、给分销商让利促销、由于货款延迟支付而带来的收益损失、合同谈判和监督履约的费用。这些费用构成了销售费用（或流通费用），它实际上会减少生产厂商的净收益，降低利用有关分销渠道的价值。当然，销售费用的大小主要取决于被选择的合作伙伴的各方面条件和特征。企业可以把预期销售费用看作衡量有关“候选人”优劣程度的一种指标。比较的办法有三种：

（1）总销售费用比较法。企业在分析有关“候选人”的合作态度、营销战略、市场声誉、顾客流量、销售记录的基础上，估算各个“候选人”作为分销渠道成员，执行分销功能过程中的销售费用，然后直接选择总分销费用最低的“候选人”。

（2）单位商品（单位销售额）销售费用比较法。考虑到商品销售量对销售费用的影响，企业在评价有关分销商的优劣时，需要把销售量与销售费用两个因素联系起来综合评价。方法之一就是选用某分销商的预期总销售费用与该分销商能够实现的商品销售量（或销售额）之比值，即单位商品（单位销售额）销售费用作为比较的依据，来选择最佳的分销商作为分销渠道成员。

（3）费用效率分析法。此方法的原理与单位商品（单位销售额）销售费用比较法相同，也是以销售业绩与销售费用的比值作为评价依据，来选择最佳分销商。与前者不同的是，此方法采用的比值是某分销商能够实现的销售业绩（销售量或者销售额）除以该分销商总销售费用，称为费用效率。

六、激励中间商客户

心理学家威廉·詹姆斯在《行为管理学》一书中认为，合同关系仅能使人的潜力发挥20%～30%，而如果其受到充分激励，其潜力可发挥到80%～90%，这关键在于激励活动可以充分发挥与调动人的积极性。所以，激励渠道成员是企业销售管理中不可缺少的一环，是调动渠道成员积极性的重要保障。

“知彼知己，百战不殆”。企业要想成功地管理经销商（渠道成员），首先必须了解经销商，了解其想法与需求，只有这样才能有的放矢。理论研究表明，中间商和生产商虽然同处于一条供应链与价值链上，却存在明显的差异。

（1）经销商具有相对的独立性，并不认为自己是生产商雇佣的供应链与价值链中的一员。并且，经过一些实践以后，经销商会安于某种熟悉的经营方式，执行实现自己目标所必需的职能，在自己可以自由决定的范围内制定自己的政策。

（2）对于经销商而言，最重要的是客户，而不是生产商。其感兴趣的是客户要从他那里购买什么，而不是生产商要向他提供什么。

（3）经销商往往会把其所有商品当作一个整体来看。其所关注的是整个产品组合的销量，而不是单个商品种类的销量。

（4）如果没有一定的激励，经销商不会去收集其所销售产品的市场信息，从而生产商也无法从经销商处获得有关产品开发、定价、包装或者促销等信息，甚至部分经销商还可能故意隐瞒商品销售的真实信息。

由上述几点分析得出，产品的生产商与经销商是各自独立的经济实体，有着各自的经济利益，它们之间存在平行的合作关系，而不是上下级关系和依附关系。所以，生产商要想和经销商进行合作，不能靠命令式的沟通方式，而应采用平等、共享、共赢的合作方式。因此，产品从生产商到客户的过程就需要激发经销商的销售愿望，激励中间商能主动地销售产品。

激励中间商的形式多种多样，但大体上可以分为两种：直接激励和间接激励。

（一）直接激励

直接激励主要是指通过给予中间商物质、金钱的奖励来激发其积极性，从而实现生产商的销售目标。直接激励主要有以下几种形式：

1. 返利政策

在制定返利政策时要考虑以下因素：

（1）返利的标准。一定要分清返利产品的品种、数量与返利额度。在制定返利政策时还要考虑市场竞争对手的情况，返利政策实现的可能性，返利政策可能引起的抛售、倾销等不正当竞争。

（2）返利的形式。一定要明确是现价返还是以产品返，还是两者结合。

（3）返利的时间。是按月、按季度还是按年返利，应根据产品特性、货物流转周期而定。一定要在返利兑现的时间内完成返利的结算，否则时间一长，账目不清，对双方均不利。

（4）返利的附属条件。为了能使返利这种形式促进销售，而不是起到相反的作用，一定要加上一些附属条件，严禁跨区域销售、严禁擅自降价减价销售、严禁拖欠货款等，否则取消返利。

现实中有可能会遇到这样的情况，返利的标准制定得比较宽松，失去了返利刺激销售的基本目的，或者返利太大造成价格变相下降，影响企业的盈利。因而在返利政策的制定过程中，一要考虑周全，二要严格仔细。

2. 价格折扣

价格折扣包括以下几种形式：

（1）数量折扣。经销数量越多、金额越大，折扣越丰厚。

（2）等级折扣。经销商根据其在渠道中的位置和等级，享受相应的等级折扣。

（3）先进折扣。货款回收得越早，折扣的力度越大。

（4）季节折扣。在旺季转淡季时，可通过折扣鼓励经销商多进货，减少生产商的库存压力；在进入旺季时，加快折扣的递增速度，促使渠道进货，达到一定的市场覆盖度，以抢占市场热点。

3. 促销活动

一般来说，生产商的促销活动都会受到经销商的欢迎。促销活动的费用一般可以由生产商负担，有时也可以由销售商合理分担。同时，生产者还会派人前往主要的经销商处协助安排商品的陈设，举办产品展览和操作表演，帮助训练销售人员。生产商开展促销活动时要注意以下几个问题：

（1）促销目标的确定。促销活动不仅要增加产品的销售额，还要关注其所提升的市场占有率、市场覆盖度、渗透终端店的数量等具体指标。

（2）促销力度的设计。生产商促销活动的力度，一要考虑是否能刺激经销商的兴趣；二要考虑促销活动后经销商的态度与市场的反应；三要考虑企业经营成本的承受能力。

（3）促销的方式组合。要确定促销的方式是赠品，是抽奖，还是派送。总之，促销的方式组合必须能有效地激起客户对产品的兴趣与购买意愿。

（4）促销的时间安排。促销从何时开始，到何时结束，一定要预先设计好，并让所有经销商与客户知道。

（5）促销效果的评价。为了保证促销活动的有效性，一定要对促销效果进行评价。一是要督促经销商认真执行；二是要不断调整促销的策略；三是要从中汲取经验教训。

（6）促销活动的管理。促销活动在企业的营销活动中占有重要位置，无论是从企业统一组织、统一实施，还是分区组织、分区实施，从提交方案、审批方案、实施方案、效果评价等方面都应当有一个程序，从而确保促销活动的正常、有序开展。

（二）间接激励

间接激励是指通过帮助经销商等中间商获得更好的管理、销售的方法，从而提高销售绩效。在市场机制日益成熟的今天，直接激励的作用在不断减弱。一方面，企业每天都向市场推出大量的新产品，各种形式的广告铺天盖地；另一方面，大量的经销商在经历了账面资金不断缩水的教训后，面对充满诱惑的招商广告依然捂紧并不充实的口袋。经历了代理、经销、买断等厂商合作方式，演绎过降价、打折、买送等促销手段后，经销商面对生产商的种种销售策略，比任何一个时期都冷静。面对此种状况，一批企业在激烈的市场竞争中渐渐被淘汰出局。企业深知，没有一套行之有效的销售方法，就算有再大的利润空间、再多的广告投入都是不行的。所以，生产商越来越意识到间接激励的重要性。

间接激励的做法通常有以下几种：

（1）帮助经销商建立进销存报表、安全库存数、先进先出库存管理。进销存报表的建立，可以帮助经销商了解某一周期的实际销售数量和所获利润；安全库存数的建立，可以帮助经销商合理安排进货时间和数量；先进先出的库存管理，可以减少即期品（即将过期的商品）的出现。

（2）帮助零售商进行零售终端管理。终端管理的内容包括铺货和商品陈列等。企业要通过定点、定期拜访，帮助零售商整理货架，设计商品成列形式。

（3）帮助经销商管理其客户网络，加强经销商的销售管理工作。企业要帮助经销商建立客户档案，并根据客户的购买量将他们分成等级，实行 ABC 分类管理，对于不同等级的客户采用不同的支持方式，从而更好地服务于不同性质的客户，提升客户的满意度和忠诚度。

（4）伙伴关系管理。从长远发展来看，企业应实施伙伴关系管理，也就是生产商与经销商结成合作伙伴关系，风险共担、利益共享。近年来，销售渠道的作用正在逐渐被人们重视，渠道合作、分销商合作、商业合作、战略联盟正成为生产商与经销商的共识。合作关系或战略联盟表述了一种在生产商和其渠道成员之间的持续的相互支持的关系。

七、窜货管理

在分销渠道的建设与管理中，经营者往往会遭遇一个市场营销学中没有的概念，又是销售实践中让营销管理人员头痛不已的问题——窜货。窜货，又被称为倒货、冲货，也就是产品跨区销售，是渠道冲突的一种典型表现。

（一）不同形式的窜货

根据表现形式以及影响程度，窜货可以分为以下几类：

1. 自然性窜货

自然性窜货是指经销商在获取正常利润的同时，无意中向自己辖区以外的市场销售产品的行为。实际上，这种窜货在现实情况下是不可避免的，只要有市场细分就会有窜货情况的发生。它主要的表现是相邻辖区的边界附近相互窜货，或是在流通型市场上货物随物流销售到别的地区。这种形式的窜货会使该区域的价格体系受到影响，从而降低企业的利润，影响二级经销商的积极性，严重时可能发展为二级经销商之间恶意窜货行为。

2. 良性窜货

良性窜货是指生厂商在市场开发初期，有意或无意地选中了流通性较强的市场中的经销商，使其产品流向非重要经营区域或空白市场的现象。在市场开发初期，良性窜货对生厂商是有好处的：一方面，生产商无需广告投入就提高了市场知名度；另一方面，生产商不但可以增加销售量，还可以节省运输成本。

3. 恶性窜货

恶性窜货是指为获取非正常利润，经销商蓄意向自己辖区以外的市场倾销产品的行为。经销商向辖区以外倾销产品最常用的方法是降价销售，主要是以低于生产商规定的价格向非辖区销售产品。恶性窜货给生产商造成的危害是巨大的，它扰乱了生产商整个经销网络的价格体系，易引发价格战，降低利润，使得经销商对产品失去信心，丧失销售积极性并最终放弃经销该生产商的产品。混乱的价格将最终导致生产商的产品、品牌失去消费者的信任与支持。

企业还必须警惕另一种更恶劣的窜货现象，即经销商销售假冒伪劣产品。假冒伪劣产品以其超低价诱惑经销商铤而走险。经销商往往将假冒伪劣产品与正规渠道的产品混在一起销售，掠夺工规产品的市场份额，或者直接以低于市场价的价格进行倾销，打击了经销商对品牌的信心。

（二）窜货现象的成因

在市场经济中，窜货乱价具有必然性。其根本原因是，商品流通的本性是从低价区向高价区流动，从滞销区向畅销区流动。因此，同种商品只要价格上存在差异，或者只要同种商品在不同地区的畅销程度不同，就必然产生地区间的流动。窜货现象产生的原因有：

1. 缺乏管理制度

部分生产商没有制定窜货管理的制度，对代理商、经销商以及营销人员没有严格的规定，没有奖惩措施，以致窜货现象发生时无制可依，无法控制。生产商的这种情况会间接鼓励经销商违规操作，向其他地区发货，造成窜货现象的泛滥。

2. 管理监控不力

部分生产商有规章制度，但是反应迟钝。在产品销售的过程中，生产商会患有“营销近视”，片面追求产品的销售量，积极采取短期行为，对窜货行为不重视，信息反馈不及时。有时，经销商为完成既定的销售任务，主动向相邻市场抛售产品，而生产商却不能及时发现此窜货现象，待发现时已不可收拾。

3. 激励措施缺乏公平性

生产商在激励经销商时往往忽略采取其他措施将经销商的行为控制在合理的范围内，例如：年终返利、高额回扣、特殊奖励等。生产商针对渠道成员制定的种种刺激措施，一般都会以经销商完成的销售额为基准，超额完成的百分比越高，其获得的奖励额度就越高，利润就越丰厚。为获得丰厚的回报，经销商会不顾一切地提高销售额，采用各种手段向其他区域市场“攻城略地”，有时甚至会倒贴差价、赔本销售，将原本合理的价格体系与稳定的市场搞乱。

4. 代理选择不合适

代理选择不合适主要有两方面的问题：一方面是对独家代理商与多家代理商的选择不当。一般来说，生产商选择独家代理制，比较容易掌握，可以较简单地保证市场规范有序。但有些生产商为扩大销售盲目选择经销商，扩充经销商的数量。这导致生产商无法控制经销商，也无法控制市场，生产商的短视行为最终导致产品的跨区销售。另一方面是对代理商或经销商的资质审查不严，使一部分不合格的经销商滥竽充数，只要能赚钱，什么都敢做，也就直接导致跨区销售行为不断发生。

（三）治理窜货问题的对策

面对窜货现象的发生，生产商应从以下几个方面入手进行整治：

1. 归口管理，权责分明

生产商的分销渠道管理应该由单独的部门进行管理。多头管理、令出多门最容易导致市场混乱。单独管理的部门首先要制定出一整套管理规章制度，设立市场监督，建立严格的奖惩制度，并且制度一旦制定，有法必依，违法必究。

2. 签订分区销售协议

生产商与各地的经销商、代理商之间是平等的企业法人关系，需要通过签订经销或代理合同来约束经销商的市场行为。在合同中必须明确其代理销售的区域，将其销售活动严格限制在规定的区域内，并且还要鼓励经销商、代理商之间进行合理的监督，管好自己的销售区域。

3. 加强销售通路管理

生产商需要特别关注销售终端，关注零售市场。如果某区域销量与价格有明显的变化，生产商应分析原因，谨防有区域窜货的情况发生。同时，生产商应保持渠道畅通以保证市场信息及时反馈，以便掌握市场状况。

4. 区域差异化包装

为保证产品能在销售区域内销售，生产商可以对销往不同区域的产品在外包装上做出明显的区别，利用不同编码、不同条形码、不同的文字等对产品进行差异化的设计，以防止窜货现象的发生。

5. 建立合理的价差体系

生产商的价格政策要有利于防止窜货现象。

(1) 每一级的经销商的利润设置不可过高，也不可过低：过高容易引发降价竞争，造成倒货；过低调动不了经销商的积极性。

(2) 管好促销价。促销期间，经销商可能会将产品以较低的价格销往非促销区域形成窜货，所以生产商应对促销时间、促销区域、促销数量进行合理规划和控制。

(3) 价格政策要有一定的灵活性，还要有一定的调整空间，要严格监控价格体系的执行情况，并制定对违反价格政策现象的处理办法，使经销商不至于由于价格差异而窜货。

项目小结

客户服务管理是指企业为了建立、维护并发展顾客关系而进行的各项服务工作的总称，其目标是建立并提高顾客的满意度和忠诚度，最大限度地开发利用顾客。其内容主要包括服务要求管理、客户投诉建议管理、维修与故障处理管理、客户问题信息管理、客户咨询信息管理、客户建议信息管理、客户回访信息管理。

评价客户服务质量的指标主要包括：有形性、可靠性、响应性、安全性和移情性。提升客户服务质量的策略主要有：树立正确的服务理念、保持良好的服务态度、树立全程服务的观念、塑造客户服务的共同愿景。

客户信用管理是指在客户信用信息收集和分析的基础上对客户的信用状况进行把握，

并用信用管理的专业技术，扩大信用消费、防范信用风险的行为。企业的信用政策主要包括信用标准、信用条件、信用额度与收账政策等。一旦应收账款无法按期收回，企业必须采用适当的措施追回货款，可采取企业自行追账、委托追账、仲裁追账、诉讼追账的方式。

客户关系是指企业为实现经营目标，主动与客户建立的某种联系。客户关系具有多样性、差异性、持续性、竞争性、双赢性的特征；客户关系管理的功能主要有客户的信息管理、市场营销管理、销售管理、服务管理与客户关怀。

选择分销商时应考虑：市场覆盖范围、声誉、中间商的历史经验、合作意愿、产品组合情况、分销商的财务状况、经销商的区位优势、分销商的促销能力。激励中间商的形式可以分为两种：直接激励和间接激励。

窜货是渠道冲突的一种典型表现，包括自然性窜货、良性窜货、恶性窜货。

项目测评

一、简答题

1. 请简述服务质量的内涵。
2. 请简述评价服务质量的指标有哪些。
3. 请简述企业信用管理的目标有哪些。
4. 请简述影响信用期限的主要因素有哪些。
5. 请简述企业自行追账的基本方法有哪些。
6. 请简述委托追账的特点。
7. 请简述仲裁追账的特点。
8. 客户关系的主要类型有哪些?
9. 选择分销商时应考虑哪些因素?

二、案例分析题

泰国的东方酒店堪称亚洲酒店之最，几乎天天客满，不提前一个月预订是很难有机会入住的。泰国为什么会有如此诱人的酒店呢？对，其靠的就是非同寻常的客户服务，也就是现在经常提到的客户关系管理。

东方酒店的客户服务好到什么程度呢？我们通过一个实例来看一下。

一位朋友因公务经常到泰国出差，并下榻在东方酒店，第一次入住时，良好的酒店环境和服务就给他留下了深刻的印象。当他第二次入住时，几个细节更使他对酒店的好感迅速升级。

那天早上，当他走出房门准备去餐厅时，楼层服务生恭敬地问道："于先生是要用早餐吗?"朋友很奇怪，反问："你怎么知道我姓于?"服务生说："我们酒店规定，要背熟所有客人的姓名。”这令朋友大吃一惊，因为他频繁往返于世界各地，入住过无数高级酒店，但这种情况还是第一次碰到。

朋友高兴地乘电梯到餐厅所在的楼层，刚刚走出电梯门，餐厅的服务生就说：“于先生，里面请。”朋友更加疑惑，因为服务生并没有看到他的房卡，就问：“你怎么知道我姓于?”服务生答：“上面刚刚打电话下来，说您已经下楼了。”如此高的效率让朋友再次大吃一惊。

朋友刚走进餐厅，服务小姐微笑着问：“于先生还要老位子吗?”朋友的惊讶再次升级，心想：“尽管我不是第一次在这里吃饭，但最近的一次到现在也有一年多了，难道这里的服务小姐记忆力那么好?”看到于先生惊讶的目光，服务小姐主动解释说：“我刚刚查过电脑记录，您在去年的6月8日在靠近第二个窗口的位子上用过早餐。”朋友听后兴奋地说：“老位子！老位子!”服务小姐接着问：“老菜单？一个三明治，一杯咖啡，一个鸡蛋?”现在朋友已经不再惊讶了，“老菜单，就要老菜单!”

上餐时，餐厅赠送了朋友一碟小菜。由于这种小菜朋友是第一次看到，因此他就问：“这是什么?”服务生后退两步说：“这是我们特有的××小菜。”服务生为什么要先后退两步呢？因为他怕自己说话时唾液不小心落在客人的食品上。这种细致的服务不要说在一般的酒店，就是在美国最好的饭店里朋友都没有见过。这一次早餐给朋友留下了终生难忘的印象。

后来，由于业务调整，朋友有三年的时间没有到泰国去，在朋友生日的当天，他突然收到了一封东方酒店发来的生日贺卡，里面还附了一封短信，内容是：“亲爱的于先生，您已经有三年没有来过我们这里了，我们全体人员都非常想念您，希望能再次见到您。今天是您的生日，祝您生日愉快。”朋友当时激动得热泪盈眶，决定如果再去泰国，绝对不会到任何其他饭店，一定要住在东方酒店，而且要说服所有的朋友也像他一样住在东方酒店。朋友看了一下信封，上面贴着一枚六元的邮票。六元就这样买到了一颗心，这就是客户关系管理的魔力。

东方酒店非常重视培养忠实的客户，并且建立了一套完善的客户关系管理体系，使客户入住后可以得到无微不至的人性化服务，迄今，世界各国约20万人入住过那里。用东方酒店的话说，只要每年有十分之一的老顾客光顾，酒店就会永远客满。这就是东方酒店成功的秘诀。

问题：

1. 东方酒店成功的秘诀有哪些?
2. 东方酒店的客户管理经验对你有哪些启示?

项目九　营销策划团队建设

学习目标

知识目标

1. 了解营销策划人员职业道德的基本要求。
2. 了解营销策划团队组建的方法。
3. 掌握营销策划人员培训的内容和方法。

能力目标

1. 科学组建营销策划团队。
2. 能拟定营销策划团队架构及相应的团队文化内容。
3. 能够融会贯通解决营销策划团队管理中出现的问题。

素养目标

1. 树立正确的营销策划观。
2. 培养团队合作意识。
3. 完善团队沟通技巧。

案例导入

如何培养团队的协同精神

美国复印机市场的"超级巨人"施乐公司，为了塑造团队精神，鼓励公司全体员工互相帮助。对于员工在业务方面的困难，其他员工不但不能漠视，相反应该予以全力支持。施乐认为，合作精神不是自然而然发生的。为此施乐公司经常指派那些销售业绩良好的人去帮助在销售指标线上苦苦挣扎的人。施乐有三句口号专为这种合作精神所设：

（1）把人与人之间的墙推倒；

（2）让互相帮助成为一件自然而然的事；

（3）合作从互帮互助开始。

只有团队所有成员的动机、需求、驱动力和耐力结合到一起，才能推动整个团队前进，也只有当团队所有的成员都忠诚于团队以及团队的愿望时，才会形成团队合力。团队合力的形成决定了目标的实现以及团队的产出是否能大于团队成员的简单组合。

在实践中，培养团队的协同精神，通常可以从以下几个方面入手。

1. 以人为本，强调协作

（1）鼓励成员相互支持。

（2）倡导团队合作。

2. 建立长久的协作关系

（1）建立长久的互动关系。

（2）强调长远的利益。

3. 制定合作规范

成功团队的有效做法之一就是确定统一的工作标准，以规范团队协作：（1）平衡所有工作；（2）将成员进行分类；（3）保持统一标准；（4）进行工作轮换；（5）尊重所有工作风格。

任务一 营销策划人员的职业道德

微课：职业道德概述

一、职业道德的含义及构成要素

职业道德是指从事一定职业的人在职业活动中应该遵循的，依靠社会舆论和内心信念来维持的行为规范的总和。它调节从业人员与服务对象、从业人员之间、从业人员与职业之间的关系。主要包括以下七个要素：

（一）职业理想

职业理想指人们对职业活动目标的追求和向往，是人们的世界观、人生观、价值观在职业活动中的集中体现。它是形成职业态度的基础，是实现职业目标的精神动力。

（二）职业态度

职业态度指人们在一定社会环境的影响下，通过职业活动和自身体验所形成的，对工作岗位的相对稳定的劳动态度和心理倾向。它是从业者精神境界、职业道德素质和劳动态度的重要体现。

（三）职业义务

职业义务指人们在职业活动中自觉履行对他人、社会应尽的职业责任。我国每个从业者都有维护国家、集体利益，为人民服务的职业义务。

（四）职业纪律

职业纪律指从业者在工作中必须遵守的规章、制度、条例等职业行为规范。例如：公务员必须廉洁奉公、甘当公仆；公安人员必须秉公执法、铁面无私等。

（五）职业良心

职业良心指从业者在履行职业义务中所形成的对职业责任的自觉意识和自我评价活动。例如：医生的职业良心是治病救人；教师的职业良心是教书育人、为人师表；数字营销人员的职业良心是诚实守信。

（六）职业荣誉

职业荣誉指社会对从业者职业道德活动的价值所做出的褒奖和肯定评价，以及从业者在主观认识上对自己职业道德活动的一种自尊、自爱的荣辱意向。当一个从业者的职业行为的社会价值赢得社会认可时，这个人就会产生荣誉感。

（七）职业作风

职业作风指从业者在职业活动中表现出来的相对稳定的工作态度和职业风范。例如：尽职尽责、诚实守信、艰苦奋斗等，都属于职业作风。职业作风是一种无形的精神力量，对人的事业成功具有重要作用。

二、职业道德的社会功能

（一）导向功能

导向功能指职业道德具有引导职业活动方向的效用，具体表现在三个方面：第一，确立正确的职业理想，提高从业人员的社会责任感；第二，根据企业发展战略，引导从业人员集中智慧和力量，促进企业健康发展，推动企业从业人员取得事业的成功；第三，引导从业人员不偏离企业发展的具体要求，避免从事的业务活动出现偏差。

（二）规范功能

规范功能指职业道德具有促进职业活动规范化和标准化的效用，具体表现在两个方面：一是通过岗位责任的总体规定，使从业人员明白职业活动的基本要求；二是通过具体的操作规程和违规处罚规则，让从业人员了解职业行为的底线，不越“雷池”，避免受到处罚。比如，电工必须执行操作规程，禁止带电作业，否则就可能引发安全事故，害人害己。

（三）整合功能

整合功能指企业通过职业道德核心理念对企业内部不同部门、不同个体之间进行调节，起到凝聚人心、协调统一的效用。整合功能分硬性整合和柔性整合。在职业活动中，企事业单位的硬性要求是职业伦理的底线，是职业道德的禁区。一旦有人违反，就会受到处罚。柔性整合是指通过职业道德精神的有效应用凝聚力量、鼓舞士气，增强战斗力。

（四）激励功能

激励功能指职业道德能够激发从业人员产生内在动力的效用。它能通过社会舆论、榜样和绩效考评等多种途径，提高从业人员的职业自豪感，增强从业人员的职业责任心、义务感和忠诚度，使从业人员最大限度地为社会做出贡献，实现自己的人生价值。

三、职业道德的社会作用

（一）有利于调整职业利益关系，维护社会生产和生活秩序

职业道德对职业关系的调整作用不仅体现在说服教育，而且借助于规章、制度、法律规范等硬性要求加以调节，将其精神贯穿于绩效考核、评聘上岗之中，以保证其作用的有效发挥，使从业人员在职业实践中培养社会责任感和荣誉感，自觉处理个人与社会、小集体与大集体、竞争与协作之间的关系，维护社会生产和生活的正常运行。

（二）有利于提高人们社会道德水平，促进良好社会风尚的形成

职业道德要求人们在从事职业活动的过程中，把认识和处理人与人、人与企业、人与社会之间的关系放在重要的位置。一方面，通过构建和谐的职业关系来创造物质财富；另一方面，在创造物质财富的活动中肩负起建设社会主义精神文明的责任和义务。

（三）有利于完善人格，促进人的全面发展

职业活动中，职业道德规定了工作岗位责任，指导人们在工作岗位上树立明确的职业目标、职业理想，完成职业要求，培养职业道德品质，推动人们成长和成才。

四、营销策划人员职业道德的基本要求

（一）诚实守信

1. 认识诚信

诚信的基本含义是诚实无欺，讲求信用。“诚”就是真实不欺骗，“信”就是遵守约定、践行承诺，诚信的本质是真实、守诺、信任，即尊重实情、有约必履、有诺必践、言行一致。

诚实守信是中华民族的传统美德。《论语》有云：“人而无信，不可知其也。”“一言既出，驷马难追。”这些都在表达诚信的重要性。人无信不立，业无信不兴，社会无信则失序。就个人而言，诚信是高尚的人格力量；就企业而言，诚信是宝贵的无形资产；就社会而言，诚信是正常的生产、生活秩序；就国家而言，诚信是良好的国际形象。诚信对一个人的成功、一个企业的成功，乃至一个社会的进步与繁荣，都具有深远意义。所以，每个人都要将诚信作为为人处事的基本原则。

2. 诚信的价值

（1）诚信是做人的根本。诚信不仅是一种品行，更是一种责任；不仅是一种道义，更是一种准则；不仅是一种声誉，更是一种资源。有了诚信，一个人才能赢得他人的信赖，才能充分发挥自己的潜能和优势，取得成功。

作家托马斯·斯坦利在《百万富翁的智慧》一书中披露了 1 300 名百万富翁获得成功的原因。令人惊奇的是，被调查者没有一位把自己的成功归功于才华，而是认为成功的秘诀在于诚实，有自我约束力……诚实被摆在了第一位。在这些富翁们的眼中，现代经济是信用经济。在市场经济的环境中，信用才是人生最宝贵的资产，其价值是难以用金钱衡量的。

（2）诚信是职场通行证。诚信是一名新人初入职场时最被看重的道德品质。诚信是通往职场的第一张通行证。在一次招聘会上，一家知名企业在 300 名应聘者中选中了两名学生。理由是，他们简历中的材料没有造假，实事求是地描述了自己的能力。面试时他们的表现非常诚恳，有一说一，不懂的问题也没有故意遮掩。而很多应聘者把自己的能力写得天花乱坠，结果被问到具体问题时，都回答不上来。对企业来说，员工具有诚信的品质比具有专业技术能力更加重要。企业最关注的是人品和素质。

（3）诚信胜于能力。在职场中，一直流传着这样的说法：德才兼备是精品，有德无才是次品，无德无才是废品，有才无德是危险品。所以，很多用人单位在员工招聘和使用时都默守这样的规则，德才兼备者要重用，有德无才者可以用，有才无德者不敢用，无德无才者不能用。

李开复在《给中国学生的第二封信：从优秀到卓越》中说道：不管你的能力是强还是

弱，一定要具备诚信的品质。只要你真正表现出足够的真诚，你就有机会得到企业家的关注，他也会乐意在你身上投资，给你培训的机会，提高你的技能，因为他认为你值得信赖。有了诚信，无论你从事什么样的工作，都会有成功的机会。

（4）企业打造品牌源于诚信。对企业而言，诚信可以节省企业的交易费用。讲信用、诚实经营的企业，在消费者中会建立良好的口碑，消费者的满意度提高了，经营者的广告宣传费用也就可以减少了。诚信可以使企业实现低成本扩张，一个信誉好的企业，可以向银行借到利率较低的资金，也可以在资本市场上以较低的成本融资。诚信是企业的无形资产，具有为企业增值的功能，它与货币资本、劳动力资本一样是企业发展不可或缺的要素。纵观国内外成功的企业，无一不是以诚信为本发展壮大的，诚信是成功企业必备的品质之一。

（二）爱岗敬业

1. 爱岗敬业的含义

爱岗就是热爱自己的工作岗位，热爱本职工作，是指营销策划工作者以正确的态度对待自己的职业，努力培养自己所从事的工作的幸福感、荣誉感。敬业就是要用一种恭敬严肃的态度对待自己的工作，勤勤恳恳、兢兢业业，忠于职守、尽职尽责。爱岗敬业包含四层含义：

（1）恪尽职守。一个人只要从事了一份工作，就是承担了一份责任，就应该认真履行这份责任。

（2）勤奋努力。敬业的人，一定是非常勤奋的人，总是想办法尽快保质保量地完成工作。

（3）享受工作。敬业的人总是以工作为乐，把工作岗位看作施展自己才能的舞台，把工作中难题的解决、工作任务的顺利完成、工作目标的实现，看作人生价值的实现。

（4）精益求精。敬业的人不满足自己已有的技能和取得的成绩，而是不断开拓创新，以取得更大的进步，做出更大的成绩。

2. 爱岗敬业的特征

（1）主动。主动就是不用领导督促，不借外力推动，积极主动地开展职业活动。具有敬业精神的从业人员，能够自觉意识到自己的职责；在遇到困难和危机时，能够主动请缨、排除万难，取得最终胜利；在工作遇到偏差失误时，具有宽广胸怀，敢于承担自己的责任，不推诿。

（2）务实。敬业不是空洞的口号，而是必须落实到具体工作岗位上，只有以实际行动才能判断一个人是否真正敬业。一方面，敬业来自营销策划人员内心的真诚情感和追求，而不是虚伪的承诺；另一方面，敬业只有转化为实实在在的工作成效，才能为人们所认可。

（3）持久。敬业是一种职业品质，它要求营销策划人员能够长期坚持，始终不渝做到高标准和严要求。

3. 爱岗敬业的具体要求

（1）强化职业责任。一是了解职业责任。一个敬业的人，必须认真了解自己的职业责任，把握工作性质、内容、要求，特别需要思索职业技能方面的要求，认真做好准备工作。二是强化责任意识。责任重于泰山。无数事例表明，在职业活动中，一个小小的疏忽，就有可能对企业和社会的发展带来危害。

（2）坚守工作岗位。一是遵守规定。没有规矩不成方圆。一个敬业的人，应该自觉遵守规章制度，做遵守规定的模范。二是履行职责。职责是神圣的，一个人应该尽自己最大的努力把工作做好，认真地履行自己的职责，即使要离职，也应该按规定做好移交工作。三是临危不惧。在职业活动中，难免会遇到危险情况。为了人民生命财产安全，营销人员要临危不惧，挺身而出，迎难而上。

（3）提高职业技能。一是要勇于实践。实践出真知，营销策划人员应该结合岗位需要，与时俱进，不断学习，努力提高职业技能。二是要开拓创新。创新是指人们为了发展的需要，运用已知的信息，不断突破常规，发现或产生某种新颖、独特、有社会价值的新事物、新思想的活动。营销策划人员要树立创新意识，坚定创新信念，坚持创新实践，取得创新成果。

4. 爱岗敬业的重要性

（1）敬业是营销策划人员在职场立足的基础。敬业与否成为单位选人用人的重要标准。营销策划人员只有具备敬业的素质，才能干一行、爱一行、专一行，最大限度发挥自己的聪明才智，为社会做出自己的贡献。例如：阿里巴巴公司在招聘员工时，除逻辑分析能力、适应环境能力、团队协作能力、创新能力外，员工素质中最重要的是职业道德素质，其中敬业精神是雇佣的先决条件。在许多企业看来，聘用缺乏敬业精神的人，对企业来说是一种风险。企业在确定招聘人员之前，真实考查从业人员的敬业精神，是规避风险的最好方法之一。

（2）敬业是营销策划人员事业成功的保证。强烈的敬业精神是营销策划人员做好工作的前提。一个人具备了强烈的敬业精神，就意味着在工作中能够严格要求自己，以积极的心态、饱满的热情投入工作中，做好每件事情；就能够为了完成工作任务，做到勤奋踏实，勇于创新，不怕吃苦；就能够自觉遵守各项规章制度，不做损害集体的事情。这样，他就能够出色地完成工作任务，认真履行自己的工作职责，为自己事业的成功奠定良好的基础。敬业就是把自己应该做的事做实、做细，精益求精，创造一流。

（3）敬业是人生制胜的法宝。实践表明，具有敬业精神的员工会有如下表现：当遇到困难时，他们总会迎难而上，把自己的精神状态调整到最佳，把自己的潜能发挥到极致；当取得成绩时，他们总是感到不满足，不沾沾自喜，而是立足本职，开拓创新，力求有所发现、有所创造；在别人求助时，他们会积极主动帮助他人，善于合作。正是因为有了这样的员工，企业才有良好效益，才能够不断发展壮大。那些成功的大企业，无一不拥有一大批爱岗敬业的员工，比如，追求产品“零缺陷”的海尔、以“真心真意”为企业信条的小天鹅、以“IBM就是服务”为宗旨的美国IBM公司，员工的敬业品德为企业赢得了广泛声誉。

世界500强企业选拔优秀员工的12条核心标准，包括：敬业精神，忠诚，良好的人际关系，团队精神，自动自发地工作，注重细节、追求完美，不找任何借口，具有较强的执行力，找方法提高工作效率，为企业提出良好的建议，维护企业形象，与企业共命运。

弘扬爱岗敬业精神，不仅为了实现个人的人生价值，取得事业成功，更契合当代中国持续、快速、健康发展的现实需要。爱岗敬业精神的传承与发扬，是全面建设社会主义现代化国家、实现中华民族伟大复兴的有力助推器。

案例

北京元隆顾绣绸缎商行专营国产丝绸，很有名气。在这个店中有一位售货员叫张丛笑，她接待顾客时就像她的名字一样，总是面带笑容、举止文雅、彬彬有礼。有一天中午，一位瑞典老太太来到“元隆”，找到小张并高兴地说：“去年，你帮我批选的几块面料，带回国后谁都说好。这次，我女儿、儿子和亲戚、朋友都托我再来买。”这时已是下班的时候，但张丛笑依然面带微笑，一边流利地向这位外宾介绍商品，一边热情地为她挑选绸料。她一直忙到下午6点多，连晚饭都没顾上吃。当这位外宾知道这一切后，十分感动，紧紧地拥抱着张丛笑，用本国的礼仪向她表示深深的谢意。

思考：张丛笑的敬业精神和热情服务的风范给我们提供了哪些有益的启示？

（三）遵守纪律

1. 纪律的含义

职业活动是一种组织行为，组织行为需要组织纪律保障和支持。美国管理学家彼得·德鲁克指出：“管理是任务，管理是纪律，管理也是艺术。管理者的眼光、奉献精神和管理手段决定着企业的兴衰成败。”缺乏纪律保证，企业将一事无成。为了保证组织活动有效进行，必须加强职业纪律建设。

职业纪律是指在特定的职业活动范围内从事某种职业的人们必须共同接受、共同遵守的行为规范。

从领域上看，职业纪律包括劳动纪律、财经纪律、保密纪律等。职业纪律渗透在职业生活的各个层面、各个角落。营销策划人员要自觉接受职业纪律的约束，按照职业纪律办事。

2. 职业纪律的特征

（1）社会性。职业纪律的制定具有广泛的客观基础，一般与职业活动有关，为社会所广泛接受。

（2）强制性。职业纪律是企业、行业为维护其整体利益，以集体名义发布的，代表集体意志的行为准则，作为组织的一员必须无条件执行。

（3）普遍适用性。在职业纪律面前人人平等，不管谁违反了纪律，都要受到处罚。

（4）变动性。职业纪律的范围一般只适用于企业内部，随着时间的推移会做出适当调整和修改。

3. 遵守纪律的重要性

（1）职业纪律影响企业形象。制定和执行纪律是树立企业形象的现实需要。职业纪律是保持良好企业形象的基本规定。职业纪律折射出员工的劳动态度和敬业精神，必须高度重视，切不可掉以轻心。

（2）职业纪律关系企业成败。职业纪律不仅影响企业形象，还关系着企业的生存与否。职业纪律搞不好，会给企业带来危机。海尔集团认为，抓企业管理必须“战战兢兢，如履薄冰”。遵守纪律能提高工作效率，华为公司纪律严明，上下一心，事业发展如日中天。华为多次在深圳体育馆召开全体员工大会，在历经数小时的会议中，会场没有响过一次手机的声音，会后场地上没有留下一点垃圾。成功的企业有许多共通之处，其中之一就是毫不懈怠的职业纪律。

（3）职业纪律关系到员工个人事业的成功与发展。遵守职业纪律的员工容易在职业生涯上取得成功。严守职业纪律，是职业成功与发展的基础。职业纪律反映了营销策划人员对待工作的态度。态度决定一切。遵守职业纪律的人一定会精益求精地做好每件事情、每项任务，甚至每个细节。这样的人才能堪当大任，令人满意、放心。

（四）团结合作

1. 合作的含义

合作是指个人或群体之间，为达到共同目的，彼此相互配合、协调发展的联合行为或过程。合作是职业道德建设的重要内容，一个成功的企业必定是一个团结互助、有很强凝聚力的整体。对于营销策划人员而言，具有合作的意识和能力，就会与他人相互配合、相互协作，不但能提高工作绩效，而且有助于个人价值的实现。

2. 合作的特征

（1）社会性。合作的社会性要求营销策划人员具有大局意识和团队观念，清楚个人和企业的共同目标，明确个人角色定位，自觉地担负起职业责任。

（2）互利性。职业合作的目的是使合作双方共同发展、共同繁荣，实现双赢。“凝聚产生力量，团结诞生兴旺”，任何职业合作都需要每位成员齐心合力，团结共进。

(3) 平等性。职业合作双方具有平等的地位，是在自愿、互利的基础上实行的不同方式的联合。人们只有平等尊重、相互理解，才能合作成功；只有在合作中遵循公平竞争的原则，才能得到他人的尊重和帮助，有利于化解矛盾，增加信心。

3. 团结合作的具体要求

(1) 求同存异。“尺有所短、寸有所长”，关键是要换位思考，即站在对方角度考虑问题。对一个人的评价需要客观。在与他人产生矛盾时，你应当冷静下来，站在对方角度分析一下，产生矛盾的原因是什么。在工作过程中，营销策划人员只有以平等、尊重、理解的心态，设身处地为别人着想，才能理解对方的难处，为形成合作奠定基础。

“人非圣贤，孰能无过”，我们要学会宽容、善待他人，对于别人对自己的批评，要有“宰相肚里能撑船”的胸怀，认真反思。宽容是一种伟大的人格力量，在处理人际关系时，会产生强大的凝聚力和亲和力。

营销策划人员在职业活动中，不仅要时刻注意与上司、同事之间相互尊重，而且需要与之建立相互信任、相互配合、相互支持、荣辱与共、共同进步的协作关系。

(2) 互助协作。帮助他人就是帮助自己。营销策划人员在工作中会遇到许多困难，帮助他人的同时也给自己的职业生涯铺平了道路。当你的同事对你十分关心，给予无私帮助时，你的心里会有一种温暖、安全的感觉，会充满自信和快乐。同样，你在帮助他人时也会身心愉悦。在职业合作中，每个从业人员能力有大小、水平有高低，但同样需要团队其他成员的尊重和信任。对营销策划人员而言，不仅要做好本职工作，更要尽其所能，想方设法去帮助他人，为整个团队团结合作创造良好的条件。

(3) 公平竞争。一个成功的团队不能缺乏竞争，否则就是一潭死水；但更不能缺乏合作，否则就是一盘散沙。营销策划人员应把合作放在竞争之前，处处从大局出发。在职业竞争中，要谦虚谨慎、不断学习、热心助人，与领导、同事相互信任、相互协作，建立牢固的友谊，只有这样才能在平凡的工作岗位上做出不平凡的业绩。机会总是留给有准备的人，营销策划人员要在合作中有竞争优势，就要有不断开拓自我发展空间的魄力，需要不断充实自我、提高自我、超越自我。

4. 团结合作的重要性

(1) 团结合作是营销策划人员汲取智慧和力量的重要手段。合作有助于营销策划人员个人职业理想的实现。在相互学习中，营销策划人员取长补短、相互帮助、提高工作能力，建立相互信任、互利双赢的良好关系，使工作开展得更加顺利，帮助自己取得事业的成功和生活的幸福。

(2) 团结合作是打造优秀团队的有效途径。个人与企业的关系就像小溪与大海一样，团队合作能确保个人价值与整体价值的统一，良好的合作关系能确保成员能力发挥与整体效能最大化。优秀团队应具备以下良好品质：一是成员对团队有强烈的归属感；二是团队具有强大的凝聚力。营销策划人员要处理好个人与团队、个人与他人的关系；要端正态度，树立大局意识；要善于沟通，提高合作能力，律己宽人，融入团队。

任务二　营销策划团队组建

市场营销策划人员是在创造、沟通、传播和交换产品中，为顾客、客户、合作伙伴以及整个社会带来价值的一系列活动、过程和体系的人。营销策划人员越来越成为企业的一项重要资产。营销策划团队的组建，可以保证公司营销部门工作的顺利完成和不断创新，是营销策划的重要环节之一。

一、项目化的营销策划团队成员

项目化的市场营销策划任务，可以搭建临时的营销策划项目团队。这种组织机构根据策划任务而设，一般是临时性的，当营销策划项目任务完成，策划团队便可以宣告解散，其后续工作可由企业的常设组织部门如市场部或企划部来负责实施、监督及控制等。营销策划项目团队也可以称为营销策划委员会或营销策划小组，由市场部组织搭建。该团队应至少包括以下几类人员：

（一）策划总监（1名）

策划总监负责领导、保证、监督营销策划委员会（小组）的全盘工作，协调和安排营销策划委员会与企业各部门、各方人士的关系，掌握工作进度和效率。

（二）主策划人（1名）

主策划人负责协调各类策划人员的业务，组织调研，牵头组织业务人员的创意策划活动，并最后负责拟定策划文案。主策划人应有良好的业务素质和业务能力，对企业营销行为非常熟悉，富有企业营销策划的经验和高度责任感。

（三）策划人员（若干）

策划人员在主策划人的领导下，参与部分或全部的策划任务。他们对企业营销行为和营销策划的全过程比较熟悉，具有企业营销策划的经验，具备创新思维，承担部分策划文案的撰写工作。

(四) 市场调查人员 (若干)

市场调查人员在主策划人的领导下，进行全面和系统的市场调研工作，搜集资料并提交完整的统计分析报告。

(五) 文员 (1名)

文员参与策划的全程工作，对策划文案进行记录、整理，形成完整的策划文案。文员熟悉营销策划的全流程，有熟练的文字表达能力。

(六) 美工 (1名)

美工对营销策划中涉及的企业视觉形象、商标、广告、包装等方面进行创新性设计，增强营销策划文案的吸引力与感染力。

二、营销策划人员的素质要求

营销策划人员素质要求有很多，如学历、自身素质、工作经验等。以下两方面是营销策划人员必须具备的素质。

(一) 知识方面

1. 理论知识

营销策划人员需要具备一定的策划学基础知识和实务知识，与企业经营密切相关的企业管理理论。企业策划有关的管理科学知识包括策划学、管理学、行为科学、市场营销学以及广告策划知识、传播学等，以及和企业策划相关的社会科学知识包括社会学、心理学等。营销策划人员应了解所在企业的发展趋势以及其他有关的知识，主要包括企业的历史沿革、企业在同行业中的地位、企业的营销方针、企业的规章制度、企业的生产能力、企业的营销战略和策略、企业的服务项目等。

2. 法律政策知识

营销策划人员的工作以效益为目标、以法律为准绳，这是其应该牢牢把握的行为准则。营销策划人员应该对相关的法律、政策有足够的理解，包括《中华人民共和国广告法》《中华人民共和国反不正当竞争法》以及国家制定的各种相关的法规、政策等，这样才能避免出现因对法律的无知而造成的对他人无意的伤害或不正当竞争。

(二) 素质方面

1. 敏锐的市场洞察力

营销策划人员必须了解市场，不但要了解一个地域的经济、文化、消费习惯，还要时刻关注当地发生的重大事件，以及这些事件将给人们的世界观和消费行为带来怎样的影响。营销策划人员要时常用鹰一般的眼光窥视整个市场的动态。营销策划人员只有把握住了市场，才能把握住消费者。做策划如果只是管中窥豹、只知皮毛，常常会把市场做成夹生饭，既浪费了大量营销费用，还会错失抢占市场、击败竞争对手的有利时机。

2. 敏捷的思维联想力

营销策划人员操作市场，对市场的关注仅仅是最基本的要求。光有对市场的了解而没有快速敏捷而丰富的想象力，是很难做出高质量的市场策划的。市场是客观的，各种动态事物的发生要求营销策划人员必须把自身品牌融入客观市场进行分析与联想，做出规避法律风险、超越竞争对手、抢占市场份额的正确决策。注重对行业前景的预测，营销策划人员应该从国家法律法规、上下游行业动态、目标群体消费趋势等联想到各种因素对消费者的影响，做出对市场的估计和策略的调整。

3. 准确的事物判断力

我们可以想象一个医生对病人误诊后的结果，营销策划人员也是一样的。如果没有准确的事物判断能力，轻则会使品牌误入歧途，重则导致产品在市场上消失。

判断是认定优势与劣势因素的过程，是决定市场策划是否展开或继续的前提。市场如何操作也是基于正确性的判断，准确的判断能力基于知识、经验、信息和思维方式。因此，成功的营销策划人员必须具备相关的营销学、策划学及相关知识，具备一定的市场经验，了解足够的市场信息，掌握正确的思维方式。

4. 深度的潜力挖掘力

在信息泛滥的今天，在扑朔迷离的经济形势下，市场被各种各样的假象蒙蔽着，消费者的心越来越难把握，市场越来越难操作。如果没有深度的潜力挖掘力，是很难找到市场的软肋、竞争对手的弱点，很难做出成功有效的推广方案的。

潜力挖掘一是从市场入手，通过对市场综合信息的整理、分析、判断，对目标群体的消费心理、消费习惯的把握，找到消费者真正的需求，找到市场的空白点，找到市场操作的切入点。二是从竞争对手入手，通过对同行业竞争对手及关联行业竞争对手的分析，包括他们战略方针的分析、市场策略的分析、促销手段的分析等，从而找到竞争对手的弱点，竞争对手基于市场的空白点，然后有的放矢地实施针对性的策略。三是从自身产品入手，根据消费者的需求、竞争对手的产品特点、竞争对手的市场策略来调整自身产品及市场方面的策略，不断挖掘出自身产品及品牌优势；在挖掘出与众不同的竞争性潜力后，再根据这些特点制订出不同于竞争对手的营销策略，方能立于不败之地。

5. 巧妙的事物创新力

市场竞争是永恒的，要想不被竞争对手击败或主动去击败竞争对手，就必须要有比较优势，企业必须创新。管理创新和产品创新是极其有限的，很大程度上受科技进步的限制，因此，市场策略创新和推广方式创新是致胜的有力武器。这也是营销策划人员的必备素质。

创新是克服劣势因素、发挥优势因素、塑造新优势因素的过程。创新可以从物质性、利益性、信息性、时间性四方面切入，根据政治、经济、科技、文化等线索开拓创新。创新的主要方法有：移植法、重点法、组合法、分解法、实证法、回避法、伏笔法、逆向法、背景转换法、捆绑连接法等。当然，创新的方法不是一成不变的，只要根据自身产品、市场环境、消费需求推出与众不同的市场策略，就是成功的创新策略。

三、树立营销策划团队信心

策划团队在工作中往往会遇到各种各样的困难和阻碍，难免会使销售成员丧失斗志和勇气。这时，团队建设的最大目标就是重塑团队必胜的信心。在实践中，营销策划人员可以通过以下途径找回自信。

（一）描绘愿望

1. 展示对目标的信心

与成员共同分享成功的愿景，对既定目标展示信心。要让团队成员清楚地知道支持团队的决策程序和一致决议，并让团队成员相信一定会实现个人的目标。最关键的任务是与团队成员分享成功的信心，传达众志成城的信念。

2. 为失败做好准备

考虑可能的障碍和失败，制订一个应付突发事件的计划。训练团队成员去分析潜在的问题，指出确实存在一种科学的方法能解决预期的困难，避免团队因为偶然失利而感到沮丧。

（二）工作循序渐进

开始时应避免太大规模的项目，因为如果失败，后果将非常严重，甚至使团队士气从此一蹶不振。建议同时进行几个相对小一些的项目，其中一些一定会成功，而另一些可能会遭遇阻碍，那就把它们当作增加经验的机会。

（三）强调团队已取得的成功

团队应该不断提醒自己看到既得的成就。要记住这样的口号：“失败乃成功之母。”“要耐心，最后的胜利是属于我们的。”这样的标语对个人和团队都适用。成功源自信心，想要实现目标只有进行不懈的努力。

（四）正确对待失败

当出现失败时，与其追究责任，不如检讨工作方法，寻求成功之道。避免让成员认为这完全是他们的错误，或者认为是不可抗拒的压力阻碍了他们，从而放弃了进一步努力的机会。明确一点，机会是需要努力才能获得的。

四、提高营销策划团队的凝聚力

一个好的团队绝不仅是一群人的简单组合。团队的凝聚力反映了成员之间相互吸引的程度。凝聚力包括忠诚、投入、兴趣相投以及为团队利益牺牲的意愿，它是将每个成员“粘”在一起的“胶”。

就今天的销售团队而言，因个人差异导致隔阂或无意造成的矛盾相当普遍。为了让所有成员都感觉到团队的凝聚力，通常可以从以下几个方面入手。

（一）强调团队观念

1. 强调团队而非个人努力

在组建团队时，必须明确表明，每个人的参与都是团队不可分割的一部分。尤其是当团队遭遇到外部威胁时，应当鼓励成员暂时放弃前嫌，一致应对。通常外力越大，团队所表现出来的凝聚力也越强。

2. 统一团队目标

应当将团队目标与成员个人利益联系起来，使它具有吸引力和号召力，这样团队成员就愿意合作完成任务，凝聚力也会增强。反过来，如果个人目标和团队目标不相关，合作就会减少，感情趋于冷淡，凝聚力也随之降低。

3. 强调集体奖励

集体奖励会增强团队的凝聚力，会使成员意识到个人的利益和荣誉与所在团队不可分割。个人奖励可能会增强团队成员间的竞争力，从而在团队内部形成一种压力，凝聚力也可能会弱化。因此，在实践中，必须做到两者兼顾，既要承认团队的贡献，也要承认个人的贡献。

4. 培养集体荣誉感

如果团队一贯有好的表现，一直能按照团队目标很好地运行，这时成员就会觉得这是一个优秀的团队，在这样的团队中感到很自豪，这样会激发团队成员做得更好。

（二）增强领导效能

领导是团队行为的一种导向与核心，采取什么样的领导方式直接影响凝聚力的强弱。团队领导者应当采取积极民主的领导方式，让团队成员愿意表达自己的意见和参与决策，这样会促进团队的积极性，提升凝聚力。

（三）控制团队规模

规模越大，越容易造成团队的沟通受阻，意见分歧的可能性也会越大，并且容易出现派别之争。因此，在通常情况下，团队的人数应该控制在10～15人。

凝聚力较高的团队，其成员对于工作的责任感也相应较强，成员彼此容易接纳。

任务三 营销策划人员培训

对营销策划人员的培训是一项非常重要的工作。构建优秀的营销策划团队，还必须给予营销策划人员足够的培训，以提高团队的工作能力，最大程度增加策划效率，创造更好的经济效益。

一、培训营销策划人员的意义

（1）促使营销策划人员正确认识工作的性质、端正工作态度；树立正确的职业价值观，热爱策划工作；提高营销策划人员自身修养和素质，使其树立自信心，克服恐惧感和自卑感，勇于面对困难展开策划工作。

（2）指导营销策划人员熟练掌握、运用策划技巧；引导客户认同商品的功能和价值、达成共识、消除顾虑，及时促成策划案的认同和策划的执行。

（3）提高营销策划人员的分析能力；正确评估项目市场状况及企业优劣势；辨别企业的机会与威胁，应用不同的策划方法；启发营销策划人员的总结能力、发现自身不足和优势，不断自我审视、完善、提高和创新，成就自我。

（4）提振营销策划人员士气，克服惰性，消除懈怠、消极心理；培养积极主动、勤恳敬业、勇往直前的工作态度；满足营销策划人员自身学习的需求，使其获得物质收入以外的成就感和归属感；培养其主动学习的良好习惯。

（5）培养团队精神，提高团队凝聚力，促进相互学习、激励，共同进步；降低员工流动性，减少人员的流失。

二、培训的内容

营销策划培训更多的是针对策划项目的具体内容开展的培训，内容必须贴近实际，也有包括对策划团队的工作事项的培训，空泛的培训内容不仅对提高营销策划人员的工作表现毫无裨益，而且很可能会影响营销策划人员的工作表现。根据营销策划人员的岗位需求，培训内容应涉及产品知识、市场及行业知识、企业概况和优势、策划技巧等。

（一）产品知识

营销策划人员必须对其所策划项目的产品的性能、特点、使用方法等有足够的了解，具体包括产品的品牌、产品的价格、产品的概念、产品的包装、产品的服务等。营销策划人员要把这些内容和消费者的需求进行对接，让消费者感受到你的产品和他的需求之间的联系。销售要因客而异，比如：衬衫有100％棉的，也有棉混纺的，有些客人希望自然柔软，就推荐其购买100％棉的；有些客人喜欢易洗免烫的，就推荐其购买棉混纺的。

（二）市场及行业知识

营销策划人员必须对其策划项目的产品的市场有深入的了解，懂得从何处着手寻找客户、营销产品。特别是对于新入行的营销策划人员来说，如果能够通过培训使他们对所从事的行业有足够的认识，对行业中供求双方的特点有深入的了解，开展销售工作的时候就能够得心应手、事半功倍。同时，应该通过培训让营销策划人员了解哪类目标顾客需要购买本企业的产品。目标顾客使用商品的特点、购买决策程序，做购买决定的部门或关键人物等信息都应该让营销策划人员掌握。另外，每个行业都可能有一些行规或买卖习惯，所有这些行规特点都应该让营销策划人员熟识。

（三）企业概况和优势

营销策划人员除了需要对产品、对市场有认识外，对其所代表的企业也必须有足够的认识。企业的历史、经营目标、组织机构、规章制度等都必须让营销策划人员了解。营销策划人员必须清楚地了解有关销售方面的各项管理制度和政策，这些管理制度和政策包括：价格、折扣政策，付款条件，付款办法，产品的发运和安排，营销策划人员取得客户订单、合同后的执行程序，公司对差旅费、佣金等方面的管理制度等。

企业优势就是企业比竞争对手做得好的方面，包括产品的性能、质量、产品的技术领先程度、企业的技术力量，以及能够为顾客提供称心如意的服务等。了解企业的优势，可以增强营销策划人员的信心，从而更有利于说服顾客做出购买的决定。

（四）策划技巧

除上述内容外，策划技巧是营销策划人员培训的必备内容。策划技巧培训主要包含：

（1）如何做好市场调查与分析；

（2）如何注意仪表和态度，如何做访问的准备，如何进行初访和再访；

（3）如何开展创意策划，不同行业创意营销的要素和创意要点。

培训更重要的还在于完成之后对效果达成的监督。在企业里，培训结束后，由受训员工的上司督促受训员工，固化他们在培训中学到的技巧，是销售培训成败的关键。

三、培训的方式和方法

营销策划人员培训的方式有集中培训、分散培训或现场培训等。培训的方法有讲授式、会议式、案例式、议论式、大型讨论会、角色模拟法等。

（一）讲授式

这是一种最常用的方法，就是把一批营销策划人员集中起来，以讲授的方式来说明。讲授的人应具有良好的语言表达能力。如果参加者对所讲的问题没有兴趣，效果就会不尽如人意。因此，在讲授时最好能够利用图表、PPT以及其他教具。

（二）会议式

在采用这种方式时，必须满足以下三点：一是参加者应为有经验的营销策划人员；二是选择适当的人为主持者；三是参加人数以10～15人为宜。因此，在召开销售部门会议时，在会议议题中增加一个培训内容即可达到培训效果。

（三）案例式

主持者出示案例以说明营销策划人员的态度和行动，与会者逐一分析研究案例，按要求对各个案例提出不同的解决方案，这样可以提高营销策划人员处理实际问题的能力。

（四）议论式

这种方法是将营销策划人员进行分组，以小组为单位对提前分配给他们的问题进行准备，然后在讨论的基础上陈述自己的建议和方法。

（五）大型讨论会

这是一种让被选定的若干营销策划人员就所提问题在众多营销策划人员面前展开讨论，并在规定的时间内结束讨论，然后由主持者小结讨论的内容，最后在营销策划人员同与会者之间进行质询、答疑的方法。

（六）角色模拟法

这是一种为参加者设定一个用户同营销策划人员进行洽谈的场景，然后指定各人的角色而进行实际演练的方法。在采用这种方法时，应注意以下几点：一是具体限定确定的问题；二是扮演用户的应由有经验的营销策划人员担任；三是所有参加者都要担当一个角色；四是在演练中要创造愉快活跃的气氛；五是人数以 10～15 人为宜；六是每次演练结束均要在全体人员中进行评议。

项目小结

营销策划人员的团队建设和企业的营销实务的开展密切相关。企业的营销实务的成功开展很大程度上取决于营销策划人员的素质。营销策划人员的职业道德的基本要求包括诚实守信、爱岗敬业、遵守纪律、团结合作等方面。策划团队在工作中往往会遇到各种各样的困难和阻碍，难免会使销售成员丧失斗志和勇气。这时，团队建设的最大目标就是重塑团队必胜的信心。

营销策划人员的培训是满足企业发展需要和营销人员职业需要的一种有效方式，是企业提高市场开拓能力的重要手段。企业通过加强在职培训，用进步的观念、正确的看法、坚定的信心和先进的理念技能去影响营销人员，增强营销策划人员的自信心和独立性。

营销策划人员培训的方式有集中培训、分散培训或现场培训等。培训的方法有讲授式、会议式、案例式、议论式、大型讨论会、角色模拟法等。

项目测评

一、简答题

1. 营销策划团队一般由哪些人员组成？
2. 营销策划人员的培训方法主要有哪些？
3. 对营销策划人员的素质有哪些要求？
4. 提高策划团队凝聚力的方法主要有哪些？

二、案例分析题

K 公司是国内知名的化妆品、洗涤品制造商，自成立以来始终以“清洁、美、健康”为宗旨，拓宽市场领域，开发新产品，现已拥有覆盖全国的营销网络。因业务发展需要，现聘用若干名营销策划人员。

营销策划人员的招聘条件如下：

(1) 年龄 22～35 岁，大专以上学历。

(2) 出色的分析判断、人际沟通能力及策划能力，熟悉办公计算机操作。

(3) 2 年以上消费品行业营销工作经验，有跨国公司相关经验者优先考虑。

(4) 具有独立工作能力，能承受工作压力，具有高度的敬业精神。

公司通过招聘网站刊登广告。一个星期后，公司的人力资源部收到 10 份简历，其中 6 份基本符合招聘的要求。但以往简历中存在虚假信息，而且应聘者为了获得工作，在面试中也往往会隐瞒一些真实的信息。故公司成立专门的招聘小组，要求他们设计出能有效区分应聘者的面试问题来。

招聘小组认为，要解决这一问题，公司一方面要加强对应聘者的背景调查，另一方面要加强面试中问题的设计以获取应聘者的真实信息。

招聘小组为此列出如下问题清单：

1. 适应性方面的问题

(1) 当你与客户合作的一个重要项目发生变化时，你是如何做的？它对你的影响如何？

(2) 当组织、部门或团队发生变化时，你是如何调整自己的？这些变化又是如何影响你的？

(3) 有时我们不得不在我们不赞成的新政策下工作，你是如何做的？为什么？

(4) 你通常经过多长时间对你的新客户感到习惯和舒服？你会采取什么行动？

2. 沟通方面的问题

(1) 请你设定一个情境：你成功地和一名客户沟通，并取得满意的效果。

(2) 你曾经有过沟通失败并导致工作受到影响的情况吗？请详细说明，你是如何解决的。

3. 顾客服务方面的问题

(1) 举一个例子说明你是如何使内部和外部客户满意的。

(2) 请描述你独自解决客户问题的情景。

(3) 你是如何发现客户不满意的？

问题：

1. 你觉得案例中包含的这些内容能反映出营销策划人员的工作要求吗？

2. 这些问题的设计是否妥当？如果让你来设计，你会怎么做？

项目十　营销策划方案的实施与应用

学习目标

知识目标

1. 理解营销策划方案的要素、内容和结构。
2. 掌握营销策划方案撰写技巧与汇报技巧。
3. 理解营销策划方案的实施。
4. 掌握营销策划方案应用的基本做法和营销手段。

能力目标

1. 准确掌握营销策划方案的要素、内容及结构，能独立完成营销策划方案的撰写。
2. 完成营销策划方案的汇报，使企业认可营销策划方案。
3. 掌握营销策划方案实施的物资准备、人员准备及注意事项。

素养目标

1. 树立科学、严谨的探究精神。
2. 培养服务至上的现代经营理念。
3. 准确掌握各种营销策划方案应用的技巧。

案例导入

国际知名五大车展

由世界汽车工业国际协会认定及国际社会普遍公认的共有五大车展，分别是德国的法兰克福车展、法国的巴黎车展、瑞士的日内瓦车展、北美车展和日本的东京车展。

法兰克福车展。该车展创办于1897年，1951年移至法兰克福举办，其前身是柏林车展，是全球规模最大的车展，有“汽车奥运会”之称。目前法兰克福车展每两年举办一届，一般安排在9月中旬开展，为期两周左右，展出的主要有轿车、跑车、商务车、特种车、改装车及汽车零部件等。

巴黎车展。该车展是自1889年开始在法国巴黎举行的国际车展，也是世界上最早开办的车展，目前每两年举办一届，地点在巴黎西南的凡尔赛门展览中心，时间通常定在9月底至10月初。巴黎车展每一届的展会都会云集各种新奇车型，特别是各式各样古怪先锋的概念车层出不穷。同时，巴黎车展也是开放的车展，只要是欧洲接受的车型，无论制造厂商规模大小都会被接纳，所有参展商都会被一视同仁，提供相同的服务。

日内瓦车展。该车展创办于1924年，是每年3月在瑞士日内瓦举行的国际性汽车展览，也是全球重要的车展之一，有着"国际汽车潮流风向标"的美誉，展览地点是位于日内瓦国际机场旁的日内瓦Palexpo展览会议中心。虽然瑞士没有自己的汽车制造公司，但它却是一个庞大的汽车消费市场，因此每年在此举办的日内瓦车展也是世界著名汽车生产厂家的必争之地，许多首次面世的新产品都会选择日内瓦车展作为其亮相的舞台。除了最新、最前沿的产品外，在日内瓦车展上还可以见到许多高档豪华品牌的身影，这吸引着世界各国的观众前往参观。

北美车展。这是每年1月在美国的汽车之城——底特律举办的国际车展，该展览创办于1907年，原先叫底特律车展，1989年更名为北美国际车展，简称北美车展。与欧洲的各大车展不同，北美车展一贯以车为主，或者说以消费者的购车意愿为导向，将美国、加拿大等本土消费者作为核心目标，推出一系列本地化产品（也就是充满了美式风格的汽车产品）。参与北美车展的各大厂商也会根据北美市场的需求，对旗下的产品做出调整，推出北美版本。而众多参观者被吸引到车展的原因，除了对汽车感兴趣外，还因为车展办得就像一个大型假日集会，看车之余更能吃喝玩乐，热闹非凡。

东京车展。这是世界五大车展中历史最短的汽车展会，1954年创办，逢单数年的秋季举办，双数年为商用车展，展馆位于东京附近的千叶县幕张国际会展中心。东京车展向来是日本本土生产的各式小型车唱主角的舞台，国际汽车厂商也会带来最新的汽车产品和前沿技术，但总的来说只是少数。由于日本零部件产业发达，零件馆向来是东京车展上备受关注的场馆，也是该展会的一大特色。

世界五大车展给了我们这样的启示：成功举办车展离不开精心策划的主题活动。

任务一 营销策划方案的撰写

一、营销策划方案的要素

营销策划方案是策划者根据营销策划的目的、内容、特点，为实现营销策划目标而进行的实战方案。它是策划者前期工作与全部智慧的结晶，也是策划者协调和指导策划参与者行动的规划。

微课：综合营销实务——营销策划方案撰写

营销策划方案一般来说没有固定格式，根据产品或者企业营销活动的不同要求，在策划的内容和编制格式上也有所不同。但是，从营销策划活动的一般规律来看，有一些共同的要素。我们把这些要素概括为“5W2H1E”，即：

What（什么）——营销策划目的、内容：将策划目标和内容进一步具体化、指标化，并说明实现目标和内容的基本要求、标准。

Who（谁）——营销策划人员：确定策划中承担各项任务的主要人员及其责、权、利。

Where（何处）——营销策划实施场所：确定策划中承担各项任务的部门及场所。

When（何时）——营销策划日程：列出实现各个目标的时间进度表。

Why（为什么）——营销策划原因：主要是向策划实施人员说明策划目标，阐述策划的必要性、可行性等，以使实施人员便于理解和执行。

How（怎样）——营销策划手段：确定各部门、人员实现目标及行为的顺序、时间、资金、其他资源等的管理控制方式。

How（多少）——营销策划预算：按策划确定的目标（总目标或若干分目标）列出细目，计算所需经费，以控制策划活动严格按预算进行。

Effect（效果）——预测营销策划效果：确定实施项目策划情况的标准，检查评价工作和出现偏差时应如何处理，以及预测营销策划结果、效果等。

二、撰写营销策划方案的原则

为了提高营销策划方案撰写的准确性与科学性，应把握以下原则：

（一）实事求是原则

营销策划方案是一份执行手册，因此必须务实，方案要符合企业条件、员工操作能力、环境变化和竞争格局等。这就要求在撰写营销策划方案时一定要坚持实事求是的科学态度，在制定指标、选择方法、划分步骤的时候，要从主客观条件出发，尊重员工和他人的意见，克服自以为是和先入为主的主观性，用全面的、发展的眼光观察和认识事物，分析研究问题。

（二）严肃规范原则

撰写营销策划方案时一定要严格按照营销策划方案的意图和科学程序进行。营销策划方案是策划人依据策划的内在规律遵循操作的必要程序，严肃认真、一丝不苟、精心编制而成的。所以，在撰写策划方案的过程中，切忌随心所欲地粗制滥造。严肃性原则还表现在：一个科学合理的策划方案被采纳之后，在实际操作过程中，任何人都不得违背或擅自更改。

（三）简洁朴实原则

撰写营销策划方案时一定要做到简洁明了、通俗易懂、便于操作。任何一个方案的提出，都是为了在现实中能够操作，并达到预定的目的。为此，在营销策划方案各要素的安排和操作程序的编制上，要依据主客观条件，尽量化繁为简、化难为易，做到既简便易行，又不失其效用。

（四）灵活弹性原则

撰写营销策划方案时一定要留有回旋余地，不可定得太死。在高速发展的时代，营销策划方案虽然具有科学预见性的特点，但它毕竟与现实存在较大的差距，所以，它在实施过程中难免会遇到突如其来的矛盾和意想不到的困难，如资金未到位、人员没配齐、物资不齐全、时间更改、地点转移、环境变化等。这些因素企业必须预计到，要有应变措施，并能浸透到方案的各环节之中。一旦某种情况出现，企业可及时对已定方案进行修改、调整。这样，既保证了原有意图在不同程度上得以实现，又避免了因策划方案的夭折而造成重大损失。

（五）逻辑思维原则

营销策划的目的在于针对企业营销传播中出现的问题制定解决方案，因此应按照逻辑性的构思来编制营销策划方案。首先，要了解企业的现实状况，描述进行该策划的背景，分析当前市场状况以及目标市场，再把策划的中心目的全盘托出；其次，要详细阐述策划内容；再次，应明确提出解决问题的对策；最后，要预测实施该策划方案的效果。

（六）创意新颖原则

营销策划方案应该是一个“金点子”，也就是说要求策划的“点子”与众不同，内容新颖别致，表现手段也要别出心裁，给人以全新的感受、新颖奇特。与众不同的创意是营销策划方案的核心内容。

三、营销策划方案的内容与结构

（一）营销策划方案的内容

一份完整的营销策划方案的内容有：

1. 封面

营销策划方案的封面包含标题、委托方、策划者、日期、编号。

2. 前言

前言是对营销策划方案的高度概括，让人一目了然，引起客户的注意和兴趣。其内容主要是：

（1）接受委托的情况。例如：A公司接受B公司的委托，就××××年度的产品营销进行具体策划。

（2）本次营销策划的重要性与必要性。

（3）营销策划的概况，即营销策划的过程及要达到的目的。

3. 目录

营销策划方案的目录涵盖了全方案的主体内容和要点，读过后应能使人对营销策划的全貌、营销策划人的思路、营销策划方案的整体结构有一个大体的了解，并且为使用者查找相关内容提供方便。

4. 概要提示

概要提示包括营销策划的目的、意义、创意形成的过程，相关营销策划的思路、内容等介绍。阅读者通过概要提示，可以大致理解营销策划的要点。概要应简明扼要，篇幅不能过长，可以控制在四五百字。

5. 环境分析

“知彼知己，百战不殆。”这一部分需要营销策划者对环境比较了解。环境分析的内容包括宏观营销环境、微观环境状况等。

6. 机会分析

营销策划方案是对市场机会的把握和策略的运用，因此分析问题、寻找市场机会就成了营销策划的关键。找准市场机会，可以极大地提高策划成功率。通常采取SWOT分析法，即优势与劣势、机会与威胁的全面评估。

7. 营销目标

营销策划方案中的营销目标，如市场占有率、销售增长率、分销网点数、营业额及利润目标等要具体明确。

8. 战略及行动方案

首先，要清楚地表述企业所要实行的营销战略。其主要包括市场细分、目标市场和市场定位三方面的内容。

其次，确定相关的营销组合策略。现代市场营销组合应该是4P或者4C。

最后，制定具体行动方案。在行动方案中，应确定以下内容：要做什么工作或活动，何时开始、何时完成，在何地、需要何种方式的协助，需要什么样的布置，要建立什么样的组织机构，由谁来负责，实施怎样的奖酬制度，需要哪些资源，各项工作或活动收支预算为多少等。

9. 营销成本

营销成本主要是对营销策划方案各项费用的预算，包括营销过程中的总费用、阶段费用、项目费用等，其原则是以较少的投入获得最优效果。营销费用预算表如表 10－1 所示。

表 10－1　营销费用预算表

费用类别	费用预算（万元）
开业促销策划与支持	
导购员培训	
销售管理人员培训	
季度产品奖励	

10. 行动方案控制

营销活动的行动方案控制包括：风险控制，即风险来源与控制方法；方案调整，即在方案执行中都可能出现与现实情况不相适应的地方。因此，企业必须随时根据市场的反馈及时对方案进行调整。

11. 结束语

结束语与前言呼应，使营销策划方案有一个圆满的结局，主要是再重复一下主要观点，并突出要点。

12. 附录

附录是营销策划方案的附件。附录的内容对营销策划方案起着补充说明作用，可以是调研问卷或者产品设计方案，便于策划方的实施者了解有关问题的来龙去脉。附录也要标明顺序，以便查找。

（二）营销策划方案的结构

一般情况下，营销策划方案的结构应与营销策划的构成要素（内容）保持一致，这样可以提高营销策划方案的制作效率。结构框架比较合理的营销策划方案，其框架如表 10－2 所示。

表 10－2　营销策划方案结构框架

策划案要素	要素特点
1. 封面	方案名称
2. 前言	前言阐述
3. 目录	一目了然
4. 概要提示	策划方案的要点
5. 环境分析	依据和基础
6. 机会分析	问题所在

续表

策划案要素	要素特点
7. 营销目标	任务所在
8. 战略及行动方案	利于执行
9. 营销成本	测算精准
10. 行动方案控制	容易实施
11. 结束语	进行总结
12. 附录	相关佐证材料

企业产品不同、应用目标不同，则营销策划方案所侧重的各项内容在编制上也会有所取舍。

四、营销策划方案的撰写技巧

营销策划方案和一般的报告写作不同，可信性和可操作性以及说服力是营销策划方案的生命，也是营销策划方案追求的目标。因此，在撰写营销策划方案时应引起注意。

（一）理论支持

提高营销策划内容的可信性，并使阅读者接受，就要为策划者的观点寻找理论支持。这是一个事半功倍的有效办法。

（二）案例说明

在营销策划方案中，加入适当的国内外成功与失败的例子，既能起调节结构的作用，又能增强说服力，效果非常明显。

（三）数字举证

在营销策划方案中，利用各种绝对数和相对数来进行比较对照是绝对不可少的，而且要使各种数字都有可靠的出处，以证明其可靠性。

（四）图表理解

以图表的形式来描述，能简洁说明有关的问题，有助于阅读者理解策划的内容，有非常好的视觉效果。

五、营销策划方案的汇报

营销策划方案完成并非是策划工作的结束，策划方案只有被采纳、付诸实施才有价值。因此，策划方案的汇报是策划的关键。这一阶段的主要任务有：一是要说服决策者采纳策划方案，使得策划方案具有实施的现实可能性；二是要使实施策划的组织和人员了解和掌握策划组织实施的科学方法、技巧和程序。这二者都要求营销策划人员与对方进行良好的沟通，能恰当正确地表达策划的思想，进行策划方案的汇报工作。

（一）前期准备

营销策划方案汇报的前期准备工作专指在营销策划方案正式完成后和策划方案实际执行前这一段时间所需进行的工作，包括：

1. 信息搜集准备

搜集参加说明会的人员的信息，包括他们的文化背景和经营观念等，以便于在说明会上报告策划方案时具有针对性。资料搜集的多少、对听众情况掌握的多少，决定着说明会的效果好坏，也可以据此加以预测。

2. 会议材料准备

认真准备会议所要用到的各种资料，如策划方案、PPT、宣传资料（如小报、传单）、多媒体器材、设备等，并进行检查，确保所需的材料、时间或其他条件充足，提供证据的数据完备。文字资料最好保证参会者人手一份，以便于会议讨论时有所依据。

（二）制订计划

计划内容包括确定策划方案汇报会议的时间、地点、参加人员；会议程序和时间安排、设备使用等。如何在预定的时间内将策划内容交代清楚及当时如何利用各种器材等，都必须在事先做一个规划，以免临场出错。

（三）任务分工

策划一般是由几个人共同完成的，需要事先分配好工作。首先，要选好策划方案的主讲推介人，负责说明策划方案的内容，主讲人要熟悉策划方案并具有较强的语言表达能力；其次，需安排好负责器材的操作人员、会议服务人员、计时服务人员等，策划团队成员要各尽其职，以保证会议有序进行。

（四）模拟演练

为了提高策划方案汇报的成功率，在提案前应进行模拟演练，按照说明会方式将所计划的时间核对一遍，在程序和内容方面做到万无一失。模拟排练的作用表现在：

（1）调整说明会的内容。安排说话的用语、时间分配、说明方式等可利用演练机会做一次检查、修正。

（2）让主讲人练习。排练可以使主讲人对策划内容更熟悉，并试着用自己的话说出来，这样才能在临场时表现自然和生动，而不是紧张和仓促。

（3）后勤人员须知道器材的用法并且能熟练操作，能与主讲人的说明相互配合。特别是需要使用某些特殊工具时，更要预先了解其用法。

（五）汇报技巧

汇报技巧不仅体现在策划内容上，还体现在营销策划人员身上。策划主讲人应以充满自信的语气进行汇报，这样才会给人留下良好的印象，而对主讲人的良好印象常常被推及对策划案的良好印象。营销策划方案汇报人员应注意以下几个方面：

1. 行为要有礼貌

礼貌赢得好感，自信获得信任。汇报时不必过谦，应表现出良好的自信，这样才能让对方相信你的策划方案。

2. 牢记策划内容，用自己的语言来说明

绝不要照着策划方案去念，那样容易使人产生厌倦和乏味的感觉，声情并茂才能打动人。

3. 重点突出

在汇报策划案时，必须把策划的重点部分突显出来，使听众抓住策划的重点。如果语调一成不变、冗长乏味，容易分散人的注意力。

4. 使用适当的肢体语言

人的信息传达三分靠语言、七分靠非语言。语言技巧固然重要，但外观表现也是一个非常重要的因素，其主要作用是给人深刻印象并强化记忆。因此，汇报者在报告时要沉着冷静、表情温和，站姿要得体，并与听众有眼神交流。汇报者的视线应随时观察决策者，并与其他与会者的目光做适度接触，可以用眼神缓缓地扫视全场，目光停留在每个听众身上 3～5 秒。

汇报者汇报之后，答辩必不可少。答辩环节的问题不可预测，汇报者需要转换角度，站在听众的立场上审视自己的策划方案，做如下思考：策划创意的可行性如何、预算是否合理、应急措施保障如何等，并做好应对准备；或在团队中广泛征集意见，做好答辩问题的准备。汇报者在答辩时要注意以下几个方面：

（1）汇报者要用“心”来进行演说，才能打动对方，陈述回答时要胆大心细，对具体例子或数字要有条不紊地进行解说、回答，才能给对方留下良好的印象。

（2）汇报者要始终抱着欢迎提问的态度，充满自信地要求大家提出问题。

（3）汇报者要反复阐述主要观点，将策划方案中最易触动人心的部分巧妙地传递给与会者。为了加深与会者的印象，汇报者在汇报的最后应再度强调重点，而答辩环节也正是汇报者反复强调自己主张的最好机会。

（4）答辩结束时，汇报者要总结策划方案的概要。

任务二 营销策划方案的实施

营销策划方案实施并不是一个简单的过程，需要多个部门的配合和统筹，一般来说，包括物资准备、人员准备和实施现场的准备。

一、营销策划方案实施的物资准备

（一）物资分类

营销策划人员应将所有的物资进行归类，区分哪些物资是可以从公司领取的，哪些物资是需要进行采购的，哪些物资需要租赁或借用，然后制作物资划分清单，详细列出各种物资的准备来源（见表10-3）。

表10-3 物资清单

序号	物资名称	数量	库存数量	采购数量	租赁数量

（二）物资准备

营销策划人员应根据分类表格，分别完成物资出库、物资采购、物资租赁等工作，并报请部门领导审核。其中需要注意各个物资组合的利用最大化，如各种物资的准备要注重时间、地点、成本、品质的选择，要进行统筹安排。备齐物资的时间要在营销活动开展之前，最好能留2～3天的缓冲时间，以防万一。尤其是宣传物资及定制的礼品等需要临时制作的物资，一定要和厂家沟通好，明确交货日期，确保在活动开展前能准时运送到。

1. 公司的储备物资

公司库房已有物资可直接出库使用，如展板展架、资料页、产品宣传册等。当内部还有足够的存货时，公司就不用再去购置。

2. 专用物资

专用物资可以由市场专员自行选取、制作，也可以选择与相关的广告公司合作，如车顶牌、传单、海报等。

3. 公司内没有库存、本部门无法完成的物资

此类物资，如礼品、互动游戏奖品、饮品等，可通过采购来获得。在进行物资采购时，市场专员需要对每类物资进行充分的市场对比，最少提供两个以上的采购单位备选，同时需要有明确的时间节点，以保障活动的如期举行。

4. 价值较大的专用物料或一些不常用的非消耗品

此类物资包括桁架、气球拱门、影像设备、舞台、音响、彩球等，可以通过租赁来获得。营销策划人员需要找到专业的公司或其他部门进行沟通协商，并拟定物料租赁协议，经部门领导同意后，签订相关协议。

二、营销策划活动人员准备

（一）召开活动前会议

召开市场营销活动前会议是营销策划活动能否成功举办的重要前提。活动前会议要求所有营销活动人员或各部门负责人参加。会议应主要说明活动的背景、整体目标、产品或者服务、具体活动流程和各部门所负责的具体工作等，使参加活动的人员都对此次活动有所了解，确保活动顺利进行。

（二）统筹各部门具体工作任务

在活动中，每个部门都有各自负责的任务，负责人根据部门的职责去划分活动的任务。常见的各部门工作职责划分如表 10-4 所示。

表 10-4 各部门工作职责划分

部门	部门的工作职责
市场部门	市场营销活动的策划和执行，执行包括物料准备、场地布置、活动宣传、人员布置、节目安排等
营销部门	主要负责活动的客户和产品介绍，包括客户签到、客户引领、产品推荐、异议处理和成交
后勤保障部	主要负责产品维护、售后服务业务相关介绍
财务部	主要负责活动预算的审核、款项的审批

（三）部门任务的人员安排

安排好各部门的任务之后，负责人需要将任务划分到个人，这样才能确保工作内容细

化并落实，保证活动现场秩序，使活动有条不紊地进行。

（四）活动前的排练与预演

好的方案需要良好的执行，培训和预演有利于执行。培训可让活动人员明确各自的工作职责和工作内容，同时提前了解自己可能遇到的问题并及时进行解决，确保活动顺利举行。培训重点包括活动的目的和目标，活动的整体流程，活动的工作内容、分工与职责，销售人员对产品的熟知、介绍及问题的解决，活动突发事件的预防。

预演重点包括活动的整体操作流程、活动操作问题的解决。

三、营销策划方案实施现场的准备

（1）根据实际场地有效的使用面积，合理划分活动现场的区域。活动的功能一般分为以下区域：产品展示区、流动客户区、背景墙、舞台区、咨询处、礼品发放区、结算区、摄影摄像区、音响设备区等。展厅场地布置，整体感觉应追求明亮、功能齐全、个性鲜明。实际上活动场地都有自己的参观路线，活动场地入口是客户了解和感受本次活动的第一站，无论是设立什么区域，在活动入口处都能起到活动信息传达和引领的作用。经销商也会在门外放置样品，让客户未进门，就可看到展牌和样品。要在展厅内有序摆放产品，并给客户介绍详细的产品信息。规划参观路线时，要科学合理，避免路线混乱。

洽谈区切勿离商品展示区太远，客户总希望离展示区近一些且随时可以看到。有时洽谈区和展示区之间放置花草也会阻挡视线，应尽量避免。

在现场布置前，策划人员会针对营销策划活动的不同而选择性地绘制活动现场平面布置图，布置图的信息应包含主要物品陈列位置、主要物料相对位置、海报悬挂或摆放位置等信息；也可根据厂家提供的方案结合实际，制作出效果图，报请上级主管审核，从而便于实施工作和保证活动的正常执行。

（2）根据划分的区域进行布置品的摆放按照物料清单，联系相关人员，准备好所需物料。根据绘制的场地布置平面布置图或效果图，将营销策划活动所需物料进行有序摆放。需要注意的是，不同的活动现场要采取不同的应对措施，尽量利用场地优势，做好宣传工作。

（3）根据布置品的特性对场地进行调整。视觉布置品主要有两个作用：一个是引导，如路标牌、条幅、拱门、桌牌等，这类布置品必须清晰、简洁、醒目，辨识度高；二是烘托气氛，如背景墙、展架、车顶牌、礼品、展车等的摆放。

策划人员需要更多关注的是这类用于烘托气氛的布置品，要考虑它们要表达的主题、呈现形式、设计内容、尺寸和摆放位置，以及如何让客户感兴趣和愿意停留。例如：有的策划人员在布置时，有意将收款机放在舞台一侧，奖品也摆放在旁边，通过这样的布置，让源源不断上台交订金的人群来“鼓舞”那些犹豫不决的客户。

在布置场地时，需要考虑安全问题。如布置背景墙时要考虑到风向的因素，大型海报布设最好有墙体作为支撑；如果没有墙体，也可以搭建桁架，桁架搭建最好由专业人员进行，以免发生意外。

四、营销策划方案实施现场执行要点

（一）营销策划方案实施活动安全事项

为保证营销策划活动现场布置安全，须注意以下几点：

（1）要注意用电安全。进行场地布置时，要随时注意用电安全，保证接头附近无水源，铺设线路应走暗线，如果没有暗线，可用宽胶带固定到地面上。

（2）注意防火。如果布置的场地有易燃物，要安排专人提醒到场客户禁烟，准备好灭火器材，并安排专人负责看管。

（3）要注意产品安全。展出的产品需要有专人负责看护，以免由于人员过多造成损坏。特别是一些有危险隐患的产品要做好加固，并远离老人和孩子。

（4）要划定紧急情况逃生路线，并进行演练。

（二）营销策划方案实施活动现场控制注意事项

1. 提前到场确认

提前到场巡视活动第一天，销售顾问、营销策划活动负责人员和市场人员要提前到场，确认准备工作是否到位，整理广告宣传品、陈列及标价。主管当天要全程跟进，了解准备不足和方案欠妥之处并予以调整改善，对营销活动的展销人员进行现场辅导。

2. 确保库存充足

有些产品展销期很长，容易出现断货现象，要定期检核库存，确保库存充足。

3. 做好客户接待工作

要做好每位邀约客户的接待工作，不可厚此薄彼，怠慢客户。对于提前邀约的客户，要做好第一时间的迎候工作。一般地，客户接待由销售部门负责，而媒体接待由市场人员负责，厂家领导由上级主管负责。

4. 礼仪服务的执行情况

主管要不定期巡场，对现场工作人员是否按岗位职责积极认真工作检核打分，并通知当事人；主管要每天召开营销策划活动工作人员会议，统计销量，评估业绩，宣读检核结果，了解存在问题，及时互动寻求改进。

5. 活动现场发布信息

客户在展厅外就可以看到醒目的产品促销信息；展厅内有产品促销告知消息；产品促销区的广告宣传品应尽可能简洁醒目地传达产品促销内容，让客户随时都可以接触到产品促销信息，这本身就是最有利的产品促销策略。

（三）营销策划方案实施活动现场突发情况应对

1. 场地布置和现场执行突发情况应对

（1）场地布置活动出现意外倒塌、损坏等情况。

应对措施：首先对布置方案进行周密的推敲，充分考虑现场环境的客观因素，制订合理安全的布置方案，并制订后备方案。严格督促施工安装人员按照方案及施工规程工作，强调细节处理，消除存在隐患的环节，做到万无一失。安装完毕后，把好质量关，做好活动的验收工作，并定人、定时进行检修。

（2）场地布置过程中，由于天气原因造成施工中断，从而拖延施工进度的情况。

应对措施：与气象预报部门保持密切联系，了解在施工期间的天气状况，提前做好防范措施和转移工作。

（3）现场执行过程中，出现沟通不畅，造成工作混乱的情况。

应对措施：建立完善科学的对讲系统，统一划分与配置对讲频道，要求执行人员熟悉协调的流程，不得越级、越部门进行沟通。同时，成立现场临时协调部门，专门进行突发紧急事件的沟通与协调工作。

（4）现场执行过程中，出现时间把控漏洞，造成现场冷场或活动在规定时间内无法结束等情况。

应对措施：制订周密的活动流程，推敲每个活动细节，督促执行人员严格按照流程工作，强化执行人员的时间观念，并多次进行活动预演，找出问题，及时解决问题。准备备用方案，以应对可能出现的冷场、拖场情况。

（5）现场执行过程中，出现工作混乱，部分活动无人执行等情况。

应对措施：活动执行前进行合理分工，按区域、按活动进行明确的工作划分，保证每个环节都有专人负责。预备机动人员，随时弥补临时出现空缺的执行岗位。

2. 媒体统筹突发情况应对

（1）突发事件发生后，与媒体接触。

应对措施：明确新闻发言人，积极面对媒体，及时向媒体通报调查情况与后续处理情况，与媒体保持联系，用后续处理方式弥补先前的负面影响。

（2）现场负面报道的情况。

应对措施：制订统一新闻稿，与媒体进行充分沟通，并及时与媒体上级主管部门进行协调。

3. 演艺活动突发情况应对

（1）在演艺活动中，出现演员迟到、误场、缺场等情况。

应对措施：强调演员的纪律意识，避免沟通失误；准备预备演员和节目。

(2) 表演过程中，演员表演失误等现象。

应对措施：要求演员认真对待节目排练，多次进行预演；帮助演员建立良好的心理素质，随时关注演员的身体状况。

(3) 演艺活动中，现场设备出现无法工作等情况。

应对措施：正确地安装和使用配套设备，定人、定时检查配套设备的启动系统；由工作态度细心负责的人员来操作设备，预备易损部件和更换工具，随时更换失效部件。

五、营销策划方案实施效果评价

（一）营销成果对比

将营销成果与预期目标进行对比，一方面可以明确是否达成预定目标，对活动效果进行初步评价；另一方面可对营销成果数据进行进一步分析，为以后开展活动提供参考。

1. 量化指标

产品销量、集客量、级别转化、客户邀约成功率、活动总成交率、销售利润等皆为量化指标，即能够用具体数据体现的指标。此类指标可直接与前期目标或往期经验对比，如客户邀约成功率。活动期间销售顾问会邀请客户来店，邀请客户的数量即为邀约量，而最终的到店量与邀约量的比值即为邀约成功率。将客户邀约到店，会为后面的销售创造机会，故邀约成功率往往是营销活动策划中潜在顾客来店、集客目标设定等多个环节的参考指标。通过对此数据进行统计，可进一步对客户忠诚度和客户管理情况进行分析。

2. 成本指标

从成本角度入手，净利润、销售额、单车成本、活动实际花销等数可以直观地评价一场营销活动的效果，如活动实际花销是否超过活动预算，整场活动下来是否盈利，营销成本是否升高。同时，这些数据可与往期活动对比，进而探求市场的变化。

3. 定性指标

无法通过直接量化数据的评估指标被称为定性指标。例如：品牌认知度、活动过程完成度、宣传方式创新、营销团队能力、合作伙伴配合等，从主观角度出发进行评估难免会影响评估的客观性，但可先进行模糊等级评价，然后进行量化。

（二）市场营销策划效果评价指标

1. 经济效益

企业进行市场营销策划的目的是提高经济效益，实现效益最大化。这也是市场营销策划的出发点和归宿。不同企业自身条件不同，所处的市场环境也不同，在实施市场营销策划方案后效果也不同。有些企业在短期内效果非常明显，销售量或销售额大幅度增加，利润也同步大幅度增长；有些企业的经济效益表现为滞后增长；还有些企业在实施营销策划方案后不但效益没有增长，反而出现亏损，营销策划无效或出现负效应。

可用下面公式来评价营销效果的盈亏状况：

$$M=M_1-M_0$$

式中，M——利润变动总额；

M_0——基期（策划前）企业的利润总额；

M_1——报告前（策划后）企业的利润总额（应扣除策划费用）。

当 $M>0$ 时，表示企业利润增长；当 $M=0$ 时，表示企业利润持平；当 $M<0$ 时，表企业利润下降。

2. 销售增长率

销售增长率是指某企业某产品在活动期内的销售增长额与上一年同一时间段的销售额的比率，即：

销售增长率＝活动期销售增长额/上一年同一时间销售额

＝(活动期销售额－上一年同一时间销售额)/上一年同一时间销售额

一般来说，衡量一个企业的销售增长率通常是以10%为临界值。如果企业生产、经营的产品的销售增长率大于10%，则说明其效益非常可观，属于高增长率；增长率小于10%，则属于低增长率。

3. 相对市场占有率

相对市场占有率又称为相对市场占有份额，指某企业产品的市场占有率与同一市场、同一行业最大竞争对手的市场占有率的比值（倍数）。相对市场占有率通常用一倍作为衡量标准的临界值。大于一倍为高占有率，小于一倍为低占有率。

以上三项是采用定量标准分析评价市场营销策划效果的评价指标。评价营销策划效果还应采用定性标准分析来进行评价，使定性分析与定量分析有机结合。

（三）市场营销策划效果评价方法

1. 市场营销策划效果整体评价法

市场营销策划效果整体评价法采用国际上流行的普尔级别（改进型）评等法则，是通过市场调查，对营销策划方案执行前后的企业盈亏状况、销售增长率和相对市场占有率进行测算，并对市场营销策划效果进行整体评价的一种方法。

2. 市场营销策划效果等级评价法

评价企业的市场营销策划效果，可以从营销导向的5种主要属性上反映出来：客户宗旨、整体市场营销组织、充足的市场营销信息、战略导向和工作效率。每一种属性都能用以衡量策划效果的优劣程度。具体操作方法：由部门营销经理及其他经理共同评分填写，然后将填好的分数加在一起，得出总分，用来确定策划效果的级别（见表 10－5）。

表 10－5 营销策划效果分值级别

分值	0～5	6～10	11～15	16～20	21～25	26～30
级别	无效	差	中等	良好	优秀	特优

许多企业使用这种表格，很少能达到特优等级分数，即 26～30 分。这些试点企业包括众所周知的市场营销领袖，如宝洁、麦当劳、IBM 和耐克等公司。多数公司和事业部的得分都在中等到良好等级上，这表明这些公司的总经理有改善市场营销工作的余地。

3. 关键绩效指标（Key Performance Indicator，KPI）法

关键绩效指标是通过对组织内部流程的输入端、输出端的关键参数进行设置、取样、计算、分析，衡量流程绩效的一种目标式量化管理指标，是把企业的战略目标分解为可操作的工作目标的工具，是企业绩效管理的基础。KPI 可以使部门主管明确部门的主要责任，并以此为基础，明确部门人员的业绩衡量指标。建立明确的切实可行的 KPI 体系，是做好绩效管理的关键。

任务三 营销策划方案的应用

一、事件营销策划

事件营销是策划者通过谋划、组织和利用具有名人效应、新闻价值以及社会影响的人物或事件，吸引媒体、社会团体和消费者的兴趣与关注，以求提高企业或产品的知名度、美誉度，树立良好的品牌形象，并最终促成产品或服务的销售目的的手段和方式。

（一）事件营销策划的法则

事件营销策划有其内在的规律性。如何用好事件营销这把利剑，规避事件营销的风险，潜移默化地感染大众，达到营销策划的目的，这就需要遵循应有的法则。这些法则主要有：

1. 迅速反应并抓住机会

我国近年来发生了比较多的大事件，如港珠澳大桥贯通、2022 年冬奥会的召开等都引起了全国上下的高度关注，而且也都成为企业做事件营销策划的题材。但是，事件具有

即时性，只有能够迅速反应并抓住机会的企业才能利用好，否则就有可能适得其反。

2. 寻找品牌与事件的关联性

朝韩峰会成为全球关注的焦点，邦迪创可贴敏感地抓住了这个时机，推出广告“朝韩峰会篇”。在朝韩领导人历史性地激情碰杯时，邦迪在经典画面旁边发表见解：“邦迪坚信，世界上没有愈合不了的伤口！”这一广告把人们对和平的期盼，通过“伤口愈合”巧妙地转移给了邦迪品牌，引起消费者的强烈共鸣，也使邦迪的品牌形象得到了极好的提升。

G20 峰会期间，农夫山泉作为会议指定后厨用水，为大众呈现一集集国宴的制作。伴随着精致的画面、可口的菜肴，G20 峰会期间农夫山泉浸入消费者心中。

3. 别人没有做过的

“第一”是事件营销策划的重要因素，因为是第一，所以才有新闻价值，才能吸引眼球，产生轰动效应。这就要求进行事件营销策划时，做别人没有做过的事，说别人没有说过的话。创意指数越高，则公众关注度越高，效果越好。

4. 整合营销传播到位

在“神州五号”载人飞船成功发射前，蒙牛便花了两个月的时间策划这次活动，调动了上千人才确立了“蒙牛：强壮中国人”的传播主题，并与广告公司、电视台签订了“军令状”。2003 年月 16 日 6 时 23 分，“神州五号”载人飞船返回舱安全着陆。就在举国同庆之时，蒙牛关于此次飞行事件的电视广告、户外广告、网络广告第一时间在各大城市实现“成功对接”，“蒙牛：中国航天员的饮用牛奶”在极短时间内传遍全国。同时，蒙牛的销售渠道也积极跟进，一系列整合营销传播行动有条不紊地展开。

（二）事件营销策划的流程

事件营销策划的流程主要有：定位、创意、创新战略。

1. 定位

做好事件营销，要进行四个维度的定位，即事件定位、卖点定位、消费者定位、推广定位，故简称“四维定位”。

2. 创意

成功的事件营销策划呈“企业—社会—受众”三点一线的结构。策划者必须挖掘、策划企业中新鲜、有意义的事情。这些事情是消费者关注的，是市场关注的，是社会关注的，同时足以引起新闻媒体和读者的兴奋。

3. 创新战略

创新战略的策划要点如下：从竞争的角度看，要制定“双赢”的战略；从企业的发展考虑，要制定“核心能力”战略；从产销链角度考虑，要制定“引导需求”战略。

（三）事件营销策划的策略

事件营销策划是把双刃剑。事件营销策划策略及运用的关键要素包括：

1. 重要性

它指事件内容的重要程度。判断内容重要与否的标准主要看其对社会产生影响的程度。一般来说，对越多的人产生越大的影响，新闻价值越大。

2. 接近性

越是心理上、利益上和地理上与受众接近和相关的事实，新闻价值越大。心理接近包含职业、年龄、性别诸因素。一般人对自己的出生地、居住地和曾经给自己留下过美好记忆的地方总怀有一种特殊的依恋情感。所以营销策划人员在策划事件营销时必须关注到受众的接近性的特点。通常来说，事件关联的点越集中，就越能引起人们的注意。

3. 显著性

新闻中的人物、地点和事件的知名度越高，新闻价值就越大。国家元首、政府要人、知名人士、历史名城、古迹名胜往往都是容易获取新闻的对象。

4. 趣味性

大多数受众对新奇、反常、有人情味的东西比较感兴趣。有人认为，人类本身就有天生的好奇心。

（四）事件营销策划的技巧

事件营销策划可以概括为两类，即借势和造势。借势是指企业及时地抓住广受关注的社会新闻、事件以及人物的明星效应等，结合企业或产品在传播上欲达到之目的而展开的一系列相关活动。造势是指企业通过策划、组织和制造具有新闻价值的事件，吸引媒体、社会团体和消费者的兴趣与关注。其方式和手段主要有：

1. 明星效应

世界杯期间炒得沸沸扬扬的“球星现象”，名人轮番上场“补钙”“补血”的保健风潮，还有影星、歌手、网红的产品代言等，都属于明星效应。

2. 体育赛事

例如：多年来，蒙牛和伊利与中国体育紧密合作，通过体育营销不断提升品牌的知名度和美誉度，与中国奥委会建立了长期战略合作伙伴关系，不仅支持中国体育的奥运项目，还积极支持各种非奥运项目和群众体育项目。

3. 新闻热点

例如：在“7・13”中奥成功的第一时间，海尔集团在中央电视台投入 5 000 万元的祝贺广告后播出。当夜，海尔集团的热线电话被消费者打爆。

4. 宣传活动

例如：百事可乐采用巡回音乐演唱会这种输送通道与目标消费群进行对话，用音乐而不是广告来传达百事文化和百事营销理念。在中国，让百事可乐成了那些追求时尚的“新一代的选择”。

从事件营销策划的过程和运作来看，一是要注重社会道德和社会责任的规范，二是要有赖于深厚的企业文化底蕴。现代企业四大要素中，资本是船，品牌是帆，人才是本，文化是魂。没有企业文化的战略只能是无源之水，无本之木。企业要实施正确的事件营销战略战术，就必须依靠企业文化的力量，用高度整合的营销文化、生产文化、研发文化，保证事件营销产生长久的效应。

二、体验式营销策划

（一）体验式营销策划概述

体验式营销策划是指以客户为中心，通过对事件、情景的安排以及特定体验活动的设计，让客户在体验中产生美妙而深刻的印象，并获得最大限度的精神满足的过程。体验式营销策划是对顾客更高层次的“特色和利益”，即“体验”进行设计。其特点是：以顾客需求为导向；以顾客沟通为手段；以顾客满足为目标。

（二）体验式营销策划的主题与形式

1. 体验式营销策划的主题

策划者要先设定一个“主题”，即创设一个能引导消费者产生美好体验的情感诱因，即体验主题。例如：一些主题博物馆、主题公园、游乐区域以主题设计为导向的活动等。这些“体验”和“主题”并非随意出现，而是体验式营销策划人员精心设计出来的。

2. 体验式营销策划的形式

依据伯恩德·H. 施密特的《体验式营销》，我们可以将体验式营销策划的形式分为五种类型，即感官式营销、情感式营销、思考式营销、行动式营销、关联式营销。但在实际情况中，企业很少进行单一体验的营销活动。五种体验的结合才是一个完整的体验，每次营销活动都是一次难忘的经历。

（三）体验式营销策划实施

1. 体验式营销策划实施模式

体验式营销策划的实施模式主要有：节日模式、感情模式、文化模式、美化模式、服务模式、环境模式、个性模式、多元化模式。

2. 体验式营销策划的策略

体验式营销策划的策略主要有：强化消费者对产品品牌的体验策略；以事件营销强化消费者的体验策略；运用互联网推行营销的体验策略；以广告传播打动消费者的体验策略。

（四）体验式营销策划的操作步骤

1. 分析顾客需求

市场需求总是多变的，顾客的眼光也越来越挑剔，因此，在营销策划中，准确分析顾客需求变得越来越重要。

2. 设计体验主题

用户中心设计日趋深入人心，设计体验走进了人们的视野。以故事化作为主导、注重消费者感受的新设计，常常有一个鲜明的主题。

3. 传播体验信息

将体验信息有机结合，进行传播，可以最经济、最快捷、最有效地将信息传播给目标受众。例如：有商家以母亲节为例，设计 DM、目录杂志，写着“我们已经为你挑选好了送给母亲的礼物”，商场内部的广播传出《世上只有妈妈好》的歌谣，卖场电视则播放着相关画面，甚至产品上写着“把我送给你爱的妈妈吧!”……这些体验信息组合在一起，本身已经构成了一种氛围，唤起消费者内心的情感，促使消费者融入关爱母亲的体验中，购买相关产品。

4. 设置体验环境

这是指亲近自然环境，体验生活情趣，参与体验环境，让消费者在体验环境中亲近品牌、了解品牌、支持品牌。例如：有家咖啡馆名为“热带雨林咖啡”，当走进这家咖啡馆，你首先会听见清脆的鸟鸣、潺潺的流水声，然后会看见古木、野花甚至各种珍奇的热带鸟，会感觉到雾的柔软、冰凉，闻到热带的花香。在这样一片令人心旷神怡的“热带雨林”中，有什么理由不让你坐下来品尝一杯鲜味咖啡呢?

5. 组织体验活动

企业开展体验式营销的核心是顾客互动，可以是一场短期的大型体验活动，如各类节日的体验式促销，也可以是持久而具体的活动。

案例

房地产营销策划是房地产企业为了取得理想的销售推广效果，在进行环境分析的基础上，利用其可动用的各种外部及内部资源并进行优化组合，制订计划并统筹执行的过程。房地产营销策划是一项连续性的系统工程，它统筹所有房地产销售及宣传推广工作。

新的楼盘的营销工作一般可以分为前、中、后三个时期：前期工作包括土地判断与评估、楼盘开发定位、市场可行性研究、项目规划设计等；中期工作包括楼盘形象包装、楼盘市场推广、楼盘工程建议等；后期工作包括楼盘交付使用、尾房销售、物业管理等。每一个过程与环节都很重要。

房地产营销策划流程包括：

1. 初步考察

与项目方初步接洽，对项目进行初步考察，掌握基本情况和信息。对项目的可操作性做出初步结论。它的具体工作如下：

（1）对项目方提供的基本材料，包括项目位置、规划红线图、项目相关的法律手续文件、项目周边环境、项目所在区域的市政规划、发展商投资商背景实力、项目的发展意向等进行初步了解，确定初步印象。

（2）根据项目的状况、开发进度，初步拟定考察内容、范围。

（3）成立专案项目组赴实地进行初期市场调研。初步调查是为了确定项目发展方向的前期定位和研究范围，作为未来正式调查的基础，重点针对项目所在的城市功能定位、城市特色、人口数量、经济发展、城市旅游业、历史、现状、土地资源、开发商、管理方的情况以及区域房地产市场做出初步了解。

（4）分析项目本身是否具有可操作性。

（5）提出项目操作的总体思路。

2. 实地调研

根据初步考察结果制订详细的正式市场调查计划，组成市场调查小组和策划专家组，赴项目所在地做正式市场调查。它的主要工作包括：

（1）市场环境调查分析。

（2）区域条件调查分析。

（3）同类产品竞争势态调查分析，包括对市场供给、需求状况，价格现状和趋势，产品类型及市场缺位与空当，竞争对手的情况及销售渠道的调查。

（4）项目情况调查分析，包括对土地资源优劣情况、地块地形地貌状态、工程进度、资金投放计划与进度、建筑建设规划与实施现状的调查。

3. 初步策划

工作包括：

（1）项目定位。经过深入的市场研究分析后，明确项目的形象定位、产品定位、价格定位等，为项目开发提供切实可行的依据。

（2）营销策划。它包括蓄水造势和开盘引爆市场等的具体操作手法，广告媒体的投放时机，广告特色与效果把控，市场营销方式的采用情况，营销渠道的选择、控制与调整情况，项目及品牌的发展战略等。

（3）人员培训。它是指对开发商的营销人员进行全方位的专业培训。

（4）销售执行。它是指全程监控项目销售的执行情况，并适时做出相应的策略调整。

4. 对项目建设规划设计提出指导性建议

对项目的整体发展战略、开发内容、开发模式、锁定的目标消费群、市场形象、项目主题、项目规划、园林规划、户型结构与面积、项目的市场价格、室内布局、装修标准、设备设施、服务功能、物业管理等各个方面提出具体意见。

5. 撰写各类报告

根据不同客户的需求，提供不同的方案报告，必须提供的核心报告为市场调查报告和项目定位报告。对市场调查所得的原始的和次级资料、信息、数据进行整理，出具市场调查报告，并据此撰写项目定位报告，包含项目设计指导思想、产品组合设计和运营模式等。将方案报告提交给项目方进行讨论，并根据其意见进行修改。

6. 召开策划方案论证会，深度策划

召开由合作双方负责人及有关专家组成的论证会，对提交的策划方案报告进行研讨、论证与审核。策划人员根据讨论结果对方案做进一步的完善与改进。

7. 策划的执行

完善策划、建设期内跟进服务，促使项目成功。侧重策划方案的操作，根据销售前的各项推广策划工作内容要求，配合开发商组织相关的专业公司进行专业分工合作，并根据项目的发展战略和原则，针对具体问题提出策略性建议。

8. 整合各种社会资源，为项目及企业搭建操作平台

根据不同项目的实际情况按照需要对具体工作内容、时间等进行调整。

思考：房地产策划要注意哪些问题？

项目小结

营销策划方案是策划者根据营销策划的目的、内容、特点，为实现营销策划目标而进行的实战方案。它是策划者前期工作与全部智慧的结晶，也是策划者协调和指导策划参与者行动的规划。在撰写营销策划方案时应注意理论支持、案例说明、数字举证、图表理解。营销策划方案实施包括物资准备、人员准备和实施现场的准备。

营销策划方案完成并非是策划工作的结束，策划方案只有被采纳、付诸实施才有价值。因此，策划方案的汇报是策划的关键。这一阶段的主要任务有：一是要说服决策者采纳策划方案，使得策划案具有实施的现实可能性；二是要使实施策划的组织和人员了解和掌握策划组织实施的科学方法、技巧和程序。

事件营销策划是策划者通过谋划、组织和利用具有名人效应、新闻价值以及社会影响的人物或事件，吸引媒体、社会团体和消费者的兴趣与关注，以求提高企业或产品的知名度、美誉度，树立良好的品牌形象，并最终促成产品或服务的销售目的的手段和方式。

体验式营销策划是指以客户为中心，通过对事件、情景的安排以及特定体验活动的设计，让客户在体验中产生美妙而深刻的印象，并获得最大限度的精神满足的过程。体验式营销策划是对顾客更高层次的“特色和利益”，即“体验”进行设计。其特点是：以顾客需求为导向；以顾客沟通为手段；以顾客满足为目标。

房地产营销策划是房地产企业为了取得理想的销售推广效果，在进行环境分析的基础上，利用其可动用的各种外部及内部资源并进行优化组合，制订计划并统筹执行的过程。

项目测评

一、简答题

1. 撰写营销策划方案的原则有哪些？
2. 营销策划方案的要素有哪些？
3. 体验营销策划的形式主要有哪些？
4. 市场营销策划效果评价指标有哪些？
5. 简述房地产产品策划模式的内容。
6. 简述房地产战略策划模式。
7. 简述房地产营销策划流程。

二、案例分析题

一到夏天，果农滞销的新闻就开始泛滥，各大电商纷纷打起苦情牌，通过卖惨文案诱导消费者购买产品。“滞销大爷”频频出现于电商页面，消费者的同情心被大量透支，甚至有消费者发现有些产品以次充好，掺杂烂果……但聚划算这次的情况则有些不同，因为它面对的是一位真正的滞销款——来自中国桃之乡枣阳的鲜桃。

出乎意料的是，聚划算仅用 3 天就卖空了 560 吨枣阳皇桃，超级单品 474 吨在 2 天售罄，创全网纪录，将真正的滞销款打造成了网红款。在这背后聚划算做了什么，又用了哪些营销逻辑和传播玩法？

第一步，先建立品牌，再创建品质标准。聚划算与当地政府成立“枣阳皇桃”的地标品牌，并细化了品质标准，果径必须大于 70 毫米，不催熟，坏果包赔。

第二步，充分运用借势营销。上海国际电影节《大闹天宫》修复版上映，朋友圈都被刷屏了，聚划算利用电影大胆借势。

聚划算选用齐天大圣蟠桃园吃桃吐桃核的场景，在微博、知乎等媒体平台发起“齐天大圣的桃核去哪儿了”问题讨论，向大众演绎了一颗仙桃“下凡”的故事，引发桃子正宗原产地大讨论。聚划算以趣味互动和猜谜的形式，通过知乎用户与达人们的共同讨论，让其成为品牌内容营销的工具，同时也对“枣阳皇桃”进行了品牌铺垫，话题在 4 天内引起网友的激烈讨论，获得了超 66 万阅读量，将话题热度引上高潮。在微博，众多蓝 V 大号转发，每个网友都化身成为家乡代言人，纷纷站队为家乡的桃子产地打 call。话题发布 10 小时就登上微博热门话题榜，话题阅读量 1.5 亿，讨论量达到 67.4 万。

第三步，流量爆发，市长加入直播卖货。直播拥有“汇聚能量”的能力，相比线下卖货，直播是互联网最大的一块流量池，把“商品与人的对话”变成了“人与人的对话”。枣阳此次的直播中，村民、村主任还有市长都加入了直播，2 小时卖出 100 吨桃，这支民间卖桃大队的带货能力也让大家眼前一亮。

问题：

1. 枣阳鲜桃选择了哪些新平台进行营销？
2. 枣阳鲜桃在借势营销上是如何策划的？
3. 枣阳鲜桃是如何实现品效合一的营销目标的？

参考文献

[1] 连漪，梁健爱．营销策划原理与实务：数字教材版［M］．北京：中国人民大学出版社，2021.

[2] 严金才．市场营销策划［M］．北京：中国商务出版社，2020.

[3] 李静．市场营销与策划技巧研究［M］．北京：中国原子能出版社，2020.

[4] 秦鑫．营销内核：市场品牌消费者深层次洞察与创意策划［M］．北京：人民邮电出版社，2020.

[5] 徐秀杰．市场营销策划［M］．北京：北京邮电大学出版社，2020.

[6] 贾妍．市场营销理论与实务［M］．北京：科学出版社，2021.

[7] 汪圣佑，张黎．商品学［M］．4 版．北京：电子工业出版社，2021.

[8] 李桂华，卢宏亮．营销管理［M］．北京：清华大学出版社，2020.

[9] 王飒．商品学：理论、实务、案例与实训［M］．北京：中国人民大学出版社，2020.

[10] 王艳．市场营销管理［M］．武汉：华中科技大学出版社，2020.

[11] 马宇博，陈镜宇，杨帆．市场营销管理创新途径研究［M］．长春：吉林人民出版社，2020.

[12] 张世海．商品学实务项目化教程［M］．南京：南京大学出版社，2019.

[13] 于丽娟，张贯虹．商品销售［M］．北京：高等教育出版社，2017.

[14] 胡玲．营销管理与营销策划［M］．北京：对外经济贸易大学出版社，2017.

[15] 刘国强．爆款品牌营销［M］．北京：清华大学出版社，2021.

[16] 李志军．新品牌 新营销 新传播［M］．北京：中国纺织出版社，2021.

[17] 张文强，姜云鹭，韩智华．品牌营销实战［M］．北京：清华大学出版社，2021.

[18] 薛斌鹏．品牌营销：新流量时代品牌打造与运营方法论［M］．北京：电子工业出版社，2020.

[19] 李喆，刘华．品牌管理与营销［M］．北京：中国纺织出版社，2019.

[20] 赵红英，龚紫娟．市场营销实务［M］．北京：中国人民大学出版社，2020.